Silvia K.

... doch helfen musste ich mir selbst

Opfer eines sadistischen Ehepaars.
Doch niemand glaubt ihr ...

BASTEI LÜBBE TASCHENBUCH
Band 61315

16. Auflage: September 2013

Namen und Orte der Handlung wurden aus persönlichkeitsrechtlichen Gründen geändert. Etwaige Ähnlichkeiten mit lebenden oder verstorbenen Personen sind daher nicht beabsichtigt und somit rein zufällig.

Vollständige Taschenbuchausgabe

Bastei Lübbe Taschenbücher ist ein Imprint
der Bastei Lübbe AG

Deutsche Erstveröffentlichung
© für die deutschsprachige Ausgabe 1994/2003 by
Bastei Lübbe AG, Köln

Aufgezeichnet von Bruni Gebauer

Umschlaggestaltung: ProduktionsAgentur Martinez
Titelbild: Mauritius / Fergosson
Satz: Textverarbeitung Garbe, Köln
Druck und Verarbeitung: CPI – Ebner & Spiegel, Ulm
Printed in Germany
ISBN 978-3-404-61315-1

Sie finden uns im Internet unter
www.luebbe.de
Bitte beachten Sie auch: www.lesejury.de

Der Preis dieses Bandes versteht sich einschließlich
der gesetzlichen Mehrwertsteuer.

INHALT

1 Bei den Großeltern 7

2 Im Erziehungsheim 27

3 Auf Irrwegen 49

4 Hoffnung 67

5 Enttäuschung 82

6 In der Gewalt von Sadisten 94

7 Zwischen Wahnvorstellungen und Todessehnsucht 108

8 Die letzten Wochen in Gefangenschaft ... 128

9 Rückkehr in die Freiheit 141

10 Zwischen Misstrauen und Entsetzen 154

11 Frei – aber vogelfrei 170

12 Mein erstes Kind 181

13 Prozess mit Presserummel 198

14	Das Urteil	214
15	Ein Ehedrama	220
16	Resignation	241
17	Der Kampf gegen die Droge	250
	Nachwort	263

KAPITEL 1

Bei den Großeltern

Ein Wunschkind war ich nicht. Eher ein Unglücksfall, ein Patzer, den sich meine Mutter wohl bis heute nicht verziehen hat. Sie war und ist ein Arbeitstier, eine, die ohne aufzugucken von morgens früh bis abends spät schuften kann. Hauptsache, Geld kommt ins Haus. Bloß nicht andere um etwas bitten müssen. »Ich wollte nicht von der Sozialhilfe leben müssen«, war immer ihre Antwort, wenn ich mal wieder wissen wollte, warum sie mich damals nicht bei sich behalten hat.

Schon vor meiner Geburt am 26. April 1965 muss sich meine Mutter entschlossen haben, mich zu den Großeltern zu geben, die ebenfalls in Krefeld wohnten. Gleich nach der Entlassung aus dem Krankenhaus trennten sich unsere Wege. Meine Mutter, gerade erst zwanzig Jahre alt, kehrte allein in ihre Wohnung zurück. Mich trug meine Großmutter zu sich nach Hause.

Als ich anfing, nach meinen Vater zu fragen, bekam ich zunächst nur ausweichende Antworten. Nicht nur von meiner Mutter, sondern auch von allen anderen Familienmitgliedern. Ich konnte mir das nicht erklären. Mein Halbbruder Mischa, der zwei Jahre nach mir geboren worden war, hatte doch auch einen Vater, wie die vielen Fotos in der Wohnung meiner Mutter bewiesen.

»Mischas Vater hätte dich auch verlassen, wenn er nicht so früh gestorben wäre«, warf ich meiner Mutter einmal viel später im Streit hasserfüllt an den Kopf.

Sie schrie nicht zurück wie sonst immer, sondern starrte mich mit aufgerissenen Augen an. Plötzlich schlug sie die Hände vors Gesicht und fing leise an zu schluchzen. Das war das erste und letzte Mal, dass ich sie richtig weinen sah. Tatsächlich war Mischas Vater vor der Geburt seines Sohnes an einem Herzinfarkt gestorben. Meine Mutter blieb unverheiratet, behielt ihr zweites Kind aber bei sich.

Von meinem Vater existiert kein Foto, kein Andenken. Ich hatte nichts, mit dessen Hilfe ich ihn mir hätte vorstellen und von ihm träumen können.

Erst viele Jahre später, während der Gerichtsverhandlung gegen meine Peiniger, erfuhr ich, wer mein Erzeuger war: ein türkischer Gastarbeiter, der in der Nachbarschaft zur Untermiete gewohnt hatte. Das hatten die Journalisten recherchiert, die während des Prozesses auch die Vergangenheit meiner Mutter an die Öffentlichkeit zerrten.

»Reingefallen ist deine Mutter auf den Kerl, auf seine Locken und seinen Schnurrbart.« Großvater meinte, wenn ich es jetzt schon wüsste, könnte ich auch gleich die ganze Wahrheit erfahren:

»Überhaupt nichts hat der getaugt, das habe ich gleich gesehen. Als er deine Mutter geschwängert hat, war seine Aufenthaltserlaubnis schon abgelaufen, und er musste zurück in seine Heimat.«

Auch seinen Namen weiß ich jetzt und wo er in der Türkei lebt. Natürlich habe ich manchmal daran gedacht, einfach hinzufliegen und unangemeldet vor seiner Tür zu stehen. Aber richtig ernst war es mir nicht damit. Wenn ich ehrlich bin, hat mich seine Person nie richtig interessiert. Und eigentlich habe ich auch keinen Vater vermisst. Mein Vater war mein Großvater, obwohl er selten zu Hause war. Er hat damals als Lastkraftwagenfahrer gearbeitet.

Und Großmutter war meine eigentliche »Mama«, auch wenn ich meine Mutter ebenfalls als »Mama« bezeichnete.

»Aber jeder hat nur eine Mama!«, wurde mir erklärt.

Lehrer, Verwandte und Nachbarn tolerierten anfangs nachsichtig die Verwirrung eines Kindes, um das sich die Mutter zu wenig kümmerte, reagierten aber zusehends strenger, wenn ich darauf beharrte, dass meine Großmutter auch meine Mama sei.

Sie war es wirklich und ist es bis heute geblieben. Bei Großmutter war mein Zuhause: Sie ging mit mir zum Zahnarzt, zankte sich mit den Nachbarn, wenn ich die Blumenbeete zertrampelt haben sollte, und schmierte die Butterbrote, die ich morgens mit in den Kindergarten nahm. Sie gab mir den Gutenachtkuss und nahm mich in ihre Arme, wenn mir zum Heulen zumute war.

Ich kann mich nicht daran erinnern, dass ich von meiner Mutter einmal herzlich liebkost worden bin. Bei ihr fühlte ich mich immer fremd. Die regelmäßigen Besuche an den Wochenenden waren eine lästige Pflichtübung. »Nun stell dich nicht so an«, sagte Großmutter jedes Mal, wenn ich samstagmorgens maulend aus dem Bett kroch. Ich wusste, gleich würde Mutter mich abholen kommen. Nur widerspenstig ließ ich mir dann die kurzen Zöpfe flechten und kaute lustlos auf meinem Frühstücksbrot herum. Wenn Mutter mit meinem kleinen Bruder an der Hand schließlich in der Tür stand, war ich meist noch nicht angezogen. Und fast jedes Mal gab es dann Streit.

»Silvia, nun zieh doch einmal das rosa geblümte Kleid an, das ich dir zu Ostern gekauft habe!« Mutter wollte mich immer als niedliches Mädchen herausputzen, mit weißen Söckchen und schwarzen Lackschuhen. Und ich hasste Kleider und Röcke. Die ganze Woche über rannte ich wie ein Junge in Hosen herum, am liebsten in der kurzen, speckigen Lederhose, die mir Großvater einmal mitgebracht hatte.

Nur weil Wochenende war und Mutter es so wollte, ließ ich mich noch lange nicht als Mädchen verkleiden. Meist griff Großmutter schlichtend ein, oder Großvater sprach ein lautes Machtwort. Schließlich behielt ich meine Hosen an und Mutter murmelte etwas wie »verwöhntes Balg, das immer seinen Willen bekommt«.

Man kann sich denken, dass das kein Auftakt für ein harmonisches Wochenende war.

Ich habe es immer genossen, Heiligabend bei meinen Großeltern zu feiern, ohne Mutter und Bruder. Vor der Bescherung schloss Großvater mich in meinem Zimmer ein und ließ mich erst heraus, wenn alle Kerzen am Weihnachtsbaum brannten. Auf dem Gabentisch lag dann immer fast alles, was ich mir gewünscht hatte. Auch wenn es vorher immer hieß: »Gibt es nicht, ist zu teuer, du warst nicht artig genug.« Mutter und Bruder kamen meistens erst am ersten Weihnachtstag zu Besuch.

Harmonische Augenblicke im Zusammensein mit den beiden gab es nur selten. Vielleicht auch, weil meine Mutter und ich uns zu ähnlich sind, nicht nur äußerlich. Beide sind wir stur und unnachgiebig, wenn wir meinen, im Recht zu sein. Dann werde ich auch heute noch schnell laut und manchmal sogar handgreiflich; egal, was für Konsequenzen das für mich hat.

Das bekam auch mein Bruder zu spüren, der im Laufe der Jahre mir gegenüber immer aggressiver wurde. »Hau doch ab! Du störst uns nur!«, bekam ich oft genug von ihm zu hören. Er war eifersüchtig auf mich, wenn ich mit meinen Stippvisiten die traute Zweisamkeit störte. Und ich war eifersüchtig auf ihn, weil ich spürte, dass ich störte.

Die seltenen Momente, in denen wir uns vertrugen, endeten meistens im Chaos. Einmal, als Mutter uns für ein paar Stunden allein ließ, machten wir auf dem Herd Milch warm. Das durften wir natürlich nicht. Allerdings hätte Mutter nichts gemerkt, wenn Mischa den heißen Topf nicht ausgerechnet auf den hölzernen Küchenstuhl gestellt hätte. Zurück blieb ein kreisrunder Brandfleck. Ich legte ein Kissen drüber und versteckte den Topf unter dem Bett. Doch der Vertuschungsversuch war nicht von Erfolg gekrönt. Mit eisiger Miene präsentierte uns Mutter am nächsten Morgen alle Beweismittel. Das Donnerwetter konnte ich noch hinnehmen. Nicht aber den gestrichenen Kirmesbesuch. Und schuld war in meinen Augen einzig und allein Mischa.

Später hat sich das Verhältnis zwischen meinem Bruder und mir etwas gebessert. Wir sind nicht mehr wie Hund und Katze, haben gelernt, miteinander auszukommen und uns gegenseitig zu helfen, wenn Not am Mann ist. Schließlich sind wir ja Geschwister.

Schwesterliche Gefühle hatte ich damals schon eher für meine drei Onkel, von denen Kalle, der älteste, nur sieben Jahre älter ist als ich. In der großelterlichen Dreieinhalb-Zimmer-Wohnung lebten wir wie Geschwister zusammen. Ich war das Nesthäkchen, ihre Prinzessin, die sich eine Menge herausnehmen konnte. Das war wohl auch der Grund, warum ich mich nicht scheute, Streit mit größeren Kindern aus der Nachbarschaft anzufangen. Wenn's brenzlig wurde und man mir den Hintern versohlen wollte, drohte ich mit meinen Onkeln, die garantiert jeden windelweich prügelten, der mir etwas angetan hatte.

Auch meine Großeltern konnte ich leicht um den Finger wickeln, insbesondere meine Großmutter, die mir einmal sogar gegen meinen Großvater half, als ich seine Pfeife im Sandkasten vergraben hatte. Heute bedauere ich, dass ich die beiden häufig gegeneinander ausgespielt habe. Wenn sie sich in den Haaren lagen, steckte nicht selten ich dahinter.

»Silvia ist ein sehr schwieriges Kind.« Diese Beschwerde der Kindergärtnerin bekam meine Großmutter noch oft zu hören. Mit drei Jahren war ich in einen katholischen Hort gekommen. Nach jeder handfesten Prügelei wurde Großmutter in den Kindergarten zitiert. Jedes Mal wieder versprach ich hoch und heilig, mich zu bessern. Doch die guten Vorsätze hielten nie lange vor. »Wer nicht hören will, muss fühlen«, meinte mitleidlos Schwester Ursula, als ich verbotenerweise mit der Papierschneidemaschine hantiert und mir dabei kräftig in den Daumen geschnitten hatte.

Eher vor Schreck wegen der Blutspritzer als vor Schmerz bekam ich einen Schreikrampf, den auch meine Großmutter nicht stoppen konnte, als ich mit provisorischem Verband zu Hause abgeliefert wurde. Erst beim Arzt schluckte ich die Tränen hinunter und ließ die klaffende Wunde, ohne mit der Wimper zu zucken, nähen.

Die Spritzen und die sonstigen Angst einflößenden medizinischen Instrumente hatten mich anscheinend ziemlich beeindruckt.

Aus Schaden bin ich als Kind nie klüger geworden, geschweige denn gehorsamer. Alles, was ich nicht durfte, übte einen unwiderstehlichen Reiz auf mich aus. Und immer wieder verletzte ich mich bei meinen waghalsigen Unternehmungen, ob beim Klettern über scharfkantige Zäune oder beim Spielen mit Streichhölzern.

Es war nur eine Frage der Zeit, bis den Kindergärtnerinnen endlich der Geduldsfaden riss. Eines Tages konnte mich meine Großmutter nach einem längeren Gespräch mit der Leiterin des Kindergartens gleich mit nach Hause nehmen: Zwangsurlaub, Kindergartenverbot für eine ganze Woche. Das war eine harte Strafe für mich, weil ich vormittags keinen mehr hatte, mit dem ich spielen konnte. Die meisten Kinder waren entweder im Hort oder schon in der Schule.

Im Alter von fünf Jahren kam ich für sechs Wochen in ein Kinderheim. Meine Großmutter musste zur Kur, und mein Großvater sah sich außerstande, ein kleines wildes Mädchen zu versorgen. Die sechs Wochen waren für mich das reinste Martyrium, so plagte mich das Heimweh. Meine einzige Freundin in dieser Zeit war eine Krankenschwester, die oben unter dem Dach des Heims wohnte und mir immer Schokolade und Bonbons schenkte. Doch zu ihr und den Süßigkeiten konnte ich mich schließlich nur noch heimlich hinaufschleichen, nachdem man im Heim mitbekommen hatte, woher mein fehlender Appetit bei den Mahlzeiten kam. Damals konnte ich nicht ahnen, dass dies nicht mein letzter und beileibe nicht mein schlimmster Heimaufenthalt gewesen sein sollte.

Wenn meine Großmutter gehofft hatte, dass sich mit der Einschulung mein aufsässiges Verhalten zum Guten wende würde, wurde sie böse enttäuscht. Bereits am ersten Tag, mit der prall gefüllten Schultüte im Arm, boykottierte ich den Unterricht. Jedes Kind sollte auf einem Blatt Papier das malen, was es am liebsten hatte. »Ich bin zu müde zum Malen«, antwortete ich auf die Frage der Lehrerin, ob mir denn nichts einfiele. Ich blieb dabei und schloss sogar theatralisch die Augen.

Meine Großmutter musste schließlich vom Schuldirektor hören, dass man meine Einschulung um ein Jahr verschieben würde und ich bis dahin den Vorschulkindergarten zu besuchen hätte. Abends, ich lag noch wach im Bett, bekam sie auch noch die Vorwürfe meiner Mutter zu hören. Sie meinte, ich wäre verhätschelt worden, und mehr Strenge hätte mir besser getan als die ständige Nachsichtigkeit.

»Und warum hast du dein Kind nicht selbst erzogen, wenn du so gut Bescheid weißt?«, unterbrach Großmutter endlich lautstark die Tirade ihrer Tochter.

Eine Antwort war nicht zu hören, nur der Knall, als die Wohnungstür zugeschlagen wurde. Natürlich von meiner Mutter, die wohl wusste, dass sie mit ihren Anschuldigungen zu weit gegangen war.

In dieser Nacht konnte ich lange nicht einschlafen. »Warum hast du dein Kind nicht selbst erzogen?« – die Frage verwirrte mich. Sollte Großmutter mich schließlich nur aufgenommen haben, weil kein anderer mich wollte?

Nein, dazu hatte sie mich zu lieb, versuchte ich mich zu beruhigen. Ich war wie hin und her gerissen, bis ich mir sagte, dass meine Mutter an allem schuld war und nur Unfrieden in unsere Familie brachte. Doch eine Unsicherheit blieb, die Ahnung nämlich, dass in meiner Familie irgendetwas nicht so war, wie es sein sollte.

Nimmt man die Unfälle, die ich als Kind hatte und bei denen ich mich immer ziemlich schwer verletzte, war ich in der Tat ein Unglücksrabe. Selbst Rollschuhlaufen blieb nicht ohne schlimme Folgen. Ich stürzte einmal auf einen Stein und quetschte mir den Finger so arg, dass wieder ein Arzt helfen musste. Heute erinnere ich mich weniger an die Schmerzen als an die Streicheleinheiten, die ich anschließend daheim bekam. So war das auch nach meiner Blinddarmoperation, die mich tagelang von zu Hause fern hielt.

Mit sieben Jahren wurde ich dann endgültig eingeschult. Es gab so viele junge nette Lehrerinnen und Lehrer an der Schule, aber ausgerechnet die älteste Pädagogin übernahm diesmal die Erstklässler. Von Anfang an kamen wir nicht miteinander zurecht. Gegen ihre strengen Verhaltensregeln rebellierte ich wie gewohnt mit Ungehorsam. Aber es sollte noch schlimmer kommen.

Als ich mich nach einer Prügelei zur Strafe in die Ecke setzen sollte, trat ich der Lehrerin vors Schienbein. Ein unverzeihliches Verhalten. Wieder musste Großmutter den Büßergang zur Schule antreten, sich anhören, dass es so nicht weitergehen könne und mich heulendes Häufchen Unglück anschließend trösten, weil ich es doch gar nicht so böse gemeint hatte.

Meine Leistungen in der Grundschule waren meistens befriedigend bis ausreichend. Sicher hätte ich bessere Noten nach Hause bringen können, wenn ich mich mehr angestrengt hätte. Ich hätte dann auch nicht ein Schuljahr wiederholen müssen. Mathematik und Sport waren meine Lieblingsfächer. In der Turnhalle über Kästen springen und Völkerball spielen, das war eine wohltuende Abwechslung zum stundenlangen Sitzen während des sonstigen Schulalltags.

Einmal habe ich versucht, den Unterricht zu schwänzen. Ich hatte an diesem Morgen einfach keine Lust und versteckte mich, ausgerüstet mit einem Micky-Maus-Heft, unter dem Balkon des Nachbarn. Gerade wollte ich herzhaft in mein Pausenbrot beißen, als meine Großmutter laut schimpfend um die Ecke kam. »Komm sofort aus deinem Versteck«, fauchte sie mich an. »Muss man sich von fremden Leuten sagen lassen, dass einem die eigene Enkelin auf dem Kopf herumtanzt!« Großmutter war sehr wütend auf mich, vor allem, weil eine Nachbarin aus dem Haus gegenüber mich unter dem Balkon beobachtet und flugs bei uns angerufen hatte mit der scheinheiligen Frage: »Hallo, Luise, weißt du eigentlich, wo sich Silvia zurzeit aufhält?«

Kaum war ich unter dem niedrigen Balkon hervorgekrochen, packte Großmutter meinen Arm und schleifte mich zur Schule. Natürlich kam ich zu spät. Aber das war nicht die einzige Peinlichkeit, die mein Schuleschwänzen zur Folge hatte. An den nächsten Tagen schleppte Großmutter mich jedes Mal an der Hand bis zur Klassentür. Sie wollte kein Risiko mehr eingehen.

Immer dann, wenn ich traurig oder mit mir und der Welt uneins war, was übrigens häufig vorkam, ging ich mutterseelenallein am Rheinufer spazieren. Ich fand das sehr idyllisch, wenn die schwer beladenen Schiffe träge auf dem breiten Fluss dahinzogen. Dazu der dichte gelbliche Qualm aus den hohen Schornsteinen des Hüttenwerks im Hintergrund. Stundenlang konnte ich hier im Gras sitzen, auf einem Grashalm herumkauen und über Gott und die Welt nachdenken oder einfach am Ufer entlangtrödeln und Steine in den Rhein werfen.

Den Mann in dem grünen Parka auf der Holzbank hatte ich vorher noch nie hier gesehen. Nur wenige Erwachsene verirren sich wochentags hierhin, und die kannte ich in der Regel, zumindest vom Sehen her. Der Mann hatte sein Fahrrad hinter sich an die Bank gelehnt. Er saß wie reglos da und starrte mich unverholen an. Mir war nicht wohl in meiner Haut, aber Angst hatte ich keine, wovor auch? Ich beschloss, zügig an der Bank vorbeizugehen, ohne den komischen Fremden eines Blickes zu würdigen. Aber irgendetwas ließ mich dann doch den Kopf zur Seite drehen und den Blick heben. Der Parka des Mannes war weit geöffnet. Und ich sah, wie er, den Hosenschlitz ebenfalls weit offen, sein großes Glied in beiden Händen hielt. Panik ergriff mich. Wie vom Teufel gejagt, rannte ich nach Hause, hinauf in mein Zimmer, und steckte den Kopf unter die Bettdecke.

Acht Jahre war ich damals alt. Aufgeklärt hatte mich noch keiner. Auch in späteren Jahren tat dies weder meine Mutter noch meine Großmutter. Über sexuelle Dinge zu reden war in unserer Familie tabu. Nie hätte ich mich getraut, Großmutter zu fragen, wie Kinder gemacht werden. Instinktiv wusste ich, dass ihr die Beantwortung solcher Fragen peinlich sein würde.

Ich war damals ebenso naiv und unschuldig wie fast alle Kinder in dem Alter. Schon gar nichts wusste ich von sexuellen Abartigkeiten wie Exhibitionismus. Mir war überhaupt nicht klar, was der Mann da auf der Bank am Rhein genau getan hatte. Ich ahnte nur, dass es etwas Schmutziges, Verbotenes war, und fürchtete, dass man vielleicht auch mir Vorwürfe machen oder erst gar keinen Glauben schenken würde. Mit keinem Wort erwähnte ich den Vorfall zu Hause. Auch meinen Freundinnen erzählte ich nichts. Den Mann im grünen Parka sah ich nie wieder in unserer Gegend. Und ich wagte mich in den folgenden Monaten nicht mehr allein ans Rheinufer.

Wie sollte ich wissen, dass einem kleinen Mädchen wie mir noch viel Schlimmeres passieren konnte, dass es Männer gibt, deren Sexualität so krank ist, dass sie sich an einem Kinderkörper vergehen.

An einem heißen Sommertag während der Ferien – neun Jahre alt war ich geworden – wollte meine Freundin Biene mit mir schwimmen gehen. Unser bevorzugtes Schwimmbad war das Baggerloch, das ungefähr eine halbe Stunde Fußmarsch entfernt lag. »Wenn wir doch schon da wären«, maulte Biene, als wir in Shorts und mit bloßen Füßen, die Tasche mit den Badesachen in der Hand, über die heißen Steine des Bürgersteigs liefen.

Den dunkelroten Kombi mit der weißen Aufschrift, der uns überholt hatte, plötzlich stoppte und dann ein paar Meter zurückfuhr, kannte ich. Der gehörte zur Bäckerei Schwarze, wo Onkel Kurt samstags morgens immer frische Brötchen zum Frühstück holte; auch wenn Großmutter immer mäkelte, die Brötchen würden wie aufgebacken schmecken.

Mutter mochte Frau Schwarze nicht, die meist hinter der Theke stand und verkaufte. »Der guckt die Geldgier aus den Augen«, behauptete sie immer und betrat den Laden, der gleich bei uns um die Ecke war, nur selten.

Ich mochte Bernd nicht, der bei Schwarze als Bäckergeselle beschäftigt war. Und ausgerechnet der steckte den Kopf aus dem offenen Seitenfenster der Fahrertür und grinste uns an, sodass sein gerötetes Zahnfleisch zu sehen war.

»Wo soll's denn hingehen?« Seine hohe Fistelstimme passte überhaupt nicht zu dem massigen, schwabbeligen Körper, der in einer schwarz-weiß karierten Bäckerhose und einer angeschmuddelten Baumwolljacke steckte.

»Silvia und ich sind auf dem Weg zum Baggerloch.« Biene war neben dem Auto stehen geblieben. Ich ging noch ein paar Schritte weiter, blieb dann aber auch stehen.

»Mensch, Biene, nun komm schon, ich hole mir auf den heißen Steinen Brandblasen.« Ich wollte weg von dem Auto und diesem Fettkloß, der noch immer dämlich grinste.

»Kommt, steigt ein ihr beiden, ich fahr euch zum Baggerloch. Liegt sowieso auf meinem Weg.«

Der Fettkloß stinkt bei der Hitze doch bestimmt zum Himmel, war das Erste, was mir durch den Kopf schoss, als Biene hocherfreut auf die Beifahrerseite rannte, die Tür aufriss und sich auf den Sitz schmiss.

»Setz dich hinter mich, Silvia, denn hinter dem Beifahrersitz steht ein Korb mit Stangenbrot.« Bernds hohe Fistelstimme tat so, als würde sie meine ablehnende Haltung gar nicht bemerken.

»Nee, ich mag nicht«. Richtig sauer war ich auf Biene, die mich da auf dem Gehsteig allein stehen ließ.

Doch Bernd ließ nicht locker: »Stell dich doch nicht so an, ihr könnt euch auch zwei Plunderteilchen hinten aus der großen Tüte nehmen.«

Stopf dir deine Plunderteilchen doch sonst wohin, dachte ich wütend. Ich kam mir aber inzwischen auch ziemlich albern vor, wie ich da schmollend auf dem heißen Pflaster von einem Fuß auf den anderen trat.

»Mensch, Silvia, du bist doch sonst nicht so zickig.« Biene war wieder lachend aus dem Auto gesprungen und zog mich an der Hand zum Beifahrersitz. »Setz dich vorne hin«, sagte sie bestimmt, »ich gehe auf die Rückbank.«

Ohne weitere Widerworte setzte ich mich ins Auto und nahm mit gesenktem Blick Platz. Gott sei Dank roch es im Wageninnern nicht nach Schweiß, sondern duftete angenehm nach ofenfrischen Backwaren, die auf ihre Auslieferung an die Kunden warteten. Dieser Duft ist aber auch wirklich das einzig Angenehme, das mir von diesem Sommernachmittag in Erinnerung geblieben ist.

Bernd war damals um die zwanzig, auf jeden Fall älter als alle meine Onkel. Er wurde belächelt, aber auch bemitleidet wegen seiner plumpen Gestalt.

»Der soll sich die Sahnetorten verkneifen und mehr Sport treiben«, spotteten die einen.

»Die Veranlagung zum Übergewicht hat er bestimmt geerbt, und der Beruf macht Diäten auch nicht leichter«, meinten verständnisvoll die anderen.

Unter Gleichaltrigen spielte Bernd klar die Außenseiterrolle. Um überhaupt beachtet zu werden, beispielsweise beim Schützenfest, spielte er sich auf als der große Spendiermax, schmiss an der Theke mit Runden nur so um sich und kaufte allen möglichen jungen Mädchen Lebkuchenherzen.

Ohne Appetit kaute ich auf dem Plunderteilchen herum, das Biene mir von hinten gereicht hatte.

»Ihr könnt noch mehr haben, ist genug da.« Bernd redete mit halb vollem Mund und steuerte den Wagen nur mit der linken Hand auf den holperigen Anfahrtsweg zum Baggerloch. Dabei leckte er sich genüsslich die fleischigen Finger der rechten Hand ab, nachdem er einen Berliner Ballen mit drei Bissen verschlungen hatte.

Der Weg führte zwar direkt ans Ufer des Baggerlochs, war aber auf den letzten fünfzig Metern nur für Fußgänger zugänglich. Autos wurden zum Parken auf eine abseits hinter einem Erdwall gelegene Wiese geleitet.

»Stopp, Bernd«, rief Biene, »lass uns hier raus! Hier ist es nicht mehr weit zum Wasser.« Sie hatte schon die hintere Wagentür aufgestoßen und sprang behände aus dem nur im Schritttempo dahinrollenden Auto. Nichts wie hinterher!

Ich suchte mit der rechten Hand nach dem Türgriff, als ich einen schweren Arm in meinem Nacken spürte und gleich darauf ein kurzes »Klick« hörte. Bernd hatte den Knopf im Türrahmen heruntergedrückt und so die Beifahrertür verschlossen. Ich war gefangen. Angst kroch in mir hoch. Ich begann zu schreien. Doch sofort verschloss seine große, fleischige Hand meinen Mund wie ein Knebel. Ich riss an den Fingern, krallte meine Nägel in Bernds Arme, versuchte sein Gesicht zu treffen, und zerrte an seiner Jacke. Vergebens! Dieses schwitzende Untier neben mir hatte Gas gegeben und den Wagen hinter den Erdwall gesteuert.

Was dann geschah, haftet nur bruchstückhaft in meinem Gedächtnis. Das Monster riss mir die Shorts vom Körper, schob dabei noch irgendwie den Beifahrersitz ganz nach hinten und drückte mich wie eine Puppe gegen seinen massigen Unterleib. Ich weiß nicht mehr, was widerlicher war: das schmerzhafte Gefummel seiner Finger oder sein feuchter, keuchender Atem, der mir ständig ins Gesicht blies. Plötzlich spürte ich einen stechenden Schmerz in der Scheide. Ich hörte auf, mich zu wehren, und fing an, laut und verzweifelt zu schluchzen.

Wie lange dauert die Vergewaltigung eines neunjährigen Kindes in einem Auto? Ich weiß es nicht mehr. Vermutlich waren es nur wenige Minuten. Mir kommen sie auch heute noch wie Stunden vor. Der Kinderschänder hatte mich mit meinen Sachen und einer Hand voll Geldstücke am Schluss aus dem Auto gestoßen und war davongerast.

Ich saß hilflos im Gras und entdeckte plötzlich das Blut zwischen meinen Beinen. Mein Unterleib schmerzte furchtbar. Irgendwann nahm ich das Badetuch aus der Plastiktüte, um mich, so gut es ging, zu säubern. Unter Schmerzen schleppte ich mich nach Hause und war erleichtert, dass keiner in der Wohnung war. Ich ließ heißes Wasser in die Badewanne ein und schrubbte mir die Haut fast wund. Ich wollte wieder sauber sein, so wie vorher. Doch der Schmutz saß zu tief, haftete zu fest. Dass ich diesen Dreck nie mehr ganz loswerden würde, wusste ich damals noch nicht.

Schon bald kamen Schuldgefühle und Fragen auf. Hatte ich irgendetwas getan oder gesagt, was diese unglaubliche Schandtat provozierte? Konnte der dicke Bäcker vielleicht behaupten, ich wäre einverstanden gewesen? Und Biene? Was hatte meine Freundin von all dem, was auf dem Parkplatz geschehen war, mitbekommen? Wie ein Jahr zuvor, bei der schockierenden Begegnung mit dem Exhibitionisten, beschloss ich, keinem etwas zu erzählen und alles abzustreiten, wenn jemand Verdacht schöpfen sollte.

Wochen später erzählte mir Biene, dass der Bäckersohn auch sie einmal begrapscht habe. Als sie damals am Baggerloch auf mich gewartet habe und ich nicht nachgekommen sei, habe sie schon geahnt, dass der Fettwanst wieder einmal seine Finger nicht bei sich behalten konnte. Ich war sprachlos!

Was ich damals noch nicht begriff: Der Kinderschänder hatte mich zwar entjungfert, aber zu einer Ejakulation war es nicht gekommen.

Ein paar Monate später hat er sich erneut an einem kleinen Mädchen vergangen. Diesmal wurde er von der Polizei geschnappt. Und im Rahmen ihrer Ermittlungen wurden auch Biene und ich verhört. Aus Angst leugnete ich zunächst, missbraucht worden zu sein. Doch schließlich war ich froh, loswerden zu können, was sich am Baggerloch ereignet hatte. Es kam zu einer Gerichtsverhandlung, und Bernd Schwarze wurde zu einer Haftstrafe mit Bewährung verurteilt.

Mit zehn Jahren änderte sich mein Leben total. An einem dunklen Wintermorgen, Großvater war bereits zur Arbeit gegangen, kam Großmutter wortlos in mein Zimmer, gefolgt von zwei Fremden: einem Mann im grauen Stoffmantel, der seinen Hut zwischen den Händen hin- und herdrehte, und einer schlanken großen Frau, die ihren Pelz über dem Arm trug und einen Aktenordner in der Hand hielt.

»Guten Morgen, Silvia«, sagte die große Frau freundlich, »Herr Moorburg und ich kommen vom Jugendamt und wollen dich zu einer kleinen Spazierfahrt einladen, um ein paar Sachen zu besprechen.«

»Wann?«, fragte ich wie aus der Pistole geschossen. Ich ahnte nichts Gutes.

»Nun, jetzt gleich oder in einer halben Stunde, wir können auch draußen im Treppenhaus warten.«

Frau Wiehmer, so hieß die Dame, fühlte sich irgendwie nicht wohl in ihrer Haut, auch ihr Kollege wirkte unsicher.

»Bleiben Sie ruhig hier, Silvia ist gleich fertig.« Großmutters Stimme klang brüchig. Sie wich meinem Blick aus. Jetzt sah ich auch, dass ihre Augen gerötet waren. Mein Gott, was war bloß los? Hatte ich wieder etwas angestellt, was Großmutter mir übel nahm?

Ob es vielleicht mit dem Vorfall am Baggerloch zu tun hatte, von dem Großmutter durch die Polizei erfahren hatte? Seitdem alle möglichen Leute Bescheid wussten, war mir die Sache furchtbar peinlich, und ich mochte mit keinem mehr darüber reden. Ich hatte das ungute Gefühl, dass man mir eine Mitschuld gab an dem, was dieser Bernd getan hatte.

Großmutter und Mutter hatten sich jedoch schon Wochen vor der Vernehmung bei der Polizei an das Jugendamt gewandt, weil sie, wie es in solchen Fällen heißt, mit mir nicht mehr fertig wurden. Auch die Schule hatte sich eingeschaltet, nachdem ich immer häufiger unentschuldigt dem Unterricht ferngeblieben war.

Heute muss ich ehrlich zugeben, dass ich damals ziemlich frech, ungehorsam und kaum zu bändigen war, einfach ein unausstehliches Kind. Doch die zehnjährige Silvia hielt sich nur für ein bisschen wild und vorlaut. Wenn sie morgens durch die Fußgängerzone der Innenstadt bummelte, anstatt zur Schule zu gehen, war das doch ihre Sache, oder? Zwar hatte es zu Hause immer häufiger Ärger gegeben, wenn ich zum Beispiel mal wieder spät im Dunkeln heimgekommen war. Und ich erinnere mich an wiederholte Drohungen meiner Großmutter, mich in ein Erziehungsheim zu stecken. Sogar mein Großvater hatte beim letzten Krach gebrüllt, er sei mit seiner Geduld am Ende und habe ein Anrecht auf Ruhe, wenn er nach der Arbeit nach Hause komme. Aber all das hatte ich nicht für ein Anzeichen dafür gehalten, dass meine Familie sich mit meiner Erziehung überfordert fühlte und Hilfe beim Jugendamt suchen würde.

Schließlich war alles ganz schnell gegangen. Die Großeltern, als meine Erziehungsberechtigten, hatten eine Einverständniserklärung unterschrieben. Danach sollte ich so lange in einem Heim untergebracht werden, wie es »aus erzieherischen Gründen« erforderlich sei. Man musste nur noch nach einem freien und für mich geeigneten Platz suchen – natürlich hinter meinem Rücken.

Von alledem ahnte ich noch nichts, als Großmutter mich fest an sich drückte und mir ungewöhnlich innig »Auf Wiedersehen« sagte. Herr Moorburg hatte den Hut bereits wieder auf den Kopf gesetzt. Frau Wiehmer und er waren die ganze Zeit recht schweigsam gewesen. Ich schaute der Frau zum ersten Mal richtig ins Gesicht. Sie lächelte mich aufmunternd an. Ich dachte nicht daran zurückzulächeln, obwohl Frau Wiehmer anscheinend zu dem Typ Erwachsener gehörte, mit dem ich sonst ganz gut zurechtkam: groß, jung, sportlich und ernst. Keine, die ihren Muttertrieb an mir ausleben wollte.

Ich nahm mir vor, mit ihr vielleicht doch über den Vorfall am Baggerloch zu reden. Sie musste mir einfach glauben, dass mich keine Schuld traf.

Großmutter nahm mich noch einmal in den Arm und drückte mir einen ihrer nassen Küsse auf die Stirn. Ich ließ mich in den etwas zu engen dunkelblauen Wintermantel zwängen, bekam den roten Wollschal umgebunden und die gleichfarbige Strickmütze aufgesetzt.

Frau Wiehmer, Herr Moorburg und ich verließen die Wohnung und gingen die Treppe hinunter. Langsam, Schritt für Schritt und nicht polternd wie sonst, nahm ich jede einzelne Stufe. Ich hatte das Gefühl, mich besonders gut benehmen zu müssen. Als Frau Wiehmer unten die schwere Haustür aufriss, fegte uns ein eisiger Wind ins Gesicht. Es wurde langsam hell. Doch zu mehr als einem dieser diesigen, feuchtkalten Januartage würde es nicht reichen, das war klar.

Herr Moorburg hatte seinen weißen Opel Rekord genau vor dem Haus geparkt. Er öffnete die Beifahrertür und ließ mich auf der Rückbank Platz nehmen. Frau Wiehmer setzte sich auf den Beifahrersitz. Der Motor wollte nicht gleich anspringen, doch beim vierten Versuch und nach längerem Orgeln begann die Maschine zu laufen.

»Silvia« – Frau Wiehmer hatte sich umgedreht- »wenn die Heizung richtig läuft und es im Wagen warm genug ist, solltest du den Mantel ausziehen, damit du später draußen nicht frierst. Denn dort, wo wir hinfahren, ist es kälter als hier.«

Schlagartig wurde mir klar, dass ich überhaupt keine Ahnung hatte, wo es hingehen sollte.

»Wo fahren wir denn hin?« Meine Neugierde war erwacht.

»Zum Haus Maihagen«, antwortete Frau Wiehmer, als sei das die normalste Sache der Welt. Doch dann sah sie wohl meine ratlose Miene. »Wir sollten es ihr jetzt erzählen«, sagte sie zu Herrn Moorburg gewandt.

Der zuckte wortlos mit den Schultern, und dann bekam ich die ganze Wahrheit zu hören, die mir Großmutter und alle anderen seit Wochen verheimlicht hatten. Ich war zu geschockt, um weinen zu können. Belogen hatten sie mich; auch Großmutter, die mich noch zum Abschied geküsst hatte, so als hätte sie mich richtig lieb.

»Pass auf, Silvia«, Frau Wiehmer schaute mich aufmunternd an, »Haus Maihagen ist in der Eifel, in einer herrlichen Landschaft mit Hügeln und Wäldern. Ich glaube, da ist in den letzten Tagen auch etwas Schnee gefallen. Ich bin sicher, dass es dir dort gefallen wird.«

Sie kam richtig ins Schwärmen. Ich muss sie dabei fassungslos angestarrt haben. Denn plötzlich geriet sie ins Stocken.

»Silvia«, sagte sie leise, »das Beste wird sein, du überzeugst dich selbst.«

Ich hatte im Auto Wintermantel, Mütze und Schal ausgezogen und meistens teilnahmslos aus dem Fenster gestarrt. Irgendwann hatte Frau Wiehmer das Autoradio angeschaltet und einen Sender mit Popmusik gesucht, wahrscheinlich um mir etwas Gutes zu tun. Später, nachdem wir die Autobahn verlassen hatten und auf der Landstraße unterwegs waren, war aus dem Radio nur noch ein Rauschen zu hören, und Herr Moorburg hatte es abgeschaltet.

Dafür war die Landschaft interessanter geworden, mit den dunklen Nadelwäldern im Nebel und den vielen Hügeln. Und etwas Schnee lag auch auf den Bäumen und Wiesen. In diesem Punkt hatte Frau Wiehmer die Wahrheit gesagt.

Die Fahrt dauerte etwas mehr als drei Stunden. Als vor uns das gelbe Ortsschild mit der Aufschrift »Maihagen« auftauchte, war es kurz vor zwölf.

Langsam steuerte Herr Moorburg den Wagen durch die engen Kurven von Maihagen. Ich hatte mich inzwischen einigermaßen beruhigt und schaute interessiert rechts und links durch die Seitenscheiben. Die schwarz-weißen Fachwerkhäuser sahen hübsch aus. Grauer Rauch stieg aus den Schornsteinen der Häuser mit ihren spitzen Schieferdächern. Frauen mit schweren Einkaufskörben und -taschen eilten auf den schmalen Bürgersteigen nach Hause. Lachende Schulkinder mit Tornistern und dicken Stiefeln kamen uns entgegen. Wir passierten die kleine Backsteinkirche mitten im Dorf gerade in dem Moment, in dem die Turmuhr anfing, zwölfmal zu schlagen.

KAPITEL 2

Im Erziehungsheim

Haus Maihagen lag etwas außerhalb des Dorfes, oben am Hang. Eine schmale Straße führte hinauf zu dem mächtigen Backsteinbau. Herr Moorburg fuhr bis vor das große, überdachte Hauptportal, aus dem alsbald eine kräftige Frau mittleren Alters trat, die sich die Hände an ihrer bunten Schürze abwischte. Besonders auffällig war ihr dicker, grauer Haarknoten im Nacken, der alle Haarsträhnen straff nach hinten aus dem runden Gesicht zog.

»Herzlich willkommen! Du musst Silvia sein!« Nachdem Frau Wiehmer ausgestiegen war, hatte mich die nach allen möglichen Küchendünsten riechende Frau burschikos aus dem Auto gezerrt und machte keine Anstalten, die Hand, die sie nun schon einmal ergriffen hatte, wieder loszulassen.

»Ich bin Frau Kreuzer. Zusammen mit meinem Mann leite ich das Heim«, sagte sie aufgeräumt und wandte sich an Frau Wiehmer. »Sie müssen meinen Aufzug entschuldigen, aber die Hilfsköchin ist plötzlich krank geworden, und da muss ich in der Küche aushelfen. Die kleinen Racker wollen ja mittags etwas auf dem Tisch haben.«

Frau Kreuzer war mir zu betont kumpelhaft. Sie war sichtlich bemüht, auf Frau Wiehmer und Herrn Moorburg einen guten Eindruck zu machen. Doch ich fand sie wenig sympathisch. Menschen wie Frau Kreuzer hatte ich zu Hause in unserer Nachbarschaft zur Genüge kennen gelernt. Sie gefallen sich beim Dienst am Nächsten und wollen ständig hören, wie dankbar man ihnen ist. Werden sie enttäuscht, können sich Mitleid und Barmherzigkeit schnell in Unwillen oder gar Hass verwandeln.

Drinnen, in der hohen Empfangshalle des betagten Gemäuers, rief Frau Kreuzer nach einer gewissen Herta, die sofort eilig heranlief.

»So, Silvia, sag nun Frau Wiehmer und Herrn Moorburg ›Auf Wiedersehen‹ und bedanke dich fürs Herbringen. Während wir drei noch im Büro etwas zu erledigen haben, wird Herta dir dein Zimmer im zweiten Stock zeigen«.

Ich gab den beiden die Hand, bedankte mich aber natürlich nicht. Wofür auch?

Herr Moorburg murmelte etwas, das so klang wie »Mach's gut«. Frau Wiehmer wünschte mir »alles erdenklich Gute« und fragte, ob sie meiner Großmutter etwas ausrichten solle. Ich schüttelte den Kopf, weil ich zu diesem Zeitpunkt überhaupt nicht mehr wusste, ob ich überhaupt noch mit jemandem aus der Familie etwas zu tun haben wollte.

Herta hatte meinen Koffer ergriffen und ging vor mir her die breite Steintreppe hinauf. Dem glatten, pausbäckigen Gesicht nach zu urteilen, konnte sie höchstens zwanzig sein, obwohl ihr schwerer breitbeiniger Gang und der krumme Rücken sie von hinten älter aussehen ließen. Herta war eine von insgesamt vier Haushilfen. Die putzten, wuschen, verteilten das Essen im Speisesaal und machten auch sonst alles Mögliche, was eben so anfiel. Erzieherinnen und Erzieher betreuten die Kinder in Kleingruppen.

Die ruhige und warmherzige Art von Herta mochte ich auf Anhieb. Sie führte mich in ein großes Zimmer mit zwei Doppelstockbetten.

»Das Bett oben rechts ist deins. Hier schläfst du mit drei anderen Mädchen zusammen – Alice, Manuela und Katja«, sagte Herta und holte mir ein Handtuch, etwas Unterwäsche und ein Nachthemd.

»Nur bis deine eigenen Sachen hier ankommen. Den Schrank kannst du übrigens nicht abschließen.«

Sie fasste mein Handgelenk und betrachtete die Uhr, die ich zum zehnten Geburtstag von Großmutter bekommen hatte. »Wertgegenstände und vor allen Dingen Geld solltest du unten im Tresor einschließen lassen«, sagte sie ernst und fügte leise hinzu: »Hier klauen sie wie die Raben. Wenn du nicht aufpasst, stehlen sie dir sogar Süßigkeiten unter dem Kopfkissen weg.«

Ich war geschockt. Diebstahl, so hatte man mir beigebracht, gehörte zu den größten Sünden, die man begehen konnte.

Für mich war es undenkbar, jemand anderem etwas wegzunehmen. Das galt insbesondere für Geld. Nie wäre ich auf die Idee gekommen, die bunte Keksdose auf unserem Küchenschrank anzutasten, in die Großmutter immer wieder Münzen steckte; als »eiserne Reserve«, wie sie dann sagte. Und Süßigkeiten waren doch dazu da, geteilt zu werden. So war es jedenfalls bei uns Kindern in der Nachbarschaft üblich. Ganz selbstverständlich wurden ein paar Pfennige zusammengelegt, um zum Beispiel für alle eine Tüte Weingummi zu kaufen. Und wenn das Geld mal nicht ganz reichte, dann gab's die Rolle Smarties am Kiosk bei Frau Wollentarsky auch schon mal für zwanzig Pfennig anstatt für dreißig.

Herta hat mich dann im Zimmer allein gelassen, nachdem sie mir noch geraten hatte, pünktlich um 13.00 Uhr im Speiseraum zum Mittagessen zu erscheinen. Dann würde ich auch meine Erzieher kennen lernen.

»Wer zu spät kommt, wird gleich wieder ohne Essen auf sein Zimmer geschickt. Und du hast doch bestimmt einen Riesenhunger, so lange wie du unterwegs warst.«

Herta war wirklich die Netteste von allen, die ich hier kennen lernen sollte.

Zuerst traf ich auf meine Mitbewohnerinnen. Etwa zwanzig Minuten vor dem Mittagessen stürmten sie ins Zimmer. Alice, Manuela und Katja warfen ihre Schultaschen auf die Betten. Sie grüßten nicht und beachteten mich auch sonst kaum.

»Jetzt wird's mir hier aber langsam zu voll«, meinte bedeutsam das hochgeschossene, blasse Mädchen, das Katja sein musste.

Die anderen beiden hatten nur stumme Seitenblicke für mich übrig. Ebenfalls stumm und furchtbar unglücklich saß ich die Zeit bis zum Mittagessen oben auf meinem Bett ab.

Meine Zimmergenossinnen hatten sich ganz sicher abgesprochen. Jede Neue wurde von den anderen Kindern zuerst einmal als Aussätzige behandelt. Es galt das Recht des Stärkeren. Und stärker waren in der Regel die Kinder, die schon lange im Heim lebten; heute möchte ich fast sagen, überlebten.

Die Neulinge mussten sich die Zugehörigkeit und einen gewissen Respekt regelrecht erkämpfen. Denn im Heim galt das Faustrecht. Prügeleien waren an der Tagesordnung, auch in unserem Zimmer.

Auf derselben Etage, drei Zimmer weiter, schlief Anke, ein zwölfjähriges, kräftiges Mädchen, das die Heim-Mafia anführte. Um sich hatte sie drei ergebene Heiminsassinnen geschart, ihre Zimmergenossinnen; und sie regierte mit harter Faust. An jedem Montag kassierte sie. Schutzgeld nennt man das wohl in Verbrecherkreisen. Die Hälfte des wöchentlichen Taschengeldes musste man abliefern, sonst gab es Gruppenkeile. Dann lauerte einem die vierköpfige Bande zum Beispiel in der Toilette oder draußen im Wald auf und schlug einen windelweich; so lange, bis man winselnd versprach, das Geld abzuliefern.

So erging es auch mir gleich in der dritten Woche meines Aufenthalts. Ich hatte mir angewöhnt, vor dem Abendessen noch eine Viertelstunde durch den großen Park zu strolchen, der zum Kinderheim gehörte. An einem Dienstagabend passierte es dann. Plötzlich schlug mir von hinten eine Hand auf den Mund, während die andere Hand versuchte, mich festzuhalten. Sofort war Verstärkung da. Drei Mädchen packten mich und hielten mich fest, damit Anke ungestört zuschlagen konnte – wohin sie wollte und wie sie wollte.

Irgendwann ließ man mich zusammengekrümmt im Gebüsch liegen. Als ich nicht zum Abendessen erschienen war, schickte Frau Kreuzer zwei Erzieher los, mich zu suchen.

Als sie mich fanden, hatte ich mich einigermaßen wieder hochgerappelt. Jeans und Anorak waren total verdreckt, und mein rechter Mundwinkel war aufgeplatzt. Die Verletzung muss schlimmer ausgesehen haben, als sie wirklich war. Jedenfalls wurde ich sofort in den Sanitätsraum gebracht und dort von Frau Kreuzer persönlich mit Jod und Pflaster verarztet. Natürlich wollte sie wissen, wer mir die Verletzung zugefügt hatte und warum. Aber ich blieb bei der Version, dass ich gestolpert und dabei unglücklich auf den Mund gefallen sei, so unglaubwürdig das angesichts der Verletzung auch klang. Frau Kreuzer drang allerdings nicht weiter in mich. Vermutlich war sie froh, den Vorfall nicht weiter verfolgen und womöglich noch melden zu müssen.

Meine Verschwiegenheit hatte nur einen Grund. Ich wollte nicht weiter von dieser Gang drangsaliert werden. Und das ließ sich nur dadurch erreichen, dass ich mir gehörig Respekt verschaffte. Also knöpfte ich mir an einem der nächsten Tage jedes der vier Mädchen einzeln vor, zuerst Anke. Mich zu prügeln machte mir nichts aus, vor allen Dingen, wenn ich meinte, im Recht zu sein. Von dem Moment an, da die Letzte ihr Fett weg hatte, fühlte ich mich besser und hatte tatsächlich Ruhe. Für den Rest meines Aufenthaltes im Heim gingen mir die vier meistens aus dem Weg.

Auch in meinem Zimmer setzte ich mich schon in der ersten Woche durch. Zwar klauten sie hier wirklich, wie Herta gesagt hatte, wie die Raben, aber Alice, Manuela und Katja hatten mich schnell als ihresgleichen, als Zimmergenossin, akzeptiert.

Eines Nachmittags kam Manuela auf die Idee, auf Diebestour hinunter ins Dorf zu gehen. Ziel war der kleine Supermarkt an der Hauptstraße, wo wir nach der Schule einen großen Teil unseres knappen Taschengeldes ausgaben für Jugendzeitschriften, Coca Cola und Süßigkeiten. Letztere sollten wir erbeuten, so Manuelas Instruktionen, und zwar so viel wie möglich. Sieger wäre, wer am Schluss die teuersten Waren zusammengestohlen hätte. Das Ganze war mehr eine Mutprobe als eine Beschaffungsmaßnahme; übrigens kein ungewöhnlicher Zeitvertreib für die jungen Heimbewohner.

Nie zuvor hatte ich Ladendiebstahl begangen. Dazu war ich bei aller Großmäuligkeit wiederum viel zu feige. Aber das wollte ich den Mädchen gegenüber nicht zugeben. Ich hatte damals das Gefühl, dass diese Mutprobe speziell mir galt.

»Was ist denn, wenn sie uns erwischen«, war alles, was ich zu fragen wagte.

»Du darfst dich eben nicht erwischen lassen«, antwortete Manuela schnippisch und war schon dabei, einen Plan auszuklügeln.

Bei der Aktion bin ich tausend Tode gestorben. Ich war felsenfest davon überzeugt, dass mir jeder im Laden mein

Vorhaben im Gesicht ablesen konnte. Dass ich nach dem gemeinsamen Coup als »Verliererin« dastand, war da nicht weiter überraschend. Meine Beute bestand nur aus einer einzigen Kaugummi-Kugel für ganze fünf Pfennig. Und die warf ich auf dem Heimweg an der nächsten Bushaltestelle auch noch heimlich in den Abfallkorb, aus Angst, doch noch geschnappt und anhand der Beute überführt zu werden.

Ganz plötzlich, irgendwann im Mai – ich weiß gar nicht mehr, was genau der Anlass war – wollte ich nur noch eines: weg, zurück nach Hause. Anstatt in den Bus einzusteigen, der uns jeden Morgen zur Schule unten im Dorf brachte, lief ich in den Wald hinter dem Kinderheim. Planlos eilte ich dann weiter den Hang hinunter, über Wiesen und auf Feldwegen, bis ich schließlich atemlos und mit Seitenstichen ein kleines Dorf erreichte. Inzwischen war es Mittag geworden, und ich setzte mich auf eine Bank gegenüber der Kirche. Die Sonne schien, und es war schon ziemlich warm.

Langsam kroch Unbehagen in mir hoch. Ich hatte keine Ahnung, in welchem Ort ich mich befand und wie es nun, ohne Geld und fremde Hilfe, weitergehen sollte. Außerdem machte sich Hunger knurrend bemerkbar. Seit Stunden war ich auf den Beinen und hatte außer dem Frühstück noch nichts im Magen. Das Pausenbrot hatte ich vor Aufregung im Speiseraum liegen lassen.

Wie ich nun so unschlüssig dasaß, mit meiner Schultasche auf den Knien, und mich selbst bemitleidete, öffnete sich eine Tür des Kirchenportals, und ein älterer Pfarrer in einer schwarzen Soutane kam heraus. Über den sonst menschenleeren Kirchplatz steuerte er direkt auf mich zu.

»Was machst du denn schon hier? Die Schule ist doch noch gar nicht aus«, rief er streng, noch während er auf mich zuschritt.

»Aber ich, ich gehe doch gar nicht hier zur Schule«, stammelte ich. Erschrocken war ich aufgesprungen und traute mich nicht, die Gestalt in dem düsteren, langen Gewand anzuschauen.

Ich käme aus dem Nachbarort und sei hier mit meinen Großeltern verabredet, log ich ihn an, als er wissen wollte, woher ich denn sei.

»Auf deine Großeltern warten kannst du auch drüben im Pfarrhaus«, sagte der fremde Pfarrer unbeirrt und hatte schon meine Schultasche ergriffen. »Durch das Fenster kannst du den ganzen Kirchplatz überblicken und siehst, wenn deine Großeltern da sind.«

Überrumpelt und mit einem mulmigen Gefühl in der Magengegend, das nichts mit meinem Hunger zu tun hatte, trottete ich hinter dem Pfarrer her. Es waren nur ein paar Schritte über den Platz, und schon standen wir in der engen Diele des kleinen, weiß getünchten Pfarrhauses.

Die in der Küchentür erscheinende weißhaarige Haushälterin wurde angewiesen, noch ein Gedeck mehr zum Mittagessen aufzulegen. Sie beachtete mich kaum, tuschelte aber dafür hinter meinem Rücken mit dem Pfarrer, als ich bereits am Esstisch saß. Von hier hatte man tatsächlich den gesamten Kirchplatz im Visier.

»Wann genau wollten deine Großeltern denn kommen«, hörte ich den Pfarrer fragen, als er sich ebenfalls an den Tisch setzte und eine gestärkte, leuchtend weiße Stoffserviette auf seinen Schoß legte. Weil ich wusste, dass meine Lüge über kurz oder lang auffliegen musste, dachte ich mir, dass die halbe Wahrheit immer noch besser sei als gar keine.

»Also eigentlich wollten meine Großeltern um 13.00 Uhr hier sein. Es ist aber auch möglich, dass sie verhindert sind. Für den Fall soll ich mich allein zu ihnen aufmachen.«

Mein Herz klopfte, aber ich war so damit beschäftigt, mich herauszureden, dass ich weder rot wurde noch ins Stottern geriet. Als die Haushälterin eine Schüssel mit dampfenden Bratkartoffeln und eine Platte mit Spiegeleiern auf den Tisch stellte, war mir ganz egal, ob man mir Glauben schenkte oder nicht. Hauptsache, ich konnte meinen Hunger stillen. Leichte Gewissenbisse wegen meiner Lügengeschichte kamen allenfalls noch beim Tischgebet auf.

Während des Essens fragte mich der Pfarrer aus, und ich antwortete, wie es mir gerade einfiel. Meine Geschichte von der kranken Mutter, die mich nicht begleiten konnte, und der Geldbörse, die ich verloren hatte, muss den Pfarrer dann wohl vollends überzeugt haben, dass ich getürmt war. Ahnungslos löffelte ich meine zweite Portion Vanillepudding, als er mir direkt auf den Kopf zusagte, dass ich aus dem Kinderheim weggelaufen sei. »Als ich dich da auf der Bank hab sitzen sehen, wusste ich gleich, dass etwas mit dir nicht stimmt«.

Die Selbstzufriedenheit des Pfarrers war nicht zu überhören. Überraschend gefasst und ohne Widerspruch ließ ich alles geschehen, was folgen musste: Der Pfarrer setzte sich telefonisch mit dem Kinderheim in Verbindung. Dort hatte man mein Verschwinden bereits bemerkt, aber noch nichts unternommen.

Eine halbe Stunde später holte mich eine der Erzieherinnen mit dem Auto ab und überhäufte mich, kaum dass sie mich erblickt hatte, mit Vorwürfen. Dafür erntete der Pfarrer überschwänglichen Dank und nahm diesen mit selbstzufriedener Miene entgegen, ohne mich noch weiter zu beachten. Die Strafe im Heim fiel erwartungsgemäß hart aus: Zwei Wochen lang Ausgehverbot und kein Fernsehen, dafür nach allen Mahlzeiten Spüldienst und, für mich die schlimmste Strafe, ein Brief der Heimleitung an meine Großeltern, in dem sie über meinen Ausreißversuch informiert wurden.

Die zwei Jahre im Kinderheim war ich mehr krank als gesund. Ständig hatte ich irgendwelche Unfälle oder zog mir mehr oder weniger schlimme Krankheiten zu.

Viele Jahre später hat mir eine Psychologin erklärt, dass die schwache Gesundheit während meines Heimaufenthalts wahrscheinlich psychisch bedingt war. Die Einsamkeit und das Gefühl, abgeschoben worden zu sein, hätten mich vermutlich anfällig gemacht für Krankheiten. Und die vielen Unfälle deuteten auf eine Unachtsamkeit hin, die selbstzerstörerische Züge tragen würde.

Aber die zahlreichen Krankenhausaufenthalte hatten auch ihr Gutes. Während der vierzehn Tage, die ich in der Klinik der Kreisstadt verbrachte, lernte ich Schwester Jutta kennen. Ich glaube, zuerst hatte sie nur Mitleid mit mir, wie ich da so ganz mager und blass, ohne jemals Besuch zu bekommen, in dem großen Bett lag.

Eingeliefert hatte man mich mit hohem Fieber, das einfach nicht sinken wollte. Aber auch die Ärzte im Krankenhaus waren ratlos, obwohl ich mehrmals gründlich, von Kopf bis Fuß, untersucht wurde. Wenn das Fieber am Morgen deutlich abgenommen hatte, zeigte das Thermometer am Abend wieder über 39 Grad an. Doch nach ungefähr neun Tagen verschwanden die Fieberschübe so plötzlich, wie sie gekommen waren.

Schwester Jutta kümmerte sich rührend um mich. Sie kaufte mir unten am Krankenhaus-Kiosk Comic-Hefte, brachte mir Süßigkeiten mit und besuchte mich sogar an ihren arbeitsfreien Tagen.

»Wenn du hier entlassen bist, Silvia, und ich frei habe, dann besuchst du mich einmal«, sagte Schwester Jutta eines

Tages ganz beiläufig, als sie das Tablett mit dem Abendessen abräumte.

Ich erwiderte nichts, denn mir erschien das nur so dahingesagt. Mal sehen, ob sie sich noch an ihre Einladung erinnert, wenn ich zurück im Heim bin, dachte ich mir.

Doch mein Misstrauen war unbegründet. Schwester Jutta hatte mich tatsächlich ins Herz geschlossen und verabredete bei meiner Entlassung gleich für den nächsten Sonntag ein Treffen bei sich zu Hause.

Ich konnte es kaum abwarten, endlich einmal wieder in einer ganz normalen Wohnung sitzen zu können, ohne lärmende Kinder und schimpfende Erzieher drumherum; nur mit einem Menschen, der einem zuhört. Der Heimaufenthalt hatte aus mir in gewisser Weise einen Einzelgänger gemacht. Seit dieser Zeit meide ich größere Menschenansammlungen, brauche zumindest einen Raum in der Wohnung für mich, in den ich mich zurückziehen kann. Das heißt nicht, dass ich menschenscheu geworden bin. Wenn mir danach ist, unternehme ich heute auch gerne etwas in der Gruppe, zum Beispiel mit befreundeten Frauen aus der Nachbarschaft. Aber ich muss immer die Möglichkeit haben, mich ungestört einzuigeln.

An einem sonnigen Sonntagvormittag Ende August holte Jutta, wie ich sie jetzt nennen durfte, mich mit ihrer grellgrünen »Ente« vom Heim ab. Frau Kreuzer, die Heimleiterin, hatte mir anstandslos die Ausgeherlaubnis für den ganzen Tag erteilt, nachdem sie tags zuvor kurz mit Jutta telefoniert hatte. Ich musste allerdings pünktlich um 18.00 Uhr wieder im Heim sein. Über Nacht hätte ich keinesfalls wegbleiben dürfen; auch nicht, wenn überprüft worden wäre, wo ich schlafen würde.

In ihrem geblümten Sommerkleid und den roten Sandalen sah Jutta toll aus, viel hübscher als in der weißen Schwesterntracht und wesentlich jünger als eine 34-jährige. Die blonden Haare trug sie wie gewohnt zu einem kurzen Zopf zusammengebunden, diesmal allerdings geschmückt mit einer großen, roten Satinschleife.

»Schön, dass du bei diesem Traumwetter mit mir kommen darfst«, begrüßte sie mich. Etwa zwanzig Minuten dauerte die Fahrt zu ihrer Wohnung, die sich in einem Schwesternheim oben unter dem Dach befand.

Die Wohnung bestand aus einem Wohn-Schlafzimmer, einer kleinen Küche, einem Duschbad und, was ich besonders schick fand, einer separaten Toilette.

In einer Ecke des Wohnraums war der Esstisch bereits für zwei Personen gedeckt.

»Du magst doch hoffentlich Spaghetti?«, fragte Jutta. Und fügte, als ich nickte, erleichtert hinzu: »Prima, es gibt nämlich Spaghetti mit Hackfleischsauce und Salat und hinterher Eis. Ist alles schon so gut wie fertig.«

Auch wenn ich als Kind ein schlechter Esser war, auf Nudeln hatte ich immer Appetit. Aber bei Jutta hätte ich sogar Eintopf gegessen, um sie auf keinen Fall zu enttäuschen.

Nach dem Essen gestand Jutta, dass ihre Kochkünste eher bescheiden seien. Viel mehr als Spaghetti bringe sie kaum zustande. Ihre Ehrlichkeit machte sie mir noch sympathischer. Sie spielte nicht die Ersatzmutter, sondern war wie eine ältere Freundin zu mir. Jutta gehörte zu den wenigen Erwachsenen, die Kinder ernst nehmen, mit all ihren Ängsten und Freuden.

Als sie mich einmal fragte, warum ich im Heim sei, reagierte ich nicht wie sonst mit Ablehnung. »Ich bin sicher, meine Mutter hat das so gewollt«, sagte ich leise. »Sie ist bestimmt eifersüchtig auf meine Großmutter, die ich viel lieber mag.«

Daran glaubte ich damals ganz fest. Nach den vielen schlaflosen Nächten, in denen ich nach einer Erklärung für meine Abschiebung ins Heim gesucht und zuerst alles mit dem Vorfall am Baggerloch erklärt hatte, meinte ich schließlich, die Schuldige zu kennen: meine Mutter!

»Bist du nicht ein wenig ungerecht«, fragte Jutta in ihrer sanften, aber direkten Art.

»Das reine Unschuldslamm warst du doch zu Hause bestimmt nicht.«

Ihre Worte machten mich verlegen, und ich war froh, als Jutta nicht weiter fragte, sondern mich bat, beim Abräumen des Tisches zu helfen. Auch später sprach sie nicht mehr mit mir über die Hintergründe meiner Heimeinweisung.

Nach dem Essen machten wir einen ausgedehnten Spaziergang durch die Felder, vorbei an einer Pferdekoppel, in der eine Stute mit ihrem Fohlen weidete. Fasziniert blieb ich stehen, denn nichts auf der Welt konnte mich mehr begeistern als Tiere, vor allem, wenn sie noch so niedlich und tollpatschig waren wie das junge Fohlen.

Ich erzählte Jutta, dass ich mir schon immer ein eigenes Tier gewünscht hatte, einen Hund oder wenigstens einen Goldhamster oder ein Meerschweinchen. Aber meine Großeltern haben es wegen der engen Wohnung nie erlaubt. Und im Heim waren Tiere grundsätzlich verboten. Trotzdem tauchten, zum Leidwesen der Heimleitung, ab und an Kopfläuse auf, die irgendein Kind eingeschleppt hatte.

Diesen ersten Tag mit Jutta werde ich nie vergessen. Alles war zu schön, um wahr zu sein: Das Wetter blieb sonnig und warm, es duftete nach frisch gemähtem Heu, anstatt Kinder und Autolärm war lautes Vogelgezwitscher zu hören; und es gab jemanden, der sich einzig und allein um mich kümmerte, mit mir sprach und mir zuhörte.

Monatelang, seit meiner Ankunft im Heim, hatte ich nur als Teil einer Gruppe existiert, ob bei den Mahlzeiten, in der Schule, im Zimmer oder bei Ausflügen. Nur während einer Krankheit konnte ich für kurze Zeit mit verstärkter Aufmerksamkeit der Erwachsenen rechnen. Jutta beachtete mich als Individuum, einfach weil es ihr Vergnügen zu bereiten schien, sich mit mir zu beschäftigen. Sie lachte viel an diesem Sonntag, erzählte von ihrer Kindheit, dass sie keinerlei Geschwister hätte und die Eltern bereits tot seien. Auch ich war redseliger als sonst und beichtete den einen oder anderen Streich, den ich im Kinderheim angezettelt hatte. Allerdings öffnete ich mich ihr nicht total, auch bei unseren anschließenden Treffen nicht.

Der erste gemeinsame Sonntag neigte sich dem Ende zu. Wir setzten uns noch in ein Garten-Café, in dem ich ein riesiges Stück Apfelkuchen mit Sahne aß. Anschließend mussten wir uns sputen, um rechtzeitig zurück im Heim zu sein.

Dort schien mich keiner sonderlich vermisst zu haben. Weder fragte einer der Erzieher und Erzieherinnen, wie der Tag gewesen war, noch interessierte die Mädchen, was ich erlebt hatte. Sie tobten noch im Schwimmbecken herum; das war der einzige Luxus, den sich das renovierungsbedürftige Kinderheim leistete.

Ich traf mich noch häufig mit Jutta; entweder in ihrer Wohnung oder in der Stadt zum Einkaufsbummel, bei dem sie mir mal ein T-Shirt oder ein Paar Jeans spendierte. Sie war lange meine einzige direkte Bezugsperson. Daran änderte auch der Besuch meiner Mutter nichts, die sich mit meinem Bruder für einen Sonntag angesagt hatte. Sie besuchte mich nicht im Heim, sondern in einer Jugendherberge am Rhein, wo ich mit anderen Heimkindern vierzehn Sommerferientage verbrachte. Unsere Gespräche blieben einsilbig. Sie machte mir wieder Vorhaltungen, dass ich Großmutters Geduld überstrapaziert und alle enttäuscht hätte. Kein liebes Wort, keine Streicheleinheiten, nur Selbstmitleid – ehrlich gesagt, ich war heilfroh, als sie wieder abreiste. In den zwei Jahren, die ich im Kinderheim in der Eifel verlebte, hat sie mich übrigens nur dieses eine Mal besucht.

Der Kontakt zu Jutta riss irgendwann leider ab, eigentlich ohne Grund. Vielleicht, weil ich bald eine andere Bekanntschaft gemacht hatte: Siggi und Manfred, ein sympathisches, junges Pärchen, beide so um die zwanzig. Ich lag wieder einmal im Krankenhaus, diesmal mit einer schweren Nierenerkrankung. Und Manfred war wegen eines Magengeschwürs eingeliefert worden.

Wir trafen uns häufiger auf dem Flur unserer Etage, wohin ich immer mal wieder aus dem langweiligen Bett flüchtete, als es mir gesundheitlich etwas besser ging. Und Manfred versuchte hier, unbemerkt eine Zigarette zu rauchen, was ihm die Ärzte wegen seines Magenleidens natürlich untersagt hatten. Da ich damals vollstes Verständnis für jeden hatte, der gegen Vorschriften rebellierte, war ich gleich auf seiner Seite. Ich wurde seine Komplizin. Ich stand auf dem Flur Schmiere, wenn er den Rauch aus dem geöffneten Fenster blies, und stahl mich mit Markstücken hinunter zum Zigarettenautomaten im Parterre, um Nachschub zu holen.

»Willst du auch mal ziehen«, fragte mich Manfred irgendwann und hielt mir den Filter der frisch angezündeten Zigarette hin.

»Igitt«, angewidert wandte ich mich ab, »nie werde ich so einen stinkenden Glimmstängel in den Mund stecken!«

Davon war ich damals auch felsenfest überzeugt. Ich ekelte mich vor dem Zigarettenqualm. Nie hätte ich damals gedacht, dass ich kurze Zeit später selber rauchen würde, und zwar mehr als mir gut tat.

Mit Manfred lernte ich seine Freundin Siggi kennen, ein zierliches, hübsches Persönchen mit dunklen, streichholzkurzen Haaren und so vielen Sommersprossen im Gesicht, dass sie von weitem wie braun gebrannt aussah. Siggi war wohl der fröhlichste Mensch, den ich je kennen gelernt habe. Ihr herzerfrischendes Lachen wirkte ansteckend und riss mich nicht nur einmal aus den tiefen Depressionen, die mich regelmäßig überfielen. Die beiden erfüllten meine Vorstellung vom Traumpaar: nie Streit und liebevoll und zärtlich im Umgang miteinander. Wenn Siggi im Krankenhaus zu Besuch war, hielt Manfred fast die ganze Zeit ihre Hand. Sogar das Zigarettenrauchen unterließ er dann; zum einen, weil Siggi es so wollte, und zum anderen, weil er sonst zum Anzünden der Zigarette für einen Moment ihre Hand hätte loslassen müssen.

Die Harmonie zwischen den beiden faszinierte mich. Doch was Liebe und Verliebtsein ist, begriff ich noch nicht. Sonst hätte mir klar sein müssen, dass sie vielleicht auch einmal eine halbe Stunde für sich sein wollten. Doch kaum war die Zeit für Siggis täglichen Besuch gekommen, stand ich auch schon erwartungsvoll am Fahrstuhl, begleitete sie dann zu Manfreds Zimmer und ließ anschließend das Pärchen bis zum Ende der Besuchszeit nicht mehr aus den Augen.

Doch weder Siggi noch Manfred haben mich je spüren lassen, dass sie lieber ungestört sein wollten. Vielmehr hatte ich stets den Eindruck, die zwei freuten sich über meine Anwesenheit. Ähnlich wie meine Onkel zu Hause gingen sie mit mir um wie mit einer jüngeren Schwester, die sich wegen ihrer Naivität schon mal ein paar Frotzeleien gefallen lassen musste, die man aber im Ernstfall gegen Gott und die Welt verteidigen würde.

Heute begreife ich, dass ich in den beiden eine Art Ersatzfamilie suchte und in gewisser Weise auch fand. Sie waren unkomplizierter und auch lustiger als Jutta, die bei aller Nähe und Liebenswürdigkeit eine Respektperson geblieben war. Wahrscheinlich war auch der geringere Altersunterschied ein Grund dafür, dass ich mich stärker zu Siggi und Manfred hingezogen fühlte und die Treffen mit Jutta nicht vermisste. Wen ich von den beiden letztendlich lieber mochte, kann ich heute nicht mehr sagen. Ich glaube, ich habe weniger die einzelnen Menschen als vielmehr das Paar gesehen, in dessen Gesellschaft ich mich geborgen fühlte.

Wir trafen uns auch nach meiner Entlassung aus dem Krankenhaus, meistens in der Stadt, wo beide noch bei ihren Eltern lebten. Wir gingen dann spazieren, mal ein Eis essen, ins Kino oder zum Sportplatz, wenn Manfred für seine Handballmannschaft im Tor stand.

Die Zeit mit Siggi und Manfred war sicher der unbeschwerteste Abschnitt meines Heimaufenthalts in Haus Maihagen. Ich fühlte mich weniger einsam und empfand die Trennung von zu Hause als weniger schmerzhaft. Selbst Großmutter, die mich während dieser Zeit einmal im Heim besuchte, erlebte eine fröhliche, geradezu aufgekratzte Enkelin, die sich kaum beklagte und viel von ihren zwei Freunden unten in der Stadt erzählte.

Auf Großmutter, die meine Einweisung ins Heim in große Gewissensnöte gebracht hatte, muss meine Verfassung beruhigend und bestimmt erleichternd gewirkt haben. Zurückhaltend und irgendwie bedrückt hatte sie mich noch bei ihrer Ankunft in der Empfangshalle des Heims begrüßt. Später am Nachmittag, als ich sie zum Bus brachte, nahm sie mich zum Abschied mehrmals herzlich in die Arme und versprach wortreich, mich bald nach Hause zu holen.

Neunzehn Monate lebte ich bereits im Heim. Ich hatte den zweiten, wieder sehr heißen Sommer hinter mir und sah zum zweiten Mal die Laubwälder der hübschen Mittelgebirgslandschaft sich herbstlich verfärben. Siggi und Manfred waren zu einem zweiwöchigen Urlaub an die Nordseeküste aufgebrochen. Manfred wollte dort eine Bronchitis auskurieren, unter der er schon längere Zeit litt und die auch der Grund dafür war, dass wir drei uns seltener gesehen hatten.

Für mich begann jetzt eine schlechtere Zeit. Ich hatte häufiger Ärger mit den Erzieherinnen und Erziehern, die irgendwann jede patzige Antwort auf die Goldwaage legten und mir kurzerhand Ausgehverbot erteilten. Damit konnte man mich am meisten strafen, das wussten sie. So blieben mir auch häufig die kurzen Streifzüge durch die umliegenden Wälder versagt, bei denen es mich immer zu einem bestimmten Felsen zog, dem Hammer-Felsen, wie die Einheimischen die vorspringende hohe Steinwand nannten. Gern saß ich ganz oben auf der Spitze, von wo aus man einen großartigen Rundumblick hatte, und dachte ungestört über alles Mögliche nach. Dass mir sogar diese kleinen Ausflüge verboten wurden, machte mich noch aggressiver und launischer.

Hinzu kam Ärger in der Schule. Zwar war ich hier im Unterricht aufmerksamer und fleißiger als zu Hause, aber ich konnte den Lehrer nicht ausstehen. Denn Herr Schwabke, der schon kurz vor seiner Pensionierung stand und anscheinend beim Militär pädagogisch ausgebildet worden war, war auf Heimkinder gar nicht gut zu sprechen. »Typisch Kinderheim«, lautete immer wieder sein Kommentar, wenn einer von uns etwas angestellt oder den Unterricht gestört hatte. Für ihn gab es die »normalen« Kinder aus dem Dorf und die

»Heimkinder«, die er überhaupt nicht in die Klassengemeinschaft integrieren wollte. Manchmal hasste ich ihn richtig, wenn er wieder einmal dieses »typisch Kinderheim« verächtlich durch die Lippen presste. Wahrscheinlich auch, weil ich bei diesen Worten jedes Mal mein Anderssein zu spüren bekam.

Ende Oktober 1976 ging es mir so mies wie lange nicht mehr. Seit Wochen war keine Post mehr von zu Hause gekommen, und Weihnachten stand fast vor der Tür. Wahrscheinlich waren es auch die Vorboten der Pubertät, die mich in dieses unsägliche Stimmungstief fallen ließen.

Jedenfalls dachte ich immer öfter darüber nach, wie es wäre, wenn ich plötzlich tot sein würde. Die Traurigkeit hätte ein Ende, das gefiel mir. Gleichzeitig gäbe es aber auch keine Hoffnung mehr, dass sich doch noch alles zum Guten wenden würde. Das machte mir Angst. Als geradezu lustvoll empfand ich die Vorstellung, wie die anderen auf meinen Tod reagieren würden. Ich sah Mutter und Großeltern, die Erzieher und Erzieherinnen fassungslos und betroffen neben meinem wunderschönen Leichnam stehen. Immer mehr steigerte ich mich in das Machtgefühl hinein, mit meinem Tod andere bestrafen zu können. Der Gedanke an Selbstmord wurde fast zwanghaft.

Manuela, Katja und Alice, meine Zimmergenossinnen, hatten zehn Liter Terpentin aus dem Bastelzimmer unter dem Dach gestohlen. Wie die drei es bewerkstelligt hatten, den schweren Eimer unbemerkt die Treppe hinunter in unser Zimmer zu schaffen, habe ich nie erfahren. Doch sie erzählten mir, dass man das Zeug »schnüffeln« wolle.

»Ein irres Gefühl ist das, du schwebst wie auf Wolken«, klärte mich Manuela auf, die in ihrer Schultasche immer irgendwelche Klebstofftuben mit sich herumschleppte, angeblich für Bastelarbeiten. Ich wusste, dass einige Heimkinder regelmäßig »schnüffelten«, hatte mich aber nie dafür interessiert. In meinen Augen war das eine langweilige und sinnlose Art der Freizeitbeschäftigung.

Auch dieser Eimer mit stinkendem Terpentin hätte mich nicht verführen können, wenn Manuela nicht gesagt hätte: »Man muss nur aufpassen, dass man die Dämpfe nicht zu lange einatmet, sonst kippst du um und krepierst womöglich noch.«

Das machte mich hellhörig. Auf Wolken schwebend sterben, das war es, was ich auf einmal wollte. Ähnlich hatte ich mir meinen Tod ja schon zigmal vorgestellt. Ohne den anderen etwas von meinen Selbstmordabsichten zu erzählen, tat ich so, als sei ich neugierig geworden. Die Mädchen ließen mich gerne mitmachen. Als Mittäterin würde ich sie nicht verraten, das war ihnen klar.

Abends, als alle Heimbewohner bereits im Bett waren, schlichen wir uns mit dem Eimer in den Waschraum und ließen Katja vor der Tür als Wache zurück. Als Manuela den Deckel öffnete, stieg mir ein beißender Gestank in die Nase. Angewidert, aber fest entschlossen, nicht zu kneifen, machte ich es den beiden anderen nach und inhalierte die giftigen Dämpfe. Ich seh uns noch auf dem Boden um den Eimer herum knien. Doch an das, was danach kam, kann ich mich nicht mehr erinnern. Es war, als wäre ich plötzlich in ein schwarzes Loch gefallen.

Ich kam erst wieder im Krankenzimmer zu mir. Ich hatte wohl tatsächlich das Bewusstsein verloren. Manuela erzählte später, dass sie versucht hätte, mich mit Ohrfeigen wachzubekommen. Danach haben sie mich in mein Bett gezerrt und schließlich eine Erzieherin geweckt, die sofort den Notarzt alarmiert hat.

Natürlich kam die Geschichte heraus, auch wenn die Mädchen den Eimer schnell versteckt hatten. Der verräterische Gestank ließ sich nicht so einfach beseitigen. Im Waschraum muss es noch tagelang nach dem Lösungsmittel gerochen haben. Im Krankenhaus ging man freundlich, ja sogar liebevoll mit mir um. Nachdem ich meine Selbstmordabsichten gestanden hatte, packten sie mich regelrecht in Watte. Keine Vorwürfe wegen meines leichtsinnigen Verhaltens, keine Androhung von Strafen. Zwei Erzieherinnen besuchten mich im Krankenhaus und brachten mir sogar eine Tafel Schokolade mit. Ich bin heute noch fest davon überzeugt, dass dieser dilettantische Selbstmordversuch zum Anlass genommen wurde, mich nach Hause zurückzuschicken. Noch im Krankenhaus erfuhr ich die frohe Botschaft.

Die nächsten Tage verlebte ich in Hochstimmung. Und als die Stunde des Abschieds kam, konnte ich es kaum abwarten, aus dem Heim herauszukommen. Mit der Tasche in der Hand sprang ich die Treppe zum Ausgang im Erdgeschoss hinunter. Und dann passierte es: Mein Fuß rutschte an einer Stufenkante ab, ich verlor den Halt und stürzte. Gleich drei Leute, darunter auch die Heimleiterin, halfen mir auf die Beine.

»Hast du dich verletzt?«, fragte sie besorgt und fügte, als ich kopfschüttelnd verneinte, schmunzelnd hinzu: »Das sähe dir ähnlich, dass du dir kurz vor der Heimfahrt noch den Hals brichst.«

Beim Auftreten schmerzte mein rechtes Bein etwas, aber ich hielt das für bedeutungslos. Natürlich habe ich auch nichts davon erwähnt, aus Angst, vielleicht doch noch dableiben zu müssen. Frau Kreuzer wünschte mir alles Gute und eine »unfallfreie Heimreise«, wie sie sich ausdrückte.

Draußen vor dem Portal warteten ein paar Erzieher und Kinder, mit denen ich häufiger zusammen war, um mich zu verabschieden. Ich fühlte kein bisschen Abschiedsschmerz oder gar Wehmut, sondern war froh, als das Auto endlich abfuhr, mit dem ich zum Bahnhof gebracht wurde. Aber erst als sich der Zug mit mir in Bewegung setzte, wurde ich ruhiger. Jetzt konnte mich keiner mehr zurückholen. Ich war endlich auf dem Weg nach Hause.

KAPITEL 3

Auf Irrwegen

Zu Hause schlief ich wieder in meinem alten Zimmer bei den Großeltern, in dem während der zwei Jahre im Kinderheim nichts verändert worden war. Meine Onkel freuten sich, dass sie ihre Silvia wieder hatten. Zwar waren die drei inzwischen auch bei den Großeltern ausgezogen, wohnten aber gleich gegenüber auf derselben Etage. So brachten sie weiterhin mein Fahrrad in Ordnung und ölten meine eingerosteten Rollschuhe. Sogar meine Mutter verhielt sich versöhnlich wie selten zuvor.

Rundherum glücklich hätte ich sein können, wäre da nicht der Schmerz im rechten Bein gewesen, der seit dem Sturz von der Treppe des Kinderheims von Tag zu Tag heftiger wurde und mich besonders beim Fahrradfahren behinderte. Als dann die Schwellung am Bein immer mehr zunahm, schleppte mich Großmutter trotz meiner Proteste zum Arzt.

»Beinbruch«, sagte der nach kurzer Untersuchung, »das Kind muss sofort ins Krankenhaus.«

Panik erfasste mich. Nicht schon wieder weg von zu Hause, in ein fremdes Bett, zu fremden Leuten. Das war zum Heulen. Ich fühlte mich bestätigt in der Überzeugung, regelrecht vom Unglück verfolgt zu sein. Alle Beteuerungen, der Schmerz wäre ja gar nicht so schlimm und laufen könnte ich auch, nützten nichts. Der Arzt rief einen Krankenwagen, der mich und Großmutter unverzüglich in die nächstgelegene Klinik fuhr. Dort sträubte ich mich mit Händen und Füßen, in einem Rollstuhl Platz zu nehmen. Erst als ein kräftig gebauter Pfleger ein barsches Machtwort sprach, ließ ich mich zum Röntgen schieben.

Ober- und Unterschenkelbruch hieß dann die endgültige und für mich niederschmetternde Diagnose. Ich bekam einen Gipsverband bis hinauf zum Beinansatz und musste für drei Wochen im Krankenhaus bleiben. Obwohl ich mich im Bett nicht bewegen durfte, verging die Zeit schneller und kurzweiliger, als ich anfangs befürchtet hatte. Da es nicht weit war von zu Hause bis zur Klinik, bekam ich häufig Besuch. Und selbst Siggi und Manfred hatten mich nicht vergessen. Sie schrieben mehrmals Briefe ins Krankenhaus, die ich postwendend und ausführlich beantwortete.

Schade, dass der Kontakt zu den beiden dann nach zwei bis drei Monaten doch einschlief. Wahrscheinlich war die Entfernung zu groß. »Aus den Augen, aus dem Sinn«, sagte meine Großmutter. Irgendwann wusste ich jedenfalls nicht mehr, was ich schreiben sollte. Aus vielen langen Briefen wurden wenige knappe Postkarten, und schließlich meldeten sich die beiden auch nicht mehr. Inzwischen habe ich sogar die Namen der Straßen vergessen, in denen Siggi und Manfred wohnten.

Nach der Entlassung aus dem Krankenhaus musste ich den Gips noch sechs Wochen lang tragen, eine Behinderung, die ich bei meinem Bewegungsdrang einfach nicht akzeptieren wollte. Insgesamt fünfmal brach der Gipsverband, und die Ärzte gipsten mir schließlich verstärkende Spanstreifen mit ein. Vorsichtiger bewegte ich mich aber erst, als mir mit einer erneuten Einlieferung ins Krankenhaus gedroht wurde. Bloß das nicht!

Ich war beinahe dreizehn Jahre alt und besuchte in unserem Stadtteil die Hauptschule. Anfangs bemühte ich mich, im

Unterricht mitzukommen, regelmäßig die Hausaufgaben zu machen und morgens pünktlich in der Klasse zu erscheinen. Die Lehrerin schien mit meinen Leistungen und meinem Verhalten zufrieden zu sein. Und auch meine Großeltern glaubten, dass mich der Heimaufenthalt »gebessert« hätte.

Doch zu meiner Schande muss ich gestehen, dass ich den Erwachsenen damals nur kurze Zeit Freude gemacht habe. Schon bald begann ich, im Unterricht zu stören und den Klassenclown zu spielen. Ich war auch zu Hause vorlaut, gab freche Antworten und schwänzte immer häufiger die Schule. Mit einigen Freundinnen zog ich dann vormittags durch die Innenstadt.

Es gab feste Treffpunkte wie Eisdielen, Kinderspielplätze und Parkanlagen, wo man sicher sein konnte, andere Schulschwänzer zu treffen. Eigentlich waren es immer dieselben, die sich dort versammelten. Mich faszinierten vor allem die Älteren, darunter meistens Jugendliche ohne Lehrstelle und Arbeit, die mit überlegenem Getue und lockeren Sprüchen den Ton angaben.

So lernte ich auf einem Kinderspielplatz Tina kennen. Sie hatte ihre dreijährige Tochter dabei, kam aber wohl vor allem, um ihre Clique zu treffen. Die meisten waren so zwischen sechzehn und zwanzig Jahre alt. Tina war dreiundzwanzig, und damit genau zehn Jahre älter als ich. Es imponierte mir wahnsinnig, wie sie immer wieder lässig die langen, hennaroten Haare aus dem Gesicht strich und so herrlich gelangweilt aus ihren schwarz umrandeten Augen blicken konnte.

»'ne Zigarette?« Irgendwann, nachdem sie mich wochenlang nicht beachtet hatte, hielt Tina mir eine Filterlose hin, die sie mit ein paar routinierten Handbewegungen selbst gedreht hatte. Ich wagte nicht, das Angebot abzulehnen, obwohl ich noch nie vorher eine Zigarette geraucht hatte. Tina gab mir Feuer, und ich versuchte es den Gewohnheitsrauchern gleichzutun, indem ich möglichst tief inhalierte. Natürlich löste das einen fürchterlichen Hustenanfall aus, der von den anderen mit Gelächter und spöttischen Bemerkungen quittiert wurde. »Ist wohl deine erste?«

Nur Tina legte verständnisvoll den Arm um mich und nahm mir die Zigarette aus der Hand, die sie dann weiterrauchte.

Ich war ihr mehr als dankbar. Denn für nichts auf der Welt hätte ich damals den beißenden Rauch weiter eingeatmet. Gleichzeitig schwor ich mir aber, das Zigarettenrauchen heimlich zu üben. Allein schon, um es Tina gleichzutun, die den letzten Zug immer aus der von Zeigefinger und Daumen zusammengepressten Kippe nahm, bevor sie diese gekonnt wegschnippte.

Das war mein erster Schritt in die Nikotinabhängigkeit; eine harmlose Sucht, verglichen mit der Drogenabhängigkeit, die später beinahe mein Leben zerstören sollte.

In gewisser Hinsicht begann mit Tina mein sozialer Abstieg. Heute bin ich fest davon überzeugt, dass mein Leben anders, auf jeden Fall besser verlaufen wäre, wenn ich diese Frau nicht getroffen hätte. Doch von dieser Einsicht war die dreizehnjährige Silvia noch weit entfernt.

Mit Tina traf ich mich dann häufiger auch allein. Wir zogen durch Kaufhäuser und Boutiquen, oder ich besuchte sie in ihrer kleinen Wohnung, wo sie mit Tochter Jenny und Holger, ihrem Ehemann, lebte. Wieder war es ein Pärchen, eigentlich schon eine richtige Familie, zu der ich mich hingezogen fühlte. Holger, ebenso alt wie Tina, akzeptierte mich gleich als Kumpel. Und Jenny, auf die ich immer aufpasste, wenn ihre Eltern unterwegs waren, weinte, wenn ich abends nach Hause musste. Mit meinen erwachsenen Freunden fühlte ich mich Gleichaltrigen, mit denen ich noch kurz vorher gerne zusammen war, auf einmal überlegen.

Die beiden vereinnahmten mich, ohne dass es mir bewusst wurde. Und ich kapselte mich von Mitschülern, aber auch von der Familie mehr und mehr ab.

Großmutter kannte Tina aus der Nachbarschaft und mochte sie überhaupt nicht. »Die soll sich um ihr Kind kümmern, anstatt bis spät in die Nacht in irgendwelchen Kneipen herumzuhängen:«, schimpfte sie, wenn ich bei Jenny babysitten und dann auch dort schlafen wollte.

Großmutter war davon überzeugt, dass Tina einen schlechten Einfluss auf mich ausübte und Schuld hatte an meinen inzwischen katastrophalen schulischen Leistungen.

Doch ihr ständiges Gezeter ging mir zum einen Ohr hinein und zum anderen hinaus. Und Verbote stießen längst auf taube Ohren. Schon damals machte ich, was ich wollte: kam erst spät in der Dunkelheit nach Hause oder blieb die ganze Nacht weg. Da mein Großvater mit seinem Lastkraftwagen viel unterwegs war, bekam er meine Entwicklung nur am Rande mit. Eigentlich wollte er nur seine Ruhe haben und nicht mit Klagen über die Flegeleien seiner Enkelin behelligt werden. Er war auch der Einzige in der Familie, der nichts gegen die Freundschaft mit Tina einzuwenden hatte.

»Lasst die Silvia doch umgehen, mit wem sie will«, sagte er, wenn Mutter oder Großmutter sich über meinen »schlechten Umgang« beschwerten.

Ich glaube, Tina sonnte sich in meiner Bewunderung und hielt es für ihre Pflicht, mich von meiner kindlichen Naivität zu befreien. Was sie angeblich mir zuliebe tat, polierte in Wahrheit ihr schwaches Selbstbewusstsein auf. Außerdem war ich immer eine gefügige und nette Begleitung auf Feten und in Diskotheken. Und dahin ging es meistens am Abend, wenn andere Dreizehnjährige schon im Bett lagen und vielleicht noch ein Buch lasen.

Mein erster Diskothekenbesuch entwickelte sich allerdings zu einer kleinen Katastrophe. Tina, die vom Türsteher bis zur Kellnerin jeden kannte, hatte mich reingeschleust. Schnell wurde ich, das Küken, zum Mittelpunkt des Abends. Ein Bacardi-Cola nach dem anderen wurde serviert, und ich musste mit allen möglichen Leuten anstoßen. Schließlich sah ich alles nur noch total verschwommen und schaffte allein nicht mehr den Weg auf die Tanzfläche, so betrunken war ich.

Tina hatte wohl mitbekommen, in welchem Zustand ich mich befand, und brachte mich irgendwie zu sich nach Hause, wo ich offiziell mein Amt als Babysitter ausübte. Doch kaum hatte ich mich hingelegt, drehte sich alles wie auf einer Achterbahn. Mir wurde speiübel, aber ich war nicht mehr in der Lage, hinüber ins Bad zu laufen. Gott sei Dank hatte Tina schon einen Eimer bereitgestellt und hielt mir vorsichtig den Kopf, als ich mich wieder und wieder übergeben musste.

Mein Leiden wollte kein Ende nehmen. Kaum hatte ich mich völlig erschöpft und mit pochenden Schläfen wieder hingelegt, stieg im Hals erneut dieses Würgen auf, das mich die ganze Nacht nicht schlafen ließ. Kurzum, ich hatte eine Alkoholvergiftung, von der ich mich erst im Laufe der Woche langsam erholte.

Inzwischen verging kaum ein Tag, den ich nicht mit Tina verbrachte. Wir feierten Sylvester zusammen, verbrachten die Nächte in Diskotheken und fuhren sogar gemeinsam in Urlaub. Vierzehn Jahre alt war ich geworden, als Tina und Holger mir vorschlugen, sie als Babysitter für Jenny an die italienische Adriaküste zu begleiten. Zwei Wochen sollte der Urlaub dauern. Die Kosten für meinen Aufenthalt wollten die beiden übernehmen. Ich war sofort Feuer und Flamme, zumal ich noch nie vorher über die deutsche Grenze gekommen war.

Mutter und Großmutter machten natürlich Schwierigkeiten. Sie redeten von Mädchenhandel und Drogenmissbrauch und anderen Gefahren, die dort im fernen Italien lauern würden.

»Du glaubst doch nicht im Ernst, dass ich der Tina meine minderjährige Tochter anvertraue«, schrie mich meine Mutter an, als in der Küche meiner Großeltern mal wieder die anstehende Urlaubsreise diskutiert wurde.

»Jetzt reicht's«, fuhr mein Großvater dazwischen und schlug mit der Hand auf die Tischplatte. »Jahrelang mussten deine Mutter und ich allein entscheiden, was für Silvia gut ist. Plötzlich kommst du und willst hier das Sagen haben? Silvia wird nach Italien fahren! Das bestimme ich, basta!«

Meine Mutter war ganz blass geworden und tat mir fast Leid, wie sie daraufhin wortlos ihre Handtasche nahm und die Wohnung verließ. Doch größer als mein Mitgefühl war der Triumph, mich wieder einmal durchgesetzt zu haben. Ich würde mit Tina, Holger und Jenny nach Rimini fahren.

Der Urlaub wurde eine einzige Vergnügungsreise, an die ich noch heute gern zurückdenke. Jeden Tag schien die Sonne. Ich lag am Strand, badete im Meer, tat ganz einfach nur das, wozu ich gerade Lust hatte. Zwar sollte ich hin und wieder auf Jenny aufpassen, doch schaffte ich es immer wieder, mich mit einer Verabredung zum Tanzen oder Pizza-Essen aus der Verantwortung zu stehlen.

Tatsächlich war ich nach ein paar Tagen mit allen möglichen Leuten in der Umgebung unseres Hotels bekannt. Gino, der Kellner im Strandcafé, hatte mir gezeigt, wie man Spaghetti isst. Alberto, der Eisverkäufer, sprach ein paar Brocken Deutsch und kam am Strand immer auf ein Schwätzchen vorbei.

Und dann waren da noch die vielen dunkelhaarigen und braun gebrannten jungen Italiener, die natürlich Tag und Nacht über nichts anderes zu tun hatten, als mit Touristinnen anzubandeln. Ich genoss es, im Mittelpunkt zu stehen; zum Beispiel beim Schönheitswettbewerb, bei dem ich in meinem pinkfarbenen Bikini mit goldfarbener Schärpe über der Schulter und kleiner Krone auf dem Kopf zur Miss Lido gekürt wurde. Die vierzehn Tage waren ein einziger Rausch, von dem ich anschließend zu Hause noch lange zehrte.

Wieder in Krefeld, konnte ich die Bevormundung und die ständigen Vorwürfe von Großmutter und Mutter noch weniger ertragen als vor der Reise. Ich verbrachte immer weniger Nächte zu Hause, dafür umso mehr in den Diskotheken. Ob Alkoholverbot oder Jugendschutzgesetz, meine vierzehn Jahre machten mir bei meinen nächtlichen Ausflügen nie Schwierigkeiten. Zum einen war ich mittlerweile in den einschlägigen Diskotheken und Kneipen bekannt. Zum anderen machte ich mich mit Schminke, Frisur und Kleidung bewusst älter. Wer es nicht besser wusste, schätzte mein Alter in der Regel auf neunzehn Jahre.

Auch Mark, der in der Diskothek »Point« als Türsteher arbeitete, hielt mich für über achtzehn. Er gefiel mir gleich, wie er da in Jeans und Lederjacke, breitschultrig und breitbeinig in der geöffneten Tür stand und nur die hineinließ, die ihm passten. Wer die Gesichtskontrolle nicht bestand, hatte keine Gnade zu erwarten. Und wehe dem, der handgreiflich wurde oder randalierte – der bekam Marks Fäuste zu spüren. Achtundzwanzig Jahre alt war Mark damals, in meinen Augen ein Mann wie ein Baum.

Eines Nachts, es war bereits nach Mitternacht und schon recht leer in der Diskothek, setzte sich Mark zu Tina und mir an die Bar. Ich war nicht betrunken, doch etwas angeheitert und ziemlich albern. Irgendeine langsame, etwas schnulzige Musik tönte aus den Lautsprechern, als Mark mich, ohne zu fragen, auf die Tanzfläche zog. Seine kräftigen Arme verschränkte er hinter meinem Nacken, und er zog mich dicht an sich heran.

Seine Hüften bewegten sich sanft und rhythmisch zur Musik, und sein Klammergriff zwang mich förmlich, seinen Bewegungen zu folgen. Ich empfand die körperliche Nähe keineswegs als unangenehm, vielmehr fühlte ich mich in Marks Armen wohl und irgendwie geschützt. Außerdem roch er gut, nach irgendeinem teuren französischen Eau de Toilette. Als seine Hände anfingen, mich zu liebkosen, hatte ich längst vergessen, dass wir ganz allein auf der Tanzfläche waren, und ich merkte auch nicht, dass wir vor allen Augen wie auf dem Präsentierteller schmusten.

Es wurde die erste Nacht, in der ich einem Mann in dessen Wohnung folgte. Und ich wusste natürlich, dass der mit mir nicht »Mensch-ärgere-dich-nicht« spielen wollte. Tina hatte draußen vor der Diskothek lediglich »Na, dann bis morgen« genuschelt und war in der Dunkelheit verschwunden.

Abgesehen von der Vergewaltigung fünf Jahre zuvor, war ich zu diesem Zeitpunkt noch das, was man unberührt nennt. Meine praktischen sexuellen Erfahrungen beschränkten sich auf harmlose Knutschereien mit ein paar Disco-Bekanntschaften in Italien.

Weitaus bewanderter war ich im Theoretischen. Dafür hatte Tina mit reichlich Aufklärungsarbeit gesorgt. Ich konnte überall mitreden und tat wer weiß wie abgeklärt. Nur Tina und Holger wussten, dass ich noch nie mit einem Mann geschlafen hatte.

Mark wohnte in einem Appartement, nicht weit entfernt von der Diskothek. Auf dem ganzen Weg hielt er mich mit seinem rechten Arm eng umschlungen. Langsam ließ die Wirkung des Alkohols nach, und Befangenheit ergriff mich. Am liebsten hätte ich mich losgerissen und wäre einfach weggelaufen. Aber irgendein Gefühl sagte mir, dass ich schon zu weit gegangen war und nun nicht mehr zurückkonnte. Als wir vor seiner Wohnungstür standen, verließ mich vollends der Mut, und ich spürte meine Knie schlottern. Mark war meine Verstörtheit natürlich nicht verborgen geblieben. Er ahnte, was los war, dass dies nämlich das berühmte erste Mal für mich werden sollte. Vielleicht hat er sogar damals schon gewusst, wie alt ich in Wirklichkeit war.

Ohne ein Wort über meine Nervosität zu verlieren, drückte er mich drinnen in der Wohnung sanft in einen weichen Ledersessel und schüttete mir ein Glas Whisky ein. Er kniete sich neben mich und strich mir mit den Fingerkuppen sanft über Gesicht und Hals.

»Ich schlafe nur mit dir, wenn du es wirklich willst.« Marks Mund war direkt neben meinem Ohr, und ich fühlte seinen Atem auf der Haut. Doch anders als noch eben beim Tanzen in der Diskothek empfand ich die körperliche Nähe jetzt als beängstigend.

Ich sprang aus dem Sessel, faselte etwas von »auf Toilette müssen« und war schon in dem kleinen Badezimmer verschwunden. Das Milchglasfenster neben dem Waschbecken kam mir vor wie bestellt: Flugs hatte ich es entriegelt, kletterte über den Badewannenrand durch das offene Fenster nach draußen und rannte weg, so schnell ich nur konnte. Den Rest der Nacht verbrachte ich nach langer Zeit mal wieder zu Hause bei meinen Großeltern. Zu Tina und Holger wollte ich nicht, schon aus Angst, ausgelacht zu werden.

Tina wusste gleich am nächsten Tag Bescheid. Sie brauchte gar nicht zu fragen, sondern hatte mir wohl schon an der

Nasenspitze angesehen, dass meine erste Liebesnacht ein Reinfall gewesen war.

»Ist sowieso besser, du nimmst erst einmal die Pille«, war Tinas Kommentar, nachdem ich ihr alles erzählt hatte.

Und Tina besorgte mir die Pille. Meine Mutter oder gar meine Großmutter hätte ich nie danach fragen können. Die hätten ein Heidentheater gemacht und wären nie wegen des Rezepts mit mir zum Arzt gegangen. Also nahm ich, ohne von einem Gynäkologen untersucht worden zu sein, die Pillensorte, die auch Tina schluckte.

Und dann kam bald tatsächlich die so genannte erste Nacht. Mit Mark, der nicht locker ließ, mich aber auch nicht bedrängte, sondern geduldig wartete, bis ich ihn eines Abends ganz selbstverständlich nach Hause begleitete. Mit diesem »ersten Mal« verbinde ich angenehme Erinnerungen. Mark war zärtlich und einfühlsam. Dass er über ausreichend Erfahrung verfügte, konnte bei meiner Unbedarftheit nur von Vorteil sein. Wegen Tinas Aufklärungsarbeit hatte ich eine vage Vorstellung von einem Orgasmus. Jedenfalls wusste ich genug, um sicher sein zu können, mit Mark keinen Höhepunkt erlebt zu haben.

Mit Tina verstand ich mich jetzt nicht mehr so wie früher. Immer öfter musste ich mit ansehen, wie sie mit anderen Männern knutschte, während Holger nicht da war. Als ich sie zur Rede stellte, gab sie unumwunden zu, Holger zu betrügen. Für mich wurde die Situation immer unerträglicher. Da war Holger, den ich gern hatte wie einen Freund, dem ich aber nicht die Wahrheit sagen konnte. Und dann Tina. Sie benutzte mich als Alibi; sie behauptete, mit mir unterwegs gewesen zu sein, wenn sie mal wieder irgendeinen Kerl aufgegabelt hatte und erst im Morgengrauen nach Hause kam. Was noch schlimmer war: Hinter meinem Rücken wurde getuschelt, ich hätte etwas mit Holger. Von flotten Dreiern war die Rede und dass ich genauso ein Flittchen sei wie Tina.

Das musste natürlich auch meiner Familie zu Ohren kommen. Aber nicht nur deshalb gab es zu Hause immer mehr Ärger. Da ich in letzter Zeit so gut wie gar nicht mehr zum Unterricht erschienen war, hatte die Schulleitung das Jugendamt eingeschaltet. Mir drohte also wieder eine Heimeinweisung.

Zuerst einmal wurde mir das neunte Schuljahr aufgrund meiner häufigen Abwesenheit nicht angerechnet. Da ich mich weigerte, die Klasse zu wiederholen, und weil Großmutter und Mutter sich mit meiner Aufsicht überfordert fühlten, wurde ich wieder der Heimerziehung anvertraut. Gerade sechzehn Jahre alt war ich damals, und diesmal nannte sich die Einrichtung Mädchenwohnheim, die Leute sagten »Heim für gefallene Mädchen«.

Für alle war es überraschend, wie fügsam ich ins Heim ging. Im tiefsten Innern wusste ich wohl, dass es so wie im letzten halben Jahr nicht mehr weitergehen konnte. Doch hatte ich nicht im Entferntesten damit gerechnet, in eine Verwahranstalt für Schwererziehbare zu geraten. Zwar besaß jede ihr eigenes Zimmer, doch die Fenster waren vergittert. Angeblich wollte man so verhindern, dass die Mädchen sich nachts Männer ins Zimmer holten.

Ich fühlte mich wie im Gefängnis, auch wenn die Zimmertür nur von innen, also nur von mir zu verriegeln war. Dass nebenan ein richtiger Knast mit wuchtigen Mauern stand und gegenüber ledige junge Mütter untergebracht waren, machte die Adresse auch nicht feiner.

Nein, so hatten wir nicht gewettet! Beim Jugendamt hatte man mir psychologische Hilfe versprochen, mir Hoffnung gemacht auf Schulabschluss und Berufsausbildung in einer Wohngemeinschaft mit Gleichaltrigen. Doch nichts davon traf zu:

Die anderen Mädchen waren entweder beängstigend aggressiv, absolut berechnend oder merkwürdig apathisch, so als stünden sie unter Drogen. Jedenfalls schloss ich während meines viermonatigen Aufenthaltes keinerlei Freundschaften.

Die jungen Therapeuten erwiesen sich als ziemlich unerfahrene Stümper, die einer frühreifen Sechszehnjährigen wie mir einfach nicht gewachsen waren und den Schutzwall, den ich aufgebaut hatte, nicht durchbrechen konnten. Folglich half mir auch keiner, meine Schul- und Berufsausbildung in den Griff zu kriegen.

Schließlich landete ich bei einer Gebäudereinigung, die mich tagsüber Büros putzen ließ. Nach Arbeitsende am späten Nachmittag musste ich laut Vorschrift auf dem schnellsten Weg ins Heim zurückkehren. Mal einen Kaffee mit Kolleginnen trinken oder einen Einkaufsbummel machen, war nicht drin. Den Verdienst mussten wir bis auf ein geringes Taschengeld abliefern.

Ich war sauer, war hin- und hergerissen zwischen tiefster Verzweiflung und hemmungsloser Wut. Natürlich riet mir mein Verstand durchzuhalten, mich zumindest zum Schein unterzuordnen, um so aus diesem Heim der Hoffnungslosen herauszukommen. Doch meistens gewannen Wut und Verzweiflung die Oberhand. Meine Seele schrie nach Hilfe, aber die Rufe drangen lediglich in Form von Aggressivität nach außen, die sich vor allem gegen mich selbst richtete. Warum sonst hätte ich in der Küche des Heims plötzlich ein Messer nehmen und es mir in den Leib rammen können, ganz ohne konkreten Anlass, aus purer Wut? Ich hatte mich ernsthaft verletzt und musste in der Klinik stationär behandelt werden.

Es kam, wie es kommen musste: Nach etwa drei Monaten hielt ich das Leben im Mädchenwohnheim nicht mehr aus. An einem lauen Sommertag kehrte ich einfach von einem der kurzen Freigänge, die mir nach einer anfänglichen Ausgangssperre gewährt worden waren, nicht mehr zurück. Aber wohin jetzt? Nach Hause konnte ich nicht, das war mir klar. Meine Großmutter hätte mir die Hölle heiß gemacht und mich wahrscheinlich höchstpersönlich zurückgebracht. Auch meine Mutter würde mich nicht gerade mit offenen Armen aufnehmen. Blieb also nur noch Tina, bei der ich ja schon früher tagelang Unterschlupf gefunden hatte.

Um sicherzugehen, dass sie auch zu Hause war, wählte ich in der nächsten Telefonzelle ihre Nummer.

»Hallo«, hörte ich ihre Stimme sagen, denn Tina meldete sich am Telefon nie mit Namen.

»Hier ist Silvia. Mensch, Tina, ich bin abgehauen.«

Tina reagierte weder panisch noch überrascht. »Du kannst zu mir kommen und dich hier verstecken«, sagte sie so gelassen, als hätte sie mich zum Kaffeetrinken eingeladen.

Aber wie nach Krefeld kommen? Fünfzig Pfennig hatte gerade der Fernsprecher verschluckt. Meine Geldbörse enthielt noch zwei Mark und ein paar Pfennige, zu wenig für eine Fahrkarte. Außerdem hätte ich auch noch irgendwie zum Bahnhof gelangen müssen. Also blieb mir nur noch die Hoffnung, ein Auto anzuhalten. Zu Fuß erreichte ich die nahe gelegene Autobahnauffahrt, stellte mich an den Straßenrand und hielt nach Tramper-Manier den rechten Daumen raus. Ganz wohl war mir nicht dabei.

Meistens saßen Männer am Steuer der vorbeifahrenden Autos, und die zunehmende Dunkelheit ermutigte mich auch nicht gerade, in das Fahrzeug eines Wildfremden zu steigen. Von vier Wagen fuhren drei nicht in Richtung Krefeld, und in den vierten wollte ich nicht einsteigen. Der war bereits besetzt mit vier feixenden jungen Männern, zwischen die ich mich auf die Rückbank hätte zwängen müssen. Nein danke!

Schließlich hielt ein weißer Kleinwagen, an dessen Steuer gottlob eine ältere Frau saß, die auch tatsächlich auf dem Weg nach Krefeld war. Obwohl sie nicht fragte, was ich dort wollte und woher ich kam, hatte ich das Bedürfnis, ihr irgendeine harmlose Geschichte zu erzählen. Nach einem Streit mit meinem Freund sei ich so wütend gewesen, erzählte ich ihr, dass ich an einer Ampel einfach aus dem Auto gesprungen sei, und zwar ohne einen Pfennig für die Rückfahrt nach Hause. Von dem Mädchenwohnheim sagte ich natürlich kein Wort.

Die freundliche Dame ließ mich in der Innenstadt aussteigen. Hier kannte ich mich aus und wusste, welcher Bus in die Nähe von Tinas Wohnung fuhr. Als ich unten an der Haustür schellte, war es bereits stockdunkel. Oben in der Wohnung schloss Tina mich liebevoll in ihre Arme und drückte mir einen Kuss auf die Wange. Trotz der herzlichen Begrüßung und der gewohnten Umgebung, in der ich so viele Tage und Nächte verbracht hatte, fühlte ich mich fremd. Irgendetwas stand zwischen Tina und mir, und ich wusste auch, was es war: Holger war doch noch hinter Tinas Männergeschichten gekommen und hatte ein Riesentheater gemacht; er hatte das Mobiliar zertrümmert und Tina wohl auch geschlagen.

Schließlich war er ausgezogen, zu irgendeinem Freund. All das hatte Tina mir in einem Brief berichtet, den sie mir ins Heim geschickt hatte; nicht ohne zu erwähnen, dass Holger auf mich einen Mordshass habe. Ich konnte ihn irgendwie verstehen und ihm verzeihen, schließlich hielt er mich für eine Mitwisserin. Aber Tina nahm ich übel, dass sie mich nicht aus ihren Ehestreitigkeiten herausgehalten und meine ehrlich gemeinte Freundschaft zu Holger zerstört hatte. Auch tat mir Jenny Leid, die ihren Vater sehr gern hatte und seine plötzliche Abwesenheit nicht verstehen konnte. Trotzdem war Tinas Wohnung im Moment die einzige Alternative zum Mädchenwohnheim, wo man mich sicher längst vermisste.

Ganz früh am nächsten Morgen riss uns das Läuten des Telefons aus dem Schlaf. Jemand vom Jugendamt war dran, der sich bei Tina erkundigte, ob sie etwas von mir gehört habe. Tina spielte die Ahnungslose und versprach, sofort Bescheid zu sagen, wenn ich mich melden sollte. Stattdessen rief sie eine Freundin in Gelsenkirchen an, erzählte ihr von meinen Schwierigkeiten und bat sie, mich eine Zeit lang bei sich zu verstecken.

Eine Woche blieb ich bei der fremden Frau, in einer fremden Wohnung, in der ständig fremde Leute ein und aus gingen. Ich wollte eigentlich nur eines: schnellstens nach Hause in mein eigenes Zimmer. In meiner Naivität war ich fest davon überzeugt, dass man mich im Mädchenwohnheim nach meiner Flucht sowie nach Hause schicken würde, wenn ich dort wieder aufkreuzen würde. Also tauchte ich eines Nachmittags freiwillig, als wäre nichts geschehen, wieder im Heim auf, ging in mein Zimmer und begann, meine Sachen zusammenzupacken.

Doch zu dem Riesendonnerwetter mit anschließendem Rausschmiss kam es nicht. Die Erzieher schienen nur froh, dass ich wieder aufgetaucht war, ohne straffällig geworden zu sein.

»Da du während der Woche nichts ausgefressen hast, geben wir dir eine zweite Chance, du kannst hier bleiben.«

Mit allem hatte ich gerechnet, nur damit nicht! Also lief ich wieder weg. Diesmal nur für drei Tage, aber das wirkte.

»Silvia, hier kannst du jetzt nicht mehr bleiben. Noch heute bringen wir dich in eine andere Unterkunft.«

Die Nachricht zog mir den Boden unter den Füßen weg. Wie viele Heime sollte ich noch kennen lernen, bis man kapierte, dass ich nach Hause gehörte? Ich bat flehentlich darum, mit meiner Mutter oder Großmutter telefonieren zu dürfen, ich versprach, nicht mehr wegzulaufen, und ich drohte, mir etwas anzutun. Es half alles nichts. Noch am gleichen Tag fuhr mich eine Frau vom Jugendamt zu meinem neuen Bestimmungsort.

Das Auto hielt vor einem mehrstöckigen, heruntergekommenen Gebäude. Drinnen im Flur waren die Wände beschmiert, der Holzboden voller Löcher, und es roch muffig wie in schlecht durchlüfteten Räumen. Durch eine offene Tür sah ich drei sehr ungepflegte Frauen an einem einfachen Holztisch sitzen, rauchen und Kaffee trinken. Zwei von ihnen hatten rote, aufgedunsene Gesichter; wie die Alkoholikerinnen aus der Krefelder Obdachlosen-Szene, die man im Sommer regelmäßig in den Grünanlagen antrifft.

Mein aufkeimender Verdacht sollte sich bestätigen. Ich war in einem Heim für obdachlose Frauen gelandet. Die hatten unten im Erdgeschoss ihre Räumlichkeiten. Oben im ersten Stock wurde mir ein Zimmer zugewiesen, nur als Übergang, wie man mir sagte, bis ein anderes Wohnheim mit einem freien Bett gefunden sei.

Die Atmosphäre war deprimierend. Unten ständig Lärm von sich streitenden und schlagenden Frauen und in den wenigen Zimmern auf meiner Etage aggressive junge Frauen, die man auf der Straße aufgelesen hatte, und mit denen ich nichts zu tun haben wollte. In Gesprächen bemühten sich immer wieder Therapeutinnen, Zugang zu mir zu finden. Doch die Mauer, die ich aus Selbstschutz und Trotz um mich errichtet hatte, ließ sich so leicht nicht durchbrechen.

Es gab weder eine sinnvolle Beschäftigung für mich noch irgendwelche Freizeitangebote. Die meiste Zeit war ich mir und meinen Gedanken überlassen, die schließlich nur noch um eines kreisten: Selbstmord! Zum dritten Mal in meinem Leben wollte ich jetzt sterben. Ich war wirklich unglücklich und wusste nicht mehr weiter. Außerdem wollte ich alle anderen, von meiner Mutter bis hin zur Therapeutin, mit meinem Tod bestrafen.

Diesmal ging ich nach Plan vor. Ich besorgte mir bei den obdachlosen Frauen im Erdgeschoss alle möglichen Tabletten. Die meisten wirkten wohl beruhigend und schmerzlindernd gegen Alkohol-Entzugserscheinungen. Wieder oben in meinem Zimmer, schluckte ich die Hand voll Pillen und legte mich aufs Bett. Ich habe nie erfahren, ob der Tablettencocktail eine tödliche Wirkung hätte haben können. Denn ziemlich schnell wurde mir im Krankenhaus der Magen ausgepumpt, nachdem eine Mitarbeiterin des Heims mich gefunden und nicht mehr wach bekommen hatte.

Eine Woche lang wurde ich anschließend noch stationär behandelt, inklusive Therapeuten-Gespräch. Nach meiner Entlassung aus dem Krankenhaus unternahm das Jugendamt noch einen Versuch, mir ein Heim schmackhaft zu machen. Vergeblich, ich wollte nur eines: nach Hause zu meinen Großeltern. Und man ließ mich auch, ganz plötzlich, von einem Tag zum anderen. Ich hatte schon nicht mehr daran glauben können.

KAPITEL 4

Hoffnung

Die erste Nacht in meinem Zimmer, in meinem eigenen Bett als ich mich diesmal in den Schlaf weinte, war das vor lauter Glück, nicht wie sonst vor lauter Kummer. Großmutter hatte bei meiner Ankunft nicht viel Worte gemacht, mich bloß fest in den Arm genommen.

»Gut siehst du nicht aus«, hatte sie nach einem kurzen, prüfenden Blick in mein blasses Gesicht gemeint und mir gleich ihren kräftigen, hausgemachten Eintopf verordnet. In der Wohnung war nichts verändert worden, auch mein Zimmer war unangetastet. Es sah nur etwas aufgeräumter aus.

An diesem Abend kam auch meine Mutter vorbei. Genauso wie Großmutter wusste sie nicht so recht, wie sie mit mir umgehen sollte. Mein erneuter Selbstmordversuch hatte große Bestürzung in der gesamten Familie ausgelöst.

Wie ich erst später erfuhr, hatte Großmutter ihrer Tochter die Schuld gegeben. Sie hätte sich nie richtig um mich gekümmert und mich lieblos abgeschoben, lauteten wieder ihre Vorwürfe.

Die Auseinandersetzung war auch bei meiner Ankunft noch nicht beigelegt. Großmutter und Mutter gingen sehr wortkarg und unpersönlich, fast förmlich miteinander um. Sie hatten sich wohl nur mir zuliebe auf eine Art Waffenstillstand geeinigt. Und ich? Vor lauter Freude, wieder daheim zu sein, waren meine Gefühle so aufgewühlt, dass mir die Worte im Hals stecken blieben. So unbelastet wie früher, das spürte ich an diesem Abend genau, würde das Verhältnis zwischen uns dreien nie wieder werden.

Hoch und heilig musste ich versprechen, nicht mehr über die Stränge zu schlagen und ein geregeltes Leben zu führen, so wie andere in meinem Alter auch. Eine weitere Schulausbildung kam damals für mich nicht mehr in Frage. Ich hatte nicht die geringste Lust, den Hauptschulabschluss zu machen. Also blieb nur ein Job, der keine Berufsausbildung verlangte. Ein Jeansladen in der Innenstadt suchte per Zeitungsinserat ein »hübsches Mädchen« für den Verkauf. Ich bewarb mich und wurde prompt genommen.

Mit meinem Chef kam ich hervorragend zurecht. »So eine gute Verkäuferin habe ich in meinem Leben noch nie gehabt«, lobte er mich, nachdem er ein paar Tage lang meinen Umgang mit den Kunden beobachtet hatte.

Die Arbeit fing an, mir richtig Spaß zu machen, als mich das Jugendamt zu einem Berufsvorbereitungsjahr zwang. Ich musste im Jeansladen kündigen und wieder zur Schule gehen. Dass ich jetzt erst recht keine Lust hatte, kann man sich vielleicht vorstellen. Wieder störte ich den Unterricht, provozierte die Lehrer und schwänzte die Schule. Und es kam wie es kommen musste: Man warf mich hinaus.

Voller Tatendrang suchte ich mir erneut Arbeit und bewarb mich auf eine Zeitungsanzeige, in der eine Firma eine Bürohilfe suchte. Doch auch hier blieb ich nur ca. vier Wochen. Denn hinter diesem so genannten »Akquisitionsbüro« verbarg sich eine Drückerfirma, deren Außendienstler auf Provisionsbasis Zeitungsabonnements verkaufen mussten. Meine Tätigkeit bestand darin, neue Abonnenten zu erfassen und Mahnungen zu schreiben. Als ich mitbekam, dass Mitarbeiter geschlagen wurden, die zu wenig Abonnements mitbrachten, löste ich das Arbeitsverhältnis sofort.

In der Zwischenzeit hatte ich in einem Düsseldorfer Bistro Ralf kennen gelernt, der mich darin bestärkte zu kündigen.

Ralf war damals sechsundzwanzig, also zehn Jahre älter als ich, und das, was man einen ordentlichen jungen Mann nennt, an dem auch Schwiegermütter ihre Freude haben. Er sah blendend aus, war immer sauber und gepflegt gekleidet, verdiente gutes Geld als selbstständiger Computerfachmann und wohnte in einer schnieken Eigentumswohnung in Moers. Kurzum: Er hatte sein Leben gut im Griff.

»Den Ralf hast du gar nicht verdient«, sagte meine Mutter einmal, als ich ihr stolz den neuen Lammfellmantel zeigte, den Ralf mir gekauft hatte; einfach so, weil er mir gefiel.

Ralf war mein Freund, mein Liebhaber und auch so etwas wie ein Vaterersatz, bei dem ich wieder unbeschwertes Jungsein erleben konnte. Auf schlechte Launen reagierte er mit Nachsicht, ließ mich einfach in Ruhe, bis ich mich wieder besser fühlte. Wenn mich, was mir leider auch heute noch passiert, der Kaufrausch packte, begleitete er mich, um meine Konsumwut in möglichst vernünftige Bahnen zu lenken. Dann kam ich nicht mit fünf Paar Schuhen oder einem teuren Designer-Kostüm, das ich nie getragen hätte, nach Hause.

Ralf kümmerte sich für mich um einen Arzttermin beim Gynäkologen, der mir die Pille verschreiben sollte. Und er sprach mit meiner Mutter und den Großeltern, als ich spontan zu ihm ziehen wollte.

»Ohne die Einwilligung deiner Erziehungsberechtigten kannst du nicht bei mir bleiben, Silvia. Du bist noch lange nicht volljährig.« Ralf war eben vernünftig und versuchte, auch mir auf seine ruhige Art Vernunft beizubringen; was mein jugendlicher Leichtsinn leider allzu gerne vereitelte.

Dafür war meine Familie umso mehr angetan von dem netten jungen Mann, der einen weitaus seriöseren Eindruck machte als meine früheren Bekanntschaften. Alle waren einverstanden, dass ich zu Ralf zog. Großmutter raunte mir allerdings noch zu, dass ich selbstverständlich mein Zimmer behalten würde – nur für den Fall.

Die insgesamt drei Monate mit Ralf gehören zu den besseren Zeiten in meinem Leben. Er war anders als all die anderen Männer, die ich vorher kennen gelernt hatte: liebevoll, sanftmütig und verantwortungsbewusst. Unser gemeinsames Leben verlief ruhig und harmonisch. Und wenn wir uns stritten, dann ohne Prügeleien und Schreierei. Ralf hasste laute Szenen. Und es dauerte nie lange, bis wir uns wieder versöhnten.

Das Leben mit ihm war häuslich. Wir gingen selten aus, feierten mit Freunden zu Hause, selbst an Sylvester, und verbrachten so manchen Abend auf der Couch vor dem Fernseher. Unsere Beziehung geriet zu einem eheähnlichen Verhältnis.

Und es hätte wirklich mehr daraus werden können, so sehe ich das heute. Aber ich war damals eben erst sechzehn, fast noch ein halbes Kind, das ziemlich chaotische Jahre hinter sich hatte. Ich wusste sehr viel weniger, was ich wollte, als andere Gleichaltrige, deren Entwicklung geordnet verlaufen war.

Außerdem prallten immer häufiger unsere gegensätzlichen Temperamente aufeinander: Ralf, der Ruhige, Ausgeglichene, Besonnene und ich, die Hektische, Wankelmütige, Spontane, der die Decke immer häufiger auf den Kopf fiel.

Wir wussten, dass es so nicht mehr weitergehen konnte. Ralf hatte seinen Beruf, der ihn ausfüllte, und ich war ohne Job und Aufgabe. Schon morgens, gleich nach dem Aufstehen hatte ich nur ein Problem: Wie bringe ich den Tag am kurzweiligsten hinter mich? Schließlich einigten wir uns darauf, dass ich mir eine Anstellung suchen sollte. Nach den schlechten Erfahrungen, die ich gemacht hatte, wollte ich diesmal etwas tun, was mir auch Spaß machte, und nicht nur auf den Verdienst achten. Mit Kindern hatte ich zum Beispiel immer gut umgehen können. Ich bekam schnell Kontakt zu ihnen. Und es machte mir Spaß, mich mit ihnen zu beschäftigen.

Und zufällig kannte ein Freund von Ralf eine Familie, die dringend ein Kindermädchen suchte.

»Das sind steinreiche Leute«, sagte Tom, »mit Villa und Rolls-Royce, da hast du alle Annehmlichkeiten, und die gucken auch nicht auf die Mark.«

Zugegeben, hörte sich toll an, was Tom von den Seyferts erzählte. Und ich machte mir zu diesem Zeitpunkt auch keine Gedanken darüber, dass er sich bestens bei der Familie auszukennen schien. Einen eigenen Swimmingpool hätten die in der Villa, eine Haushälterin und nur eine einzige süße kleine Tochter, um die sich die schwer beschäftigten Eltern nur wenig kümmern könnten.

Auch Ralf war angetan. Zumal die Seyferts nicht weit entfernt wohnten, in Kamp-Lintfort nämlich. Was bedeutete, dass wir uns auf keine große räumliche Trennung einlassen mussten, wenn ich die Stelle annehmen würde. Der Einfachheit halber sollte Tom den ersten Kontakt herstellen, und er überraschte mich schon am nächsten Tag mit der Nachricht, dass Herr Seyfert mich am Nachmittag kennen lernen wolle. Als Treffpunkt hatte Tom seine eigene Wohnung, ein Appartement in der Stadtmitte vorgeschlagen.

Ich war furchtbar aufgeregt, richtig zappelig. Immer wieder griff ich in den Kleiderschrank und zog mich um. Bloß nicht flippig oder aufreizend erscheinen! Also wieder weg mit den engen Jeans und dem paillettenbestickten T-Shirt. In dem teuren Kostüm gefiel ich mir schon gar nicht. Außerdem schickten sich extravagante Modellkleider wohl kaum für ein Kindermädchen.

Schließlich entschied ich mich für ein gepflegtes, sportliches Outfit: blau-weiß gestreifte Bluse, dunkelblaue Cordsamt-Hose und flache Schuhe. Mein Verstand sagte mir, dass ich seriös und natürlich den besten Eindruck auf Herrn Seyfert machen würde.

Zur verabredeten Zeit, Punkt 16 Uhr, stand ich vor dem mehrstöckigen Appartementhaus, in dem Tom seine Wohnung hatte. Als ich auf der Suche nach dem richtigen Klingelknopf den Namen »Tom Harding« entdeckte, fiel ich aus allen Wolken. Gleich darunter, und zwar auf demselben Namensschild, war eindeutig »Seyfert« zu lesen. Was das nun wieder sollte? Ich wusste keine Erklärung. Irgendwie hatte ich ein ungutes Gefühl, das mir sagte: Lauf einfach wieder weg! Andererseits hielt mich meine Neugierde in dem Hauseingang fest. Hier war ich außerdem vor der Eiseskälte geschützt, die mir auf dem Hinweg in alle Glieder gefahren war.

Kurz entschlossen, ohne weiter nachzudenken, drückte ich auf den Klingelknopf.

»Ja bitte?« Tom's Stimme krächzte entstellt aus der Sprechanlage.

»Ich bin's, Silvia.«

»Mensch, bist du pünktlich«, staunte die Krächzstimme, »Herr Seyfert ist allerdings auch schon da. Er kommt sofort zu dir runter, dann könnt ihr im Café gegenüber was Heißes trinken. Du weißt, mein Haushalt ist für Besuch eine ziemliche Zumutung.«

Wusste ich zwar nicht, denn mir war Tom's Wohnung gänzlich unbekannt – und sollte es allem Anschein nach auch bleiben.

Etwas enttäuscht war ich natürlich schon. Hätte ich doch allzu gerne die Behausung kennen gelernt, mit der anscheinend auch Herr Seyfert irgendetwas zu tun hatte. Alle möglichen Spekulationen beherrschten meine Gedanken, als sich plötzlich die Haustür öffnete. Heraus trat ein mit Hut und grauem Wintermantel bekleideter Mann, der mit der linken Hand den Mantelkragen fest am Hals geschlossen hielt.

»Guten Tag! Sie müssen Silvia sein. Seyfert mein Name.« Wortlos und etwas verlegen grinsend ergriff ich seine rechte Hand, die er mir entgegenstreckte. »Verdammt kalt heute. Lassen Sie uns in das Café dort an der Ecke gehen.«

Ohne eine Antwort abzuwarten, steuerte Herr Seyfert mit ausladenden Schritten auf das Café zu. Eigentlich ein eher unscheinbarer Mann, schoss es mir durch den Kopf, während ich der grauen Gestalt hinterhereilte. Irgendwie hatte ich mir in meiner Fantasie ein anderes Bild gemacht von jemandem, der eine Villa besitzt und sich ein Kindermädchen für seine einzige Tochter leisten kann. Imposanter, würdiger, nicht schön, aber attraktiv – so hatte ich mir Herrn Seyfert vorgestellt.

Zumindest machte er einen freundlichen Eindruck. Herr Seyfert war höflich, hielt mir beim Betreten des Cafés die Tür auf, half mir aus dem Mantel und achtete darauf, dass ich vor ihm am Tisch Platz nahm. Auf Mitte bis Ende vierzig schätzte ich ihn. Dabei war er erst zweiundvierzig, wie ich später erfuhr. Mit den eingefallenen Wangen, den hängenden Augenlidern und dem dunklen Bart hatte sein Gesicht etwas Trauriges, selbst wenn er lächelte. Das tat Herr Seyfert selten genug während unseres Gesprächs. Ohne viel Umschweife kam er gleich zur Sache: »Für unsere Tochter Carla suchen wir vor allen Dingen ein verantwortungsbewusstes Kindermädchen, das mit der Kleinen umgehen kann. Drei ist sie vor kurzem geworden. Meine Frau arbeitet mit im Betrieb, und abends haben wir häufiger gesellschaftliche Verpflichtungen, sodass Sie schon bereit sein müssten, mit im Haus zu wohnen.«

Er sprach leise, dafür ohne Punkt und Komma, irgendwie gehetzt. Ich kam überhaupt nicht dazu, Fragen zu stellen. Als habe er den Text einstudiert, zählte Herr Seyfert die Konditionen auf: die erste Zeit 500 Mark pro Monat, später mehr, ein eigenes Zimmer, Mitbenutzung des überdachten Swimmingpools, bezahlter Urlaub und volle Verpflegung. Abends hätte ich auch Ausgang, könnte meinen Freund besuchen, vorausgesetzt, er und seine Frau müssten nicht aus dem Haus.

»Aber irgendwann will ich auch meinen Hauptschulabschluss nachholen und eine Ausbildung als Bürogehilfin machen«, unterbrach ich seinen Redefluss.

»Kein Problem«, meinte er, »Sie können jederzeit nebenbei eine Schule besuchen, und wenn Sie wollen, können Sie die Berufsausbildung sogar in der Büroabteilung meines Betriebes machen.«

Ich war mehr als angetan. Schließlich würde ich woanders wohl kaum ein besseres Angebot bekommen. Außerdem schien Herr Seyfert an mir ehrlich interessiert zu sein. Warum sonst sollte er mir die Stelle so schmackhaft machen? Alles hörte sich schon fast zu gut an, um wahr sein zu können. Ich war angenehm überrascht und in keinster Weise misstrauisch.

Daran änderte auch die scheinbar merkwürdige Ehe der Seyferts nichts, die von ihm freimütig als »sehr locker« bezeichnet wurde, nachdem ich ihn auf das Namensschild zu Tom's Wohnung angesprochen hatte. »Meine Frau übernachtet häufiger dort. Tom Harding ist ihr Geliebter«, erklärte Herr Seyfert seelenruhig. Er wirkte weder betroffen noch ärgerlich. Schon gar nicht war ihm diese doch sehr intime Geschichte mir gegenüber peinlich.

Natürlich fand ich das merkwürdig. Aber ich sagte mir: Wenn der Ehemann den Freund seiner Frau duldet, sollte sich auch niemand sonst daran stören. Also tat ich Herrn Seyfert gegenüber verständig und aufgeklärt, obwohl bei uns zu Hause eine solche Ehe als »total kaputt« gegolten hätte.

Schließlich schlug er vor, dass ich sein Angebot ein paar Tage überdenken und mit meinen Großeltern sprechen sollte, die als Erziehungsberechtigte ja den Vertrag ihrer minderjährigen Enkelin unterzeichnen müssten. »Mein Wagen steht gleich um die Ecke. Wenn Sie wollen, fahre ich Sie schnell nach Hause. Besser als ein Fußmarsch durch die Kälte«.

Ach ja, der Rolls-Royce – dass Tom von dem tollen Wagen der Seyferts geschwärmt hatte, hatte ich schon wieder vergessen. Tatsächlich wartete draußen, in einer Nebenstraße, die Luxuskarosse. Sie war braun und beige und auf Hochglanz poliert. Ich war sprachlos und stark beeindruckt.

Ich konnte es kaum abwarten, bis Ralf abends heimkam. Doch trotz meiner euphorischen Schilderung zeigte er sich wenig begeistert. Ihn störte vor allem, dass Seyfert mich so rasch und unverblümt in sein Eheleben und das Liebesleben seiner Frau eingeweiht hatte.

»Wenn ich da wohne, bekomme ich sowieso alles mit«, versuchte ich Ralfs Argwohn zu zerstreuen und zählte zum zehnten Mal die Vorteile der Stelle auf. »Außerdem können wir uns regelmäßig sehen, weil die Seyferts nicht weit weg wohnen und ich abends öfter frei bekomme«.

Weitaus schwieriger waren Großmutter und meine Mutter zu überzeugen.

»Was sind das für Leute, die ein minderjähriges Mädchen ins Haus holen wollen, es aber nicht für nötig halten, sich uns vorzustellen«, empörte sich Großmutter und weigerte sich strikt, den Arbeitsvertrag zu unterschreiben.

Unterstützung fand sie bei meiner Mutter, auf die ich aber noch weniger hörte, weil mir ihr ständiger Argwohn schon immer auf die Nerven gegangen war. Nur Großvater hatte Verständnis. »Stör dich nicht an den zwei zänkischen Weibern«, beruhigte er mich, »wenn du eine Unterschrift brauchst, bekommst du die auch. Und zwar von mir!«

Weil er seine Ruhe haben wollte, war er wie so häufig mein »Retter in der Not«. Er konnte ja nicht wissen, dass er mich mit seiner Nachgiebigkeit ins Verderben stürzte.

Vielleicht hat gerade der Widerstand von Mutter und Großmutter meinen Eigensinn herausgefordert und mich völlig blind und taub gemacht für das, was auf mich zukommen sollte. Meine durch die vielen Heimaufenthalte gut trainierten Instinkte, die mich oft vor Schlimmem bewahrt hatten, funktionierten jedenfalls nicht mehr. Ich wollte nur noch so schnell wie eben möglich die Stelle bei den Seyferts antreten, bevor sich das Ehepaar nach einem anderen Kindermädchen umsehen würde. Ich telefonierte mit Herrn Seyfert und sagte ihm, dass mein Großvater den Vertrag unterzeichnen würde und ich sofort die Betreuung seiner Tochter übernehmen könnte.

Er schien erfreut, meinte aber, dass ich mir mit dem Arbeitsantritt Zeit bis nach Weihnachten lassen könne. Vorher müsste auf jeden Fall der Arbeitsvertrag unterschrieben werden. Darauf legte er großen Wert. Gleich am nächsten Tag sollte ich seine Frau und das Haus in Kamp-Lintfort kennen lernen.

Wir verabredeten einen Treffpunkt am Bahnhof, wo mich Herr Seyfert mit seinem Wagen abholen wollte. Nach den Auseinandersetzungen mit meiner Großmutter war es mir ganz recht, dass er mich nicht von Zuhause abholen wollte.

Es war bitterkalt, als ich auf dem Bahnhofsvorplatz wartete. Nur langsam kroch der Minutenzeiger der großen Bahnhofsuhr auf 17 Uhr. Herr Seyfert hatte versprochen, pünktlich zu sein. Wie sollte er auch ahnen, dass ich in meiner Ungeduld zwanzig Minuten zu früh erschienen war. Als meine Zehen in den engen, neuen Pumps schon fast zu Eisklümpchen erstarrt waren, steuerte eine graue Männergestalt direkt auf mich zu.

»17.02 Uhr! Auf den kann man sich verlassen«, dachte ich mit einem Seitenblick auf die Bahnhofsuhr und ging ihm entgegen.

Er hatte es eilig, weil sein Rolls im absoluten Halteverbot stand. Im Wageninnern war es angenehm warm, und ich streifte verstohlen meine Schuhe ab, um wieder etwas Leben in die Zehen zu bekommen.

Die Fahrt verlief ausgesprochen angenehm. Der Wagen schwebte nur so dahin, und ich thronte regelrecht im bequemen Polster des Beifahrersitzes. Wie bei unserem ersten Treffen im Café redete nur Seyfert, während ich schüchtern den Mund hielt und zuhörte. Er erzählte von seiner Firma, von seinen Mitarbeitern und der belastenden Verantwortung als Arbeitgeber und Geschäftsmann, immer für volle Auftragsbücher sorgen zu müssen.

Mich interessierte das reichlich wenig. Viel lieber hätte ich etwas über seine Frau, seine Tochter oder das Haus erfahren, das mir von Tom als prächtige Luxusvilla beschrieben worden war. Doch ich stellte keine Fragen, weil ich fest damit rechnete, alles gleich kennen zu lernen.

Als wir ankamen, war es schon dunkel. Auf der von Straßenlaternen hell erleuchteten Hauptstraße fuhren wir durch die Ortsmitte bis zu einem Industriegebiet, in dem sich schmucklose, viereckige Werkshallen aneinander reihten. Ganz am Ende einer Sackgasse ließ Herr Seyfert den Wagen auf einem Parkplatz ausrollen.

»Wir sind da, hier ist mein Betrieb«, sagte er und war schon halb aus dem Auto gestiegen. »Ich schaue nach, ob meine Frau schon da ist. Bleiben Sie solange noch im Auto, Silvia. Ich bin gleich zurück.«

Es dauerte nur ein paar Minuten, und er trat wieder aus der Tür des Firmengebäudes heraus. Im Auto ließ er sofort den Motor an.

»Meine Frau kommt etwas später. Wir beide fahren jetzt erst einmal was Gutes essen.«

Ich war ziemlich enttäuscht. Also musste ich mich weiterhin gedulden und meine Neugierde zügeln. Appetit oder gar Hunger hatte ich vor lauter Aufregung sowieso keinen. Wir aßen in einem Restaurant in der Nähe, ich eine Gulaschsuppe und Seyfert ein Rumpsteak, mit Kroketten und Salat, das er so schnell verschlang, als ob er an diesem Tag noch nichts gegessen hätte.

Danach fuhren wir zurück zum Betrieb. 19.15 Uhr zeigte meine Armbanduhr inzwischen an. Aber durch die wenigen Fenster des klobigen Betonbaus drang immer noch Licht nach außen, so als würde drinnen noch gearbeitet.

»Meine Frau wartet bestimmt auf uns. Um diese Zeit hält sich nämlich außer uns keiner in der Firma auf.« Herr Seyfert wies mit dem Kopf nach links: »Gleich da drüben wohnen wir, dort hinter der Hecke. Ist für uns immer nur ein Katzensprung zur Arbeit«.

So sehr ich mich auch anstrengte und meine Augen zusammenkniff, ich konnte in der Dunkelheit nicht mehr als die schemenhaften Umrisse eines Gebäudes erkennen. Wie ein verwunschenes Geisterhaus, dachte ich noch, als wir vor der Eingangstür des Firmengebäudes standen; ohne zu ahnen, welchen Grusel ich dort hinter den Mauern noch erleben würde.

Ich betrat ein großzügiges, von Neonröhren erhelltes Büro, in dem rund zehn Schreibtische standen. Auf einem der Schreibtische ganz hinten in der Ecke lagen ein paar unbeschuhte Frauenbeine, die zu einer schlanken Gestalt gehörten, die es sich auf dem Drehstuhl bequem gemacht hatte. Das musste Frau Seyfert sein! Mir fiel auf, dass sie wesentlich jünger als ihr Mann war. Obwohl sie mich längst bemerkt haben musste, machte sie keine Anstalten, ihre ungezwungene Position zu verändern.

»Schön, Sie kennen zu lernen, Sylvia. Sie sind tatsächlich ganz hübsch. Aber wie sechzehn sehen Sie nicht mehr aus.«

»Ich bin ja auch schon sechzehneinhalb!«

Eine dümmere Antwort fiel mir nicht ein. Ihre schrille Stimme und die unverblümte Begutachtung meines Äußeren hatten mich regelrecht aus der Fassung gebracht.

Der Umgang mit Frau Seyfert würde nicht ohne Konflikte verlaufen. Das war mir auf Anhieb klar.

»Meine Frau hat sich ja schon vorgestellt, in ihrer unnachahmlichen Art.« Herrn Seyfert war ihr Auftritt sichtlich peinlich. Er nahm mir den Mantel ab, zog einen Stuhl für mich heran, setzte sich an den Schreibtisch gegenüber und begann, ein Blatt Papier in die Schreibmaschine einzuziehen. »Wir setzen jetzt den Arbeitsvertrag auf, den Sie von einem Ihrer Erziehungsberechtigten unterschreiben lassen müssen.« Herr Seyfert blickte hinüber zu seiner Frau: »Tipp du doch eben die paar Sätze, Rita, das geht doch schneller«.

Träge und fast lautlos wie eine Katze kam sie herüber.

Rita passt gut zu ihr, dachte ich, als sie an der Schreibmaschine Platz nahm. Zwar waren Ritas in meiner Vorstellungswelt immer rothaarig, und Frau Seyfert hatte einen grellen, hellblonden Haarschopf; aber der Name »Rita« stand auch für schnippisch, arrogant, rücksichtslos, also nicht gerade für ein weibliches Wesen, das meine Sympathie erweckte. Mein Urteil stand fest: Ich mochte Rita Seyfert nicht, schon gar nicht ihre Augen, die etwas Heimtückisches hatten.

Wäre er nicht gewesen, den ich eigentlich ganz nett fand, hätte ich die Stelle vermutlich gar nicht mehr angetreten. So aber sagte ich mir, dass ich ja sowieso meistens mit dem Kind allein sein würde. Denn die Mutter hatte ja, wie sie sagte, »nur beschränkt Zeit, sich um Carla zu kümmern«.

Meinen Dienst sollte ich erst nach dem Skiurlaub der Seyferts im österreichischen Filzmoos antreten. Was ich bedauerte. Denn ich wäre gerne mitgefahren in so einen preiswerten Winter-Urlaub. Ich hab das natürlich nicht laut gesagt, aber schließlich fanden es auch die Seyferts von Vorteil, wenn ich mitkommen würde. Es gäbe schließlich keine bessere Gelegenheit, sich mit Carla anzufreunden; zum anderen wäre die Kleine auch abends unter Aufsicht, und die Eltern könnten unbesorgt etwas unternehmen. Vorher müsse man sich allerdings erkundigen, ob im Hotel für mich noch ein Zimmer frei sei.

Nach unserem Gespräch fuhr mich Herr Seifert zurück nach Krefeld und setzte mich unten vor unserer Haustür ab. Ich sollte in ein paar Tagen wegen der Fahrt nach Österreich noch einmal bei ihm anrufen.

Es war kurz nach halb zehn, und meine Großeltern schauten noch fern. Bevor ich in meinem Zimmer verschwand, sagte ich noch kurz »Gute Nacht«. Dabei steckte ich Großvater heimlich den Arbeitsvertrag zu. Er hat ihn prompt unterschrieben und unter meiner Zimmertür durchgeschoben. Dort fand ich ihn am anderen Morgen.

Vier Tage ließ ich mir Zeit, meine Familie und meinen Freund schonend auf die eventuelle Winterreise mit den Seyferts vorzubereiten. Erfreut war keiner. Aber selbst die anfänglich lauten Proteste meiner Großmutter wurden immer leiser. »Du wirst schon wissen, was du tust«, sagte sie dann am Schluss nur noch.

Als mir Frau Seyfert am Telefon mitteilte, dass ich mich auf schöne Wintertage freuen könne, denn das mit dem Hotelzimmer würde klargehen, fühlte ich mich bestätigt und hatte das Gefühl, alles richtig gemacht zu haben. Sie sagte noch, sie würden mich am 2. Januar morgens um 8 Uhr bei meinem Freund in Moers abholen.

KAPITEL 5

Enttäuschung

Es war noch dunkel, als ich am Morgen nach Neujahr mein Gepäck im gewaltigen Kofferraum des Rolls-Royce verstaute, mich hinten zu der kleinen Carla auf die Rückbank setzte und mit den Seyferts Richtung Österreich startete. Vor lauter Vorfreude schwebte ich auf allen Wolken und war ausgelassen wie ein kleines Mädchen; was wiederum Carla begeistert aufnahm.

An diesem Morgen sah ich die Tochter der Seyferts zum ersten Mal. Sie gefiel mir: ein zierliches Mädchen mit blonden Locken und schräg stehenden blauen, schwermütig dreinblickenden Augen. Carla schien mich auch zu mögen. In ihrer niedlichen Kindersprache stellte sie mir ihre drei Lieblingspuppen vor, die auch auf der Rückbank saßen, neben einer Unmenge von anderem Spielzeug. Sie nannte mich »Silvi«. Das »a« am Ende wollte ihr partout nicht über die Lippen kommen.

Für die lange Reise erschien mir Carla recht unpassend gekleidet. Statt in einer bequemen Hose, steckte die Dreijährige in einem dunkelroten Samtkleid mit großem, weißen Kragen. Energisch zog ich ihr die pelzverbrämten Lackstiefelchen aus, die sie immer noch anhatte, obwohl es im Wagen längst gemütlich warm geworden war.

Während ich hinten mit Carla spielte und lachte, war es vorne ziemlich ruhig. Die Unterhaltung zwischen den Ehepartnern beschränkte sich anscheinend auf das Notwendigste.

Überhaupt fiel mir während der Fahrt auf, wie gleichgültig, ja geradezu lieblos die beiden miteinander umgingen. Frau Seyfert blätterte die meiste Zeit lustlos in irgendwelchen Zeitschriften oder spielte am Autoradio herum.

Auch für das Kind zeigten die Eltern wenig Interesse. Nicht ein einziges Mal wurde gefragt, wie es ihr gehe, ob sie Hunger oder Durst habe oder vielleicht auf die Toilette müsse. Aber Carla schien das gewohnt zu sein und meldete sich brav, was von vorne in der Regel reichlich mürrisch quittiert wurde: »Wenn du nicht ständig trinkst, musst du auch nicht laufend auf Toilette«, maulte Herr Seyfert, der Fahrtunterbrechungen bis auf die wenigen Tank-Stops für überflüssig hielt.

Und seine Frau verbot jegliches Essen im Auto. Sonst würde ja Carlas teueres, neues Kleid gleich am ersten Tag hin sein!

Ich hatte irgendwann auch keine Lust mehr auf solche Fahrtunterbrechungen. Nicht, dass ich so schnell wie möglich ankommen wollte. Mir wurde es nur zunehmend peinlich, in dem protzigen Auto gesehen und angestarrt zu werden. Der wuchtige, auf Hochglanz polierte Schlitten, der mir bei meinem ersten Treffen mit Herrn Seyfert so imponiert hatte, beeindruckte natürlich auch andere Menschen. An der Tankstelle holten einige sogar ihre Fotoapparate aus ihren Mittelklassewagen, um die Luxuskarosse, möglichst mit Insassen, zu fotografieren. Kam man zurück von der Toilette, hatten sie den Rolls auf dem Parkplatz umringt. Und saß keiner im Wagen, kannten sie keine Hemmungen, ihre Nasen an die Seitenscheiben zu drücken, um auch die letzte Ecke des Innenraums zu begutachten.

Selbst das Pokerface des Grenzbeamten bekam leuchtende Augen: »Tolles Auto! Was kostet denn so was?«, wollte der

Uniformierte wissen, als er uns die Pässe zurückreichte. Ich spürte, dass Seyfert das ganze Theater ebenfalls unangenehm war. Wenn ihn Leute auf den Wagen ansprachen, antwortete er meistens kurz angebunden, manchmal richtig unwirsch. Weshalb einige sogar mit Pöbeleien reagierten.

Nur Frau Seyfert schien dieses Spießrutenlaufen zu genießen. Zwar beschwerte auch sie sich über das »lästige Pack«; sie benutzte aber jeden Halt, um auszusteigen, den Nerzmantel überzustreifen und sich an der offenen Beifahrertür beiläufig in Positur zu stellen. Ihr Konterfei mit dem Rolls als Kulisse muss in unzähligen Fotoalben gelandet sein.

Kurz vor München war der Verkehr dichter geworden, und es war bereits dunkel, als wir Filzmoos erreichten und vor das hell erleuchtete Portal des Hotels »Zum Almhirt« rollten. Zwei nebeneinander liegende Zimmer im ersten Stock, jeweils mit Bad, WC und Balkon, waren auf den Namen Seyfert reserviert. Eines für die Eltern, das andere für Carla und mich.

Wie ich feststellte, war die trennende Wand mit einer Verbindungstür ausgestattet, durch die man von einem Zimmer ins andere gelangen konnte. Wäre ich nicht mitgefahren, hätte Carla vermutlich bei ihren Eltern geschlafen. Und so fand ich es ganz normal, dass die Verbindungstür unverriegelt blieb, damit das Kind jederzeit zu Mutter und Vater konnte.

Nach dem gemeinsamen Abendessen im noblen Hotelrestaurant boten mir die beiden überraschend das du an.

»Du gehörst jetzt ja praktisch zur Familie«, meinte jovial Werner, wie ich Herrn Seyfert von nun an nennen durfte. »Brüderschaft sollten wir allerdings nicht hier, sondern später drüben an der Bar trinken«, fügte er mit einem Seitenblick auf das ältere, elegant gekleidete Ehepaar am stilvoll eingedeckten Nachbartisch hinzu. Ich musste mich jetzt sowieso um Carla kümmern, die total übermüdet war und dringend aufs Zimmer gebracht werden musste.

Kaum hatte ich die Kleine ausgezogen und ihr das Nachthemd übergestreift, war sie auch schon eingeschlafen. Sie kam an diesem Abend ohne das von Frau Seyfert verordnete Waschen und Zähneputzen ins Bett. Auch ich spürte eine bleierne Müdigkeit in den Knochen und verzichtete auf den Schlaftrunk in der Hotelbar, zu dem mich die Seyferts eingeladen hatten. Stattdessen nahm ich mir eine Cola aus der Minibar und machte es mir mit einer Modezeitschrift im Sessel bequem.

Durch die Verbindungstür hörte ich später die Seyferts ihr Zimmer betreten. Ich amüsierte mich insgeheim noch über die Hellhörigkeit der Zimmer, wegen der man jedes Räuspern im Nebenraum mitbekam, als ich von drüben deutlich meinen Namen hörte. »Silvia, du schläfst doch wohl noch nicht?«

Das war Ritas Stimme!

»Ich bin noch wach«, antwortete ich, »aber hundemüde.«

»Dann komm doch bitte noch einmal rüber, bevor du einschläfst«, hörte ich ihn daraufhin sagen.

Was wird wohl so wichtig sein, dass es nicht bis morgen warten kann, schimpfte ich leise vor mich hin, erhob mich dann aber, um der Aufforderung nachzukommen.

Da man mich gerufen hatte, öffnete ich die Verbindungstür, ohne vorher anzuklopfen. Das Bild, das sich mir bot, hatte ich nicht erwartet.

Im schummerigen Licht einer einzigen Nachttischlampe saßen beide bereits im Bett, Rita nur mit einem weißen Hauch von Spitzennegligee bekleidet.

»Da bin ich, was gibt's?«

Ich trat betont forsch ans Bettende heran. Dass ich nicht nur zum Gutenachtsagen herübergebeten worden war, konnte ich mir jetzt denken. Als sie mich jedoch unvermittelt und unverblümt aufforderte, mit ins Bett zu kommen, um, wie sie in ihrer durchtriebenen Art sagte, »ein bisschen Spaß zu haben«, war ich doch geplättet.

Ich spürte, wie mir die Schamröte ins Gesicht schoss. Dass es Pärchen gibt, die erst zu dritt richtig Spaß am Sex haben, war mir nicht neu. Dass aber ausgerechnet ich dabei mitmachen sollte, schockte mich zutiefst. Das hätte ich den Seyferts nicht zugetraut. Ich war völlig entgeistert.

»Spinnt ihr total?«, schrie ich die beiden an, »ich habe keine Lust auf eure perversen Spiele. Da müsst ihr euch schon jemand anderen suchen!«

»Nun rege dich nicht auf, Silvia!« Werner war, nur mit einer Unterhose bekleidet, aus dem Bett gestiegen und streckte die Hand nach mir aus, »wir wollen doch nur nett zu dir sein.«

»Fass mich nicht an!« Wütend wehrte ich seine Hand ab, die sich auf meinen Arm gelegt hatte.

»Wir zeigen uns auch erkenntlich«, mischte sich Rita wieder ein, »bist du mit hundert Mark zufrieden? Oder würde dir meine Pelzjacke gefallen? Du kannst sie geschenkt haben.«

Die denken, du bist käuflich. Nicht einen Funken Achtung haben die vor dir. Bevor die beiden mitbekommen konnten, wie mir vor Wut die Tränen über das Gesicht liefen, rannte ich wortlos zurück in mein Zimmer und schlug die Tür mit einem lauten Knall zu.

Trotz meiner bleiernen Müdigkeit fand ich in dieser Nacht lange keinen Schlaf. Das Erlebnis im Nebenzimmer wollte mir nicht aus dem Kopf gehen. Hätte ich merken müssen, was mit den beiden los war? Hatte ich irgendeinen Anlass gegeben, mir die Bereitschaft zu solchen frivolen Spielen zuzutrauen? Wie sollte ich den Seyferts künftig begegnen? Alle mögliche Fragen und Selbstzweifel gingen mir durch den Kopf, auf die ich natürlich in dieser Nacht keine Antworten fand.

Nach dem Aufwachen am nächsten Morgen beschloss ich, kein Wort mehr über den Vorfall zu verlieren. Gemeinsam mit Carla, die nachts weder durch mein Geschrei noch durch die zuschlagende Tür wach geworden war, ging ich zeitig hinunter zum Frühstück.

Die beiden waren noch nicht zu sehen. Was mir auch ganz lieb war. So blieb noch etwas Zeit, mich bei einem Kaffee und einer ersten Zigarette zu sammeln. Carla, die neben mir munter drauflosplapperte und ihre Eltern überhaupt nicht zu vermissen schien, brachte mich auf andere Gedanken.

Während ich ihr Marmeladenbrot mit dem Messer in kleine, mundgerechte Vierecke schnitt, sah ich die Seyferts den Frühstückssaal betreten.

»Morgen ihr beiden. Gut geschlafen?« Aus Ritas Mund war die Frage der reinste Hohn. Sie nahm mir gegenüber Platz, und ohne aufzublicken spürte ich ihre harten, verschlagenen Augen auf mich gerichtet. Er hatte sich sofort dem Frühstücksbüfett zugewandt. Aus den Augenwinkeln sah ich, wie er uns beobachtete.

»Heute musst du dich den ganzen Tag um Carla kümmern, Silvia«.

Ritas Stimme klang schrill wie immer. »Wir werden heute den sonnigen Tag auf der Piste verbringen.«

Aus meinem Kännchen hatte sie sich eine Tasse Kaffee eingegossen, den sie schwarz und ohne Zucker trank, nachdem sie sich eine Zigarette angezündet hatte.

»Ich esse nie was zum Frühstück«, meinte sie dazu.

»Ich schon«, sagte Werner, der sich in diesem Augenblick mit einem vollen Teller neben seiner Frau niederließ. Er gab sich betont munter und behauptete einen Mordshunger zu haben. Ich sprach nicht viel an diesem Morgen, und ich wusste auch nicht, was ich hätte sagen sollen. Nur so viel wurde mir klar: Allen Beteiligten war es wohl am liebsten, über den gestrigen Abend zu schweigen.

Die nächsten drei Tage verliefen ausgesprochen harmonisch. Ich verbrachte die Tage mit Carla draußen im Schnee, während ihre Eltern einen Skilehrer engagiert hatten, mit dem sie auf den umliegenden Pisten unterwegs waren. Ich lernte Gleichaltrige kennen, die im Hotel beschäftigt waren und mich in der Mittagspause zu einem Kaffee im Aufenthaltsraum des Personals einluden.

Nach dem Abendessen mit den Seyferts im Hotelrestaurant verschwand ich mit Carla in unserem Zimmer, wo sie meist schnell einschlief, sodass ich noch ein wenig fernsehen konnte. Rita und Werner bekam ich abends nicht mehr zu Gesicht. Ich hörte sie auch nicht mehr nebenan in ihrem Zimmer.

Am Abend des vierten Tages, der Kellner hatte gerade den Nachtisch serviert, erklärte Rita, dass Carla in dieser Nacht bei ihnen im Bett schlafen würde. Ich wunderte mich zwar über diesen Anflug von Elternliebe, ließ mir aber nichts anmerken. Damit hatte ich den Abend für mich und konnte endlich einmal die hoteleigene Disco besuchen.

So gegen 21 Uhr tauchte ich dort auf – die Haare frisch geföhnt, mit der neuen, pinkfarbenen Satinbluse an. Jetzt konnte die Post abgehen! Ich hatte riesige Lust, mal wieder richtig auf den Putz zu hauen, zu tanzen, mit anderen zu lachen und zu flirten, ohne dass dies gleich in einer Bettgeschichte enden musste.

Und der Abend wurde ein voller Erfolg. Ich war ausgelassen und unbeschwert wie lange nicht mehr. Kurz nach Mitternacht, die Tanzfläche lichtete sich allmählich, ließ mich der Discjockey sogar selber die Platten meiner Wahl auflegen. Und tatsächlich gelang es mir, noch einmal richtig Stimmung in den Laden zu bringen.

Ich weiß nicht mehr, wie spät oder wie früh es war, als ich schließlich leise mein Zimmer betrat, total verschwitzt und zum Umfallen müde, aber glücklich.

Ich lag kaum im Bett, die Nachttischlampe brannte noch, als sich plötzlich die Verbindungstür zum Zimmer der Seyferts öffnete und Werner im Türrahmen erschien; lediglich mit einem Bademantel bekleidet, ohne etwas darunter, wie allzu deutlich sichtbar war. Noch ehe ich ein Wort herausbringen konnte, stand er im Raum und hatte die Tür wieder hinter sich zugezogen.

»Spinnst du, Werner? Was willst du jetzt um die Zeit in meinem Zimmer?«

Energisch hatte ich mich im Bett aufgesetzt. Es war nicht schwer zu erraten, was Werner von mir wollte. Deshalb also hatte man Carla ausquartiert. Das hatten sich die beiden ja fein ausgedacht.

»Mensch Silvia, merkst du denn nicht, wie wild ich auf dich bin?« Er hatte sich auf die Bettkante gesetzt. Ganz nah war sein Gesicht. Ich spürte seinen Atem, der unangenehm nach Alkohol roch.

»Ich konnte nicht einschlafen.« Seine Stimme war nur noch ein heiseres Flüstern. »Musste ständig an dich denken, wie du in der Disco mit irgendeinem anderen rummachst.«

»Hau sofort ab!«, schrie ich ihn an, als er beide Hände auf meine Schultern legte und versuchte, mich noch näher an sich zu ziehen. »Ich bin doch nicht eure Nutte! Deine Frau und dein Kind liegen gleich nebenan, und du willst mich hier anbaggern. Ihr seid doch pervers, ihr beiden. Ihr ekelt mich an!«

Ich weiß nicht mehr, was ich ihm in meiner Wut noch ins Gesicht schleuderte. Werner sagte keinen Ton. Inzwischen hatte er sich erhoben. Und wie er mich da von oben mit zusammengekniffenen Augen geradezu hasserfüllt anstarrte, lief mir ein Schauer den Rücken hinunter. Mein Gott, er wird mir doch keine Gewalt antun? Daran hatte ich in meinem Zorn noch gar nicht gedacht.

»Wenn du mich anfasst, schreie ich das ganze Hotel zusammen.« Mit angespannten Muskeln, wie eine Katze vor dem Sprung, hockte ich jetzt in meinem Bett. Er rührte sich nicht von der Stelle.

»Warum willst du nicht kapieren, Silvia, dass ich mich in dich verliebt habe?« Der Furcht erregende Blick, mit dem er mich weiterhin bedachte, war alles andere als ein Liebesbeweis.

»Alles könntest du haben. Schöne Kleider, tolle Reisen, den Führerschein würde ich dir bezahlen, wenn du nur ein wenig entgegenkommend wärst. Stattdessen beleidigst du mich und weist mich ab wie einen lästigen Bittsteller. Das werde ich dir nie verzeihen!«

Als habe er jegliche Beherrschung verloren, redete er sich derart in Rage, dass ich fürchten musste, mir beim geringsten Widerwort eine Ohrfeige einzufangen.

Ich wollte nur noch weg von hier. Weg von den Seyferts, weg aus dem Hotelzimmer, in dem ich von jetzt an keine Nacht mehr ruhig durchschlafen würde.

»Werner, hör zu, lass mich so schnell wie möglich aus eurem Leben verschwinden«, appellierte ich an seine Vernunft. »Ich setze mich gleich morgen in einen Zug, der mich zurück nach Hause bringt. Das ist die beste Lösung.«

Überraschenderweise ließ er sich auf meinen Vorschlag ein. Am nächsten Morgen, noch vor dem Frühstück, brachte er mich mit dem Wagen zum Bahnhof und kaufte mir eine Fahrkarte nach Krefeld. Bevor ich in den Zug stieg, musste ich mir noch einmal anhören, welche große Chance ich vertan hätte, als ich ihn zurückgewiesen hatte. Ich erwiderte, dass man Liebe und Sympathie nicht kaufen könne.

»Wenn ich so wäre, wie du dir das vorstellst, dann würde ich ohne Skrupel auch auf den Strich gehen können.«

Es kam zu keiner Versöhnung. Werners merkwürdige Zuneigung zu mir war unabänderlich umgeschlagen in Wut und Hass. Das zeigte mir sein Blick. Und das ließ mich schmerzhaft seine Hand spüren, als sie, kurz vor der Abfahrt des Zuges, meinen rechten Oberarm packte und ihn wie ein Schraubstock zusammenpresste.

Als der Zug losfuhr, verschwand mit ihm all das Widerliche, das ich mit den Seyferts erlebt hatte. Ich war damals sicher, dass ich mit den beiden nie mehr wieder etwas zu tun haben würde. Weil die Abreise so überstürzt erfolgt war, hatte ich mein Gepäck im Hotelzimmer gelassen. Werner Seyfert wollte mir die Sachen später per Post oder Boten zukommen lassen.

Ich hatte ihn in dem Glauben gelassen, dass ich zu meinen Großeltern fahren würde. Das hatte ich allerdings keineswegs vor. Noch vom Hotel aus hatte ich Ralf angerufen und ihm mitgeteilt, dass ich schon abends wieder bei ihm in Moers sein würde.

Natürlich habe ich ihm alles erzählt und er schien nicht so recht glauben zu können, was er da in aller Frühe am Telefon hörte: »Vielleicht hast du das alles nur geträumt, Silvia.«

Aber seine Zweifel waren mir zunächst einmal egal. Daheim würde ich ihm schon die Augen öffnen über die Seyferts, und auch über seinen Freund Tom und dessen Verhältnis zu Rita.

Plötzlich war mir nämlich die Erleuchtung gekommen. Tom und seine saubere Freundin, alias Rita Seyfert, hatten vermutlich schon lange nach irgendeinem Dummchen Ausschau gehalten, das sie mit dem gehörnten Ehemann verkuppeln konnten. Da war ich gerade recht gekommen. Jung, naiv und so blöd zu glauben, Tom hätte mir die Anstellung aus reiner Freundschaft vermittelt. Auch ihm würde ich meine Meinung sagen.

Diese Gedanken beschäftigten mich während der gesamten Zugfahrt. Es macht mich auch heute noch fertig, von Menschen enttäuscht zu werden, denen ich vertraut habe. Und Tom war solch ein Mensch.

Meinen Großeltern und auch meiner Mutter wollte ich auf keinen Fall etwas erzählen. Die Reaktionen konnte ich mir vorstellen: »Das haben wir dir gleich gesagt. Hättest du bloß auf uns gehört, du musst immer erst auf die Nase fallen, bevor du klug wirst.«

Nein, das musste ich mir nicht anhören. Irgendetwas würde mir schon einfallen, was meine plötzliche Rückkehr erklären würde.

Als der Zug in den Duisburger Hauptbahnhof einfuhr, freute ich mich richtig auf das Wiedersehen mit Ralf. Endlich jemand, mit dem ich in Ruhe über alles reden konnte. Ich stieg aus und nahm die S-Bahn nach Moers.

Ralf empfing mich weniger herzlich, als ich erwartet hatte. »Da bist du ja«, lautete seine knappe Begrüßung.

Ich legte die Arme um seinen Hals, um mich an ihn zu schmiegen. Aber genauso gut hätte ich einen Baumstamm umarmen können.

»Hast du irgendwas? Habe ich dir was getan?«

Ich ahnte, dass es etwas mit dem Telefongespräch zu tun haben musste.

Natürlich hat Ralf gleich im Anschluss an unser Telefonat seinen Freund Tom angerufen und ihm meine Erlebnisse mit den Seyferts brühwarm erzählt. Tom muss total sauer reagiert haben. Ich wäre eine hysterische Ziege und gemeine Lügnerin, mit der es die Seyferts wahrscheinlich nur zu gut gemeint hätten, das, so Ralf, sei Toms Reaktion gewesen. Und er machte überhaupt nicht den Eindruck, als sei er auf meiner Seite und würde mir glauben. Da hatte ich keine Lust mehr, mich ihm gegenüber weiter zu rechtfertigen.

An diesem Abend begann unsere Beziehung zu sterben. Unerwartet schnell war es vorbei mit unserer Liebe. Misstrauen und Enttäuschung zersetzten unser Verhältnis. Ralf schien wirklich zu glauben, ich hätte aus reinem Geltungsbedürfnis die Geschichte mit den Seyferts erfunden! Ich wiederum verachtete Ralf dafür, dass er Tom mehr glaubte als mir. Irgendwann hatte ich Tom am Telefon. Er hätte mit Rita gesprochen, sagte er, nichts sei wahr an meiner Geschichte, und ich sollte mich bloß hüten, irgendwelche Verleumdungen zu verbreiten.

Als Ralf und ich uns endgültig und offiziell trennten, war auch meine Großmutter traurig. Sie hatte den Freund ihrer Enkelin ins Herz geschlossen. Für sie war er der Garant dafür gewesen, dass »ihr Kind« nicht in schlechte Gesellschaft geriet.

KAPITEL 6

In der Gewalt von Sadisten

Obwohl ich die Trennung von Ralf am Schluss forciert hatte, war ich mit mir und der Welt unzufrieden. Da konnten mir auch meine Großeltern nicht helfen, die mich sofort wieder bei sich aufgenommen hatten. Mir fehlte immer noch eine richtige Aufgabe, eine Arbeit, die Spaß machen und bei der ich Bestätigung finden würde. Eigentlich war der Kindermädchen-Job keine schlechte Beschäftigung gewesen. Die wenigen Tage mit Carla hatten mir viel Freude gemacht und gezeigt, dass ich gut mit Kindern umgehen konnte. Wirklich schade, dass die Seyferts sich als so hemmungslose und skrupellose Menschen erwiesen hatten. Mit der Aussicht auf eine Büroausbildung im Seyfertschen Betrieb hätte ich außerdem endlich eine richtige Perspektive gehabt. Aber das hatte eben nicht sein sollen. Wie konnte ich wissen, dass die beiden sehr wohl bald mein weiteres Leben in der Hand haben sollten?

Etwa drei Wochen nach meiner überstürzten Abreise aus Filzmoos rief Großmutter mich ans Telefon: »Da ist diese Frau Seyfert für dich«, zischte sie mir ins Ohr, während sie die Sprechmuschel mit der Hand zuhielt. »Sag ihr, sie sollen dir endlich den Koffer zuschicken. Die haben sich genug Zeit damit gelassen.«

Wortlos nahm ich Großmutter den Hörer aus der Hand. Sie wusste ja nicht, was wirklich passiert war. Ich hatte ihr erzählt, mir sei Ritas herrische Art furchtbar auf die Nerven gegangen. Und da Großmutter aus eigener Erfahrung wusste, wie ungern ich mir etwas sagen ließ, hatte sie sich mit dieser Erklärung zufrieden gegeben.

»Hier ist Silvia«, meldete ich mich nüchtern. Vielleicht wollte Rita mir tatsächlich nur mitteilen, dass mein Koffer per Post unterwegs war.

»Ach, Silvia, du glaubst ja gar nicht, wie Leid uns das alles tut.« Ohne Umschweife kam Rita sofort auf die peinlichen Vorfälle im Hotel zu sprechen.

Darauf war ich nun wirklich nicht gefasst und antwortete recht einsilbig. Allein schon, um meine Großmutter nicht misstrauisch zu machen, die nebenan in der Küche gut verstehen konnte, was ich in der Diele am Telefon sagte.

»Natürlich soll ich mich auch im Namen von Werner tausendmal entschuldigen. Er ist untröstlich seit dieser Nacht und möchte am liebsten alles ungeschehen machen.«

Sie wusste also genau, was sich in der besagten Nacht an meinem Bett abgespielt hatte.

»Lass uns die ganze Sache einfach vergessen«, versuchte ich das Gespräch langsam zu beenden, »ich möchte einfach nicht mehr darüber reden.«

»Das verstehe ich gut.« Rita war nicht so schnell abzuwimmeln. »Ich will nur nicht, dass wir so auseinander gehen. Auch Carlas wegen. Das Kind war ganz verstört, als du plötzlich verschwunden warst. Es fragt immer noch nach dir.«

Ich kann mir bis heute nicht erklären, wie sie es in diesem Telefonat geschafft hat, mich umzustimmen und mich zu einem weiteren Treffen zu überreden. Ich war so fest entschlossen gewesen, den Seyferts nie mehr in meinem Leben freiwillig unter die Augen zu treten. Außerdem empfand ich auch für die reuige Rita keinerlei Sympathie. Und Carla hatte ich nicht wirklich vermisst. Dazu war unsere gemeinsame Zeit zu kurz gewesen.

Nein, bis auf meinen Koffer, der immer noch bei den Seyferts stand, gab es eigentlich keinen echten Anlass, mich wieder mit ihnen zu treffen. Wenn ich heute darüber nachdenke, würde ich nur allzu gern an Hypnose glauben können. Dann müsste ich nämlich nicht zugeben, damals ausgesprochen dämlich gewesen zu sein.

Rita schlug als Treffpunkt wieder den Vorplatz des Bahnhofs vor. Werners Anwesenheit hatte ich mir allerdings ausdrücklich verbeten. Da konnte Rita reden wie mit Engelszungen – dass das alles nur ein Ausrutscher gewesen sei und ihr Mann kein Draufgänger, sondern eher ein schüchterner, zurückhaltender Typ sei. Ich blieb stur. Werner wollte ich partout nicht sehen.

19 Uhr hielt sie für die ideale Zeit. »Dann ist Werner schon zurück aus der Firma und kann Carla zu Bett bringen«, lautete ihre Erklärung für den recht späten Zeitpunkt. Mir war der Zeitpunkt recht, weil ich als typischer Nachtmensch ohnehin erst nach dem Abendessen richtig wach wurde. Ein Wochentag passte uns beiden am besten. Es wurde der 10. Februar 1982, ein Datum, das ich nie mehr vergessen werde, solange ich lebe.

Meine Großmutter hielt überhaupt nichts von dem Treffen. »Jetzt ist es schon dunkel, und du willst noch raus und dich mit dieser Person treffen. Also wenn du mich fragst ...« – aber ich war bereits durch die Wohnungstür und rannte die Treppe hinunter.

Draußen an der Haltestelle stand schon der Bus, den ich erwischen musste, um rechtzeitig zum Bahnhof zu kommen.

»Wartet wohl schon, der Glückliche, wenn Sie es so eilig haben, junges Fräulein.« Der Busfahrer hatte mich rennen sehen und freundlicherweise gewartet.

»So hübsche Mädchen sollten im Dunkeln auch nicht allein unterwegs sein«, schmunzelte er, als ich eingestiegen war. »Pass mal schön auf dich auf!«

»Tu ich auch«, lachte ich, noch ziemlich außer Atem vom Laufen. Dabei war ich gerade dabei, den größten Fehler meines Lebens zu begehen.

Fünf Minuten vor der verabredeten Zeit erreichte ich den Bahnhofsvorplatz. Ungeduldig hielt ich nach Rita Ausschau. Bei dem nasskalten Wetter fiel mir das Warten noch schwerer als sonst. Der Zeiger der großen Bahnhofsuhr wanderte auf fünf nach sieben, dann auf zehn nach sieben – weit und breit keine blonde, schlanke Frau im Nerzmantel.

»Fünf Minuten hat sie noch«, maulte ich vor mich hin, »dann bin ich verschwunden.«

Bereits verärgert über ihre Unpünktlichkeit, suchte ich mit meinen Augen den Platz ab. Plötzlich blieb mein Blick an einer Männergestalt im grauen Stoffmantel hängen. Das durfte doch wohl nicht wahr sein! Vor Schreck war ich wie angewurzelt.

»Was machst du denn hier?«, schrie ich ihm entgegen. »Deine Frau hat sich hier mit mir verabredet. Mit dir will ich nichts mehr zu tun haben.«

»Sei nicht albern«, sagte Werner ernst, als er vor mir stand, »meinst du, mir fällt es leicht, hier vor dir aufzukreuzen? Aber Rita konnte nicht kommen. Der Kleinen geht es nicht gut.«

Ich war völlig verunsichert und wäre am liebsten weggelaufen. »Komm, Silvia, lass uns nach Kamp-Lintfort fahren. Rita wartet auf uns. Ich bring dich auch früh genug heim.«

Werner fing beinahe an, mir Leid zu tun, wie er mich da mit gesenktem Kopf förmlich anflehte. »Du brauchst keine Angst zu haben, ich werde dir ganz bestimmt nichts tun.«

Jawohl, ich bin in seinen Wagen gestiegen und mitgefahren. Diesmal war er nicht mit dem Rolls-Royce gekommen, sondern mit einem seiner zahlreichen anderen Autos.

Während der gesamten Fahrt wurde kein einziges Wort gesprochen. Wie Fremde saßen wir nebeneinander. Immer wieder schoss mir durch den Kopf, dass irgendetwas nicht in Ordnung war. Als eine Ampel rot zeigte, dachte ich kurz daran, aus dem Auto zu springen. Auf der Autobahn konnte ich es nicht mehr abwarten, endlich anzukommen, weil ich die unheimliche Stille im Wagen nicht mehr aushalten konnte.

Die Zufahrt in das Industriegebiet kannte ich schon. Doch diesmal steuerte Werner den Wagen an der Firma vorbei auf das gegenüberliegende Wohnhaus zu, das ich bei meinem ersten Besuch nur undeutlich wahrgenommen hatte. Die Fenster waren jetzt hell erleuchtet, und neben der Haustür brannte eine Lampe. Ohne die Türglocke zu betätigen, schloss Werner auf und ließ mich zuerst eintreten. Ein dicker Orientteppich bedeckte den Boden der geräumigen Diele. Er nahm mir den Mantel ab und hängte ihn über einen Bügel an die Garderobe.

»Setz dich schon mal ins Wohnzimmer. Ich hole Rita runter«, sagte er und führte mich in einen großen Raum, der mit schweren Polstermöbeln ziemlich teuer eingerichtet war.

Ich setzte mich auf das Sofa, ein grau-braun gemustertes Kissen im Rücken. Es dauerte nicht lange, und Werner kam wieder durch die Tür, immer noch ohne Rita.

»Komm, Silvia, wir gehen schon mal runter zum Swimmingpool, Urlaubsfotos ansehen. Rita kommt nach.«

Artig folgte ich ihm die Treppe hinunter ins Souterrain. Ich war wohl auch auf die Bilder gespannt, vor allem auf die kleine Carla im Schnee.

Unten tat sich ein großer Raum auf, mit einem in den Boden eingelassenen Schwimmbecken. Staunend registrierte ich eine Sauna, ein Solarium und eine gut bestückte Bar. Und ich kam zu dem Schluss, dass es den Seyferts wirklich an nichts zu fehlen schien.

»Zieh dich aus, du Miststück!«

Ich glaubte, meinen Ohren nicht zu trauen.

»Du sollst dich sofort ausziehen, habe ich gesagt.«

Es war tatsächlich Werner, der mich hier aus heiterem Himmel anbrüllte, das Gesicht wutverzerrt und die Hände zu Fäusten geballt.

»Bist du jetzt total durchgeknallt? Ich ziehe mich nicht aus!« Noch wollte ich nicht glauben, dass es kein Spiel, sondern bitterer Ernst war, was hier passierte. »Diesmal gehe ich zur Polizei, da kannst du sicher sein«, drohte ich. Und schon traf mich ein so heftiger Faustschlag im Gesicht, dass ich taumelte.

Das durfte doch alles nicht wahr sein! Dieser Mann benahm sich wie ein Wahnsinniger. Benommen lehnte ich noch an der Wand, als ich sah, wie er mit einem eisernen Halsband und einer Eisenkette auf mich zukam.

»Das hast du dir alles selbst zuzuschreiben«, brüllte er und riss mir Bluse und Büstenhalter vom Leib. Dann packte er mich brutal, um mir die Hände mit metallenen Handschellen, die er aus der Tasche gezogen hatte, auf den Rücken zu fesseln. Ich begann hilflos zu wimmern und zu flehen, er möge mich gehen lassen, niemandem würde ich etwas erzählen.

Aber je unterwürfiger ich mich in meiner Angst verhielt, desto gewalttätiger wurde er. Er zerrte an meinen Lederjeans und gab nicht eher Ruhe, bis ich völlig nackt war. Dann schnallte er mir das Eisen um den Hals und zog mich an der über einen Meter langen Kette zu einer Schiebetür. Dahinter war ein viereckiges Loch, dessen Abdeckgitter an der Wand lehnte. Werner schubste mich vorwärts, eine Metalleiter hinunter, immer brutal an der Eisenkette reißend, wenn ich zögerte, weiter hinabzuklettern.

Unten führten ein paar Treppenstufen noch ein Stück weiter hinunter zu einer schweren Stahltür. Als Werner sie geöffnet hatte, kam eine zweite, dann noch eine dritte Eisentür zum Vorschein. Laut schluchzend und völlig hilflos ließ ich mich schließlich in einen schmalen, fensterlosen, von einer Neonröhre grell erleuchteten Raum zerren und an einem Haken in der Wand anketten. Ich war absolut sicher, dass ich meinem Mörder in die Hände gefallen war und das Verließ nicht mehr lebend verlassen würde.

Die wüsten Beschimpfungen, die Werner Seyfert mir andauernd an den Kopf warf, hörte ich gar nicht mehr. Mir liefen die Tränen das Gesicht hinunter, aber ich konnte sie nicht abwischen. Als ich mitbekam, dass er den Raum verließ, und hörte, wie der Schlüssel außen herumgedreht wurde, nachdem die schwere Eisentür ins Schloss gefallen war, bäumte ich mich noch einmal auf. Ich schrie mir die Stimme aus dem Leib, riss an der Kette, ohne auf die Schmerzen am Hals zu achten, und scheuerte mir in den engen Handschellen die Haut an den Gelenken blutig. Natürlich kam ich nicht frei von meinen Fesseln. Es hätte auch nichts genützt. Die Stahltür versperrte mir den Weg in die Freiheit. Ohne jede Hoffnung und körperlich total erschöpft hörte ich auf zu toben und blieb zusammengekauert auf dem Fußboden liegen.

Nach einer Weile wurde der Schlüssel im Türschloss herumgedreht. Diesmal hielt mir Werner eine Postkarte vor mein Gesicht.

»Die schreibst du jetzt an deine Großeltern. Einen lieben Gruß von eurer Silvia!«

Er öffnete die Handschellen, sodass ich die Karte und einen Kugelschreiber greifen konnte. »Los schreib jetzt! Erst die Adresse!«

Mit zittriger Hand schrieb ich, was er diktierte:

»Liebe Großeltern, ich habe einen netten Jungen kennen gelernt und bin mit ihm für ein paar Tage nach Dortmund gefahren. Macht euch keine Sorgen. Viele Grüße, eure Silvia.«

Was die Karte sollte, war klar. Sie sollte meine Großeltern und später die Polizei auf eine falsche Fährte locken. Mir wurde bewusst, dass meine Gefangennahme genau geplant war. Erst der scheinheilige Anruf Ritas, der mich von zu Hause fortgelockt hatte. Dann der Weg hinunter ins Schwimmbad, aus dem keine Schreie nach außen dringen konnten. Schließlich mein Kerker, den man für eine Gefangenschaft extra ausgestattet zu haben schien.

Nachdem Werner Seyfert den Raum wieder verlassen hatte, hob ich zum ersten Mal den Kopf, um mich genauer umzusehen. Das Verließ war so schmal, dass ich meinen 167 Zentimeter langen Körper quer nicht ausstrecken konnte. Stehend reichte mein ausgestreckter Arm bis an die holzvertäfelte Decke. Die Wände waren mit grünen Teppichen verkleidet. Den Boden und die drei Stufen zur Tür bedeckte eine gemusterte Auslegeware. Da lag außerdem eine dünne, mit Stoff bezogene Schaumstoffmatte, wie man sie für Gartenmöbel benutzt. Hinten, in der linken Ecke, stand eine weiße Toilettenschüssel. Daneben hing ein kleines Waschbecken an der Wand.

Die Kette um meinen Hals war an einem in die Wand eingelassenen Haken befestigt. Insgesamt gab es fünf von diesen Haken. Die Länge der Kette erlaubte mir nur eine Bewegungsfreiheit bis zur vorletzten Stufe der kurzen Treppe, die zur Tür hinaufführte. In so einem Verschlag würde man nicht einmal einen Hund einsperren.

Irgendwann, ich hatte längst jegliches Zeitgefühl verloren, wurde die Tür erneut aufgeschlossen. Diesmal kam Werner Seyfert in Begleitung seiner Frau herein, beide lediglich mit Bademänteln bekleidet. In der Hand hatten sie allerhand Zeug, das ich auf Anhieb nicht identifizieren konnte. Mit einem Fußtritt befahl er mir, mich zu erheben.

»Steh auf, du Miststück«, schrie mich jetzt auch Rita an, während er anfing, meine beiden Handgelenke nacheinander an zwei weiteren Haken in der Wand zu fixieren.

»Warum wollt ihr mich umbringen? Ich habe euch doch nichts getan.«

Ich fing erneut an zu wimmern und um Gnade zu betteln. Ich glaubte wirklich, dass die beiden vorhatten, mich zu töten.

»Den Tod wirst du dir noch wünschen«, höhnte Rita auf und kniff mich in die linke Brust.

Ich schrie auf vor Schmerz, aber meine Peiniger kannten kein Erbarmen. Plötzlich hatte er eine lederne Reitgerte in der Hand, mit der er unbarmherzig auf mich einschlug. Völlig wehrlos und an die Wand gekettet gab es kein Entrinnen, nur totale Verzweiflung. Ich mag nicht alles wiederholen, was ich in meiner Todesangst stammelte und schrie und was die Seyferts an perversen Ausdrücken parat hatten.

»Los, leck sie!« Werner zwang mich auf die Knie und drückte mein Gesicht gegen den Schoß seiner Frau. Ich glaubte, kotzen zu müssen und mich in meinem Ekel, den ich vor den beiden und der Situation empfand, nicht mehr kontrollieren zu können.

Doch ich musste noch Widerlicheres über mich ergehen lassen. Er versuchte, mich anal zu vergewaltigen. Und diesmal glaubte ich, vor Schmerzen ohnmächtig zu werden. Er hat mich derart verletzt, dass ich blutete. Der Teppichboden war voller Blut. Aber das hielt sie nicht davon ab, mich zu zwingen, auch ihn oral zu befriedigen. Dass mir dabei die Tränen unablässig über das Gesicht liefen, muss ihn zusätzlich stimuliert haben.

Rita verließ plötzlich, ohne noch ein Wort zu verlieren, den Raum. Ihrem am Ende entspannten Gesicht konnte ich ansehen, wie sie das Ausleben ihrer sadistischen Triebe genossen hatte. Auch von Werner war plötzlich jegliche Erregung abgefallen. Als hätte er das Handwerk eines Kerkermeisters von der Pike auf gelernt, legte er mir jetzt ruhig und sorgfältig wieder alle Fesseln an, die sie mir zuvor abgenommen hatten. Die Kette um den Hals wurde erneut an einem Haken in der Wand befestigt, an den Handgelenken schnappten die Handschellen wieder zu, und meine Fußgelenke fesselte er mit einer weiteren Kette.

Über die auf dem Boden liegende Schaumstoffmatte breitete er danach einen Schlafsack aus, in den ich, verschnürt wie ich war, hineinkriechen sollte. Er sprach leise zu mir, aber in unmissverständlichem Befehlston, der keinen Widerspruch zuließ. Dabei hätte er sehen können, dass bei mir jeder Widerstand gebrochen war. Ich hatte mich aufgegeben. Ich hoffte nur noch, dass sie mich schnell töten würden, ohne sich erneut auf so bestialische Weise an mir zu vergehen.

Als auch Werner Seyfert den Raum verlassen hatte, verfiel ich in eine Art Dämmerschlaf, aus dem ich immer wieder panisch hochschreckte.

Keine Ahnung, ob Minuten oder Stunden verstrichen waren, bis sich die Eisentür erneut öffnete. Auf das Schlimmste gefasst, kroch ich tief in den Schlafsack. Es war der inzwischen wieder korrekt gekleidete Werner, der sich mit einem Glas Wasser in der Hand zu mir herabbeugte. »Schluck das«, befahl er und drückte mir fünf weiße Tabletten in die Hand, »dann schläfst du besser.«

Die Lippen fest aufeinander gepresst, schüttelte ich den Kopf. Ich war fest davon überzeugt, dass er mich vergiften wollte. Doch er schimpfte mich eine dumme Gans und drohte mir, mich windelweich zu prügeln, wenn ich die Tabletten nicht schlucken würde. Was blieb mir also anderes übrig, als das Zeug in Todesangst hinunterzuwürgen. Die Schlaftabletten wirkten schnell. Ich bekam noch mit, wie er das Neonlicht ausschaltete und draußen die Tür abschloss. Erneut befiel mich Panik. Mit letzter Kraft schleppte ich mich zum Lichtschalter und knipste die grelle Beleuchtung wieder an. Dann muss ich in tiefen Schlaf gefallen sein.

Das Nächste, was ich bewusst wahrnahm, war eine Ohrfeige, die mich aus meiner Betäubung riss.

Wo war ich? Was war mit mir geschehen? Benommen blickte ich mich um. Nur langsam kam die Erinnerung zurück. Aber ich begriff dann meine Situation, als ich sah, dass ich nackt war. Angst und Verzweiflung beherrschten mein Denken sofort wieder. Mein Körper schmerzte entsetzlich, der Kopf tat weh, und Übelkeit stieg in mir auf. War es Morgen, war es Abend? Nichts sagte mir, wie lange ich schon gefangen gehalten wurde.

Werner Seyfert gab mir keine Antwort. Zwei Bücher, eine Flasche Mineralwasser und einen Pappteller mit ein paar belegten Broten hatte er mitgebracht. Ich spürte keinen Hunger und schaffte es gerade einmal, zwei Bissen hinunterzuwürgen, bevor ich wieder in Tiefschlaf fiel.

Bis er mich das nächste Mal weckte, konnte nicht allzu viel Zeit vergangen sein. Denn ich fühlte mich kein bisschen ausgeschlafen, war noch immer benommen, und jede Bewegung verursachte Schmerzen. Doch Mitleid war nicht zu erwarten. Werner löste meine Fußfesseln, nahm die Halskette vom Wandhaken und zog mich wie einen Hund an der Leine durch die Tür aus dem Kellerraum hinaus. Über die Metallleiter ging es dann nach oben an den Swimmingpool.

Dort, am Beckenrand, stand, auf den hohen Hacken ihrer Pumps, Rita. Diesmal lediglich mit schwarzem BH, schwarzem Slip und Strapsen bekleidet. Ein groteskes, Furcht einflößendes Bild! Hinter ihr ein Stuhl, wie ich ihn von den Untersuchungen beim Frauenarzt kannte. Ich wollte nicht wahrhaben, was ich da sah. Ich ahnte aber bei aller Benommenheit, dass dieser Stuhl dazu dienen sollte, mein Martyrium fortzusetzen.

»Du nennst uns ab sofort nur noch Herrin und Herr, du dreckige Hure«, schrie sie mich an.

Sie war als Domina beängstigend überzeugend.

Mit Lederriemen wurden meine Fuß- und Handgelenke auf dem Stuhl festgeschnallt. Währenddessen musste ich mir die übelsten Beschimpfungen anhören. Insbesondere »meine Herrin« verfügte über einen unermesslichen Wortschatz an unflätigen Schimpfworten.

Aber was war das gegen die körperlichen Qualen, die mir diese zwei Bestien noch zufügen sollten?

Ich lag wehrlos auf dem Stuhl, und mir wurden mit einer Pinzette die Schamhaare einzeln ausgerissen. Und dann fingen die beiden Teufel an, meine Brustwarzen zu »tätowieren«, wie sie es nannten. Ich stieß gellende Schmerzensschreie aus, als sie die Haut um die Brustwarzen herum mit einem Messer einritzten, um anschließend blaue Tinte einzureiben. Kurz davor, das Bewusstsein zu verlieren, musste ich mich plötzlich heftig erbrechen. Das brachte die Seyferts immerhin dazu, erst einmal von mir abzulassen. Allerdings trieben sie mich mit Peitschenschlägen dazu, Boden und Stuhl von meinem Erbrochenen zu säubern. Danach war ich heilfroh, in mein Verließ zurückkehren zu dürfen.

Später tätowierten mir die beiden nach derselben rüden Methode eine Rose auf meinen rechten Oberarm. Allerdings waren diese Schmerzen nichts gegen die Tortur der Brusttätowierung.

Ein Wunder, dass ich trotz allem meinen Überlebenswillen behielt. Was sonst als der reine Selbsterhaltungstrieb konnte mir in meinem Kerker die Kraft geben zu hoffen? Vielleicht ließ sich meine Familie von der gefälschten Postkarte nicht beirren und suchte nach mir. Großmutter wusste schließlich, dass ich mich am Abend meines Verschwindens mit Rita Seyfert treffen wollte.

Gott sei Dank wusste ich zu diesem Zeitpunkt noch nicht, dass die Seyferts wirklich an alles gedacht hatten. Kaum war ich im Keller eingesperrt worden, hatte sie auch schon meine Großmutter angerufen, um sich scheinheilig zu erkundigen, warum ich denn nicht zu dem verabredeten Treffen erschienen wäre.

Ein solches Maß an Abgebrühtheit habe ich ihr damals noch nicht zugetraut.

Einmal war die Rettung sogar greifbar nah. Meine Mutter hatte nämlich, von der Postkarte gänzlich unbeeindruckt, nicht an mein freiwilliges Verschwinden geglaubt. Sie war zur Polizei gegangen und hatte dort mein Treffen mit Rita Seyfert erwähnt. Doch die Polizei hatte von einem Fremdverschulden nichts wissen wollen. »Ihre Tochter wird durchgebrannt sein«, hieß es da. »Was glauben Sie, wie viele schnell wieder auftauchen, wenn sie kein Geld mehr haben oder der neue Freund sie das erste Mal verprügelt hat.«

Die Seyferts wurden trotz der Bitten meiner Mutter nicht von der Polizei befragt, und man hat auch nicht nach irgendeiner anderen Spur von mir gefahndet. So wenig wurde meine Mutter mit ihrem Verdacht ernst genommen.

Aber sie hatte sich nicht beirren lassen. Etwa zwei Monate nach meiner Gefangennahme hat sie auf eigene Faust das Ehepaar in Kamp-Lintfort aufgesucht. Doch ihr wurde von Rita Seyfert versichert, dass man mich seit dem Winterurlaub nicht mehr gesehen habe. Trotzdem sei sie, wie mir meine Mutter später erzählte, voller Zweifel wieder nach Hause gefahren. Aber unternommen hat sie danach nichts mehr.

Von der Initiative meiner Mutter erfuhr ich bereits während meiner Gefangenschaft – ausgerechnet einen Tag vor meinem 17. Geburtstag.

»Deine Mutter war eben da«, sagte Werner ganz beiläufig, als er abends den Keller betrat.

Ich fühlte, wie mir das Blut aus dem Gesicht wich und mir schwindlig wurde. Ob sie wieder kommen würde, ob sie einen Verdacht hatte? Werner Seyfert weigerte sich, meine Fragen zu beantworten. Für ihn war das Thema erledigt. Doch mir blieb ab sofort die Idee, auf Hilfe von außen hoffen zu können. Sonst wäre ich auch total verzweifelt und hätte wahrscheinlich resigniert. Und Durchhaltekraft brauchte ich noch viel; die Kraft für fünfzehn lange Monate.

KAPITEL 7

Zwischen Wahnvorstellungen und Todessehnsucht

In den ersten Monaten meiner Gefangenschaft holten mich die Seyferts fast jeden Abend aus meinem Verließ. Entweder führten sich mich ins Schwimmbad zum Folterstuhl oder hinauf ins Wohnzimmer. Dort wartete in der Regel schon die Peitsche auf mich. Übrigens hielt die Reitgerte den kräftigen Hieben nur kurze Zeit stand. Sie ging kaputt. Aber Rita Seyfert hatte schnell eine neue.

Angekettet an einen Deckenbalken, war ich der »Herrin« wehrlos ausgeliefert. Später griff sie auch gerne zu einer so genannten »siebenschwänzigen Katze«, um meinen Rücken zu traktieren. Für mich war dies das kleinere Übel, denn die Schläge mit der harten Reitgerte schmerzten weitaus mehr.

Rita war die Grausamere von den beiden. Sie war es meistens, die mich auspeitschte und die umso kräftiger zuschlug, je mehr ich vor Schmerzen aufschrie. Sie hat mich auch mit brennenden Zigaretten gefoltert, die sie so dicht an meine Haut hielt, dass sich Brandblasen bildeten. Allerdings ging sie nie so weit, Zigaretten auf meiner Haut auszudrücken.

Sie liebte es, mich zu strafen, wenn ihre »Sklavin« ihrer Meinung nach nicht unterwürfig genug war.

»Bist du schwerhörig und blind«, keifte sie mich an, wenn ich den Kaffee nicht schnell genug eingeschenkt hatte und ihr die Tasse nicht sofort reichte, sobald sie die Hand ausstreckte.

Während Werner Seyfert die von mir erzwungenen Dienste auch schon mal mit einem »Danke« quittierte, ließ Rita ihrer sadistischen Herrschsucht freien Lauf. Ihr machte es sogar Spaß, mir zu befehlen, eine ganze Flasche Sekt auszutrinken, nachdem sie mitbekommen hatte, dass mir von Alkohol schrecklich übel wird. Einmal musste ich sechs Gläser Feuerzangenbowle hintereinander austrinken.

Immer wieder warfen sie mir vor, dass ich ihre Annäherungsversuche im Winterurlaub abgewiesen hatte.

»Unser Geld konntest du annehmen, aber bumsen wolltest du nicht mit uns!«

Ich hätte natürlich sagen können, dass sie mich in die Ferien eingeladen hatten und mein Monatslohn für meine Arbeit als Kindermädchen gedacht war. Aber was hätte das genützt?

»Zur Strafe« zwangen sie mich jetzt zu allen nur denkbaren abartigen sexuellen Handlungen. Regelmäßig musste ich sie »verwöhnen«, was nichts anderes hieß als oral befriedigen. Eine besondere Tortur war es, wenn der »Herr« verwöhnt werden wollte. Nicht nur, dass Rita mich dabei mit heftigsten Peitschenhieben quälte. Sie zwangen mich auch, sein Sperma hinunterzuschlucken. »Wehe, du spuckst das aus!«

Anschließend konnte ich nie schnell genug in meinen Kerker zurückkehren, um mich zu säubern. Ich schrubbte mir den Mund so gründlich mit der Zahnbürste aus, bis das Zahnfleisch blutete.

Wollte die »Herrin« verwöhnt werden, verbot sie Werner, mich währenddessen auszupeitschen. »Glaubst du, ich will, dass die mir vor Schmerz was abbeißt?!«

Die Folterwerkzeuge und ein ganzes Sortiment von Reizwäsche hatten die Seyferts in einer großen roten Kunstledertasche verstaut, die normalerweise neben meinem Verließ versteckt war. Manchmal wurde mir einer dieser albernen Slips verpasst, in dem ich mich dann noch entblößter fühlte, als wenn ich nackt gewesen wäre. Ab und an befahlen sie mir auch, nur ein Servierhäubchen und eine Servierschürze zu tragen, sonst nichts.

Einmal sah ich Werner in Reizwäsche. Ich erinnere mich deshalb so gut, weil ich mir bei dem Anblick trotz allem ein Grinsen nicht verkneifen konnte. Zu lächerlich sah seine massige Gestalt in dem violetten, mit schwarzer Spitze abgesetzten Slip aus.

Zum Zeichen meiner Erniedrigung schnitten sie mir meine Haare ab und rasierten mir den Kopf kahl. Danach hielt Rita mir höhnisch einen Spiegel vors Gesicht. Ich sah furchtbar aus. Immer wieder strich ich mir während der nächsten Tage entsetzt mit der Hand über meinen kahlen Schädel.

Beim Betrachten ihrer Pornofilme und -hefte kamen die Seyferts schon lange nicht mehr »in Fahrt«. Auch dass ich mir besonders »scharfe Szenen« mit anschauen musste, steigerte irgendwann nicht mehr ihre Erregung.

Aber die perversen Fantasien der beiden schienen keine Grenzen zu kennen. So kamen sie auf die Idee, selbst einen Pornostreifen zu drehen. Die Handlung war ebenso grausam wie realitätsnah und simpel: Ein junges Mädchen wird von einem Ehepaar zur Sex-Dienerin umerzogen. Dafür hatten die beiden »Drehbuchschreiber« und »Akteure« sich als Höhepunkt eine besonders perfide Art der Bestrafung ausgedacht. Mit einer Lochzange bohrten sie mir einen Ring durch die Nasenscheidewand, an dem sie je nach Lust und Laune rissen, bis mir das Blut über die Lippen rann. Danach durchstießen sie mit einer Stricknadel meine Nasenflügel und steckten in die Löcher Ohrstecker mit weißen und grünen Steinen. Der Titel für diesen sadistischen Hardcore-Porno entstammte einem Buchdeckel, den sie abgefilmt hatten: »Die Sklavin«.

Mein Nasenring, den ich in der ersten Zeit ständig tragen musste, animierte die Seyferts zu immer neuen perversen Spielen. Sie ließen mich an einer Leine, die durch den Ring gezogen war, auf allen vieren im Wohnzimmer herumlaufen. Manchmal musste ich dabei eine Peitsche im Mund transportieren, um sie der »Herrin« anschließend in den Schoß zu legen.

Erst als das Loch in der Nasenscheidenwand wegen der zahllosen Schläge nicht mehr zu eitern aufhörte, wurde ich von dem schrecklichen Ring befreit.

Dem Sadismus meiner Folterknechte ausgeliefert zu sein, war die eine Hälfte meines Martyriums in der Seyfertschen Villa. Die andere spielte sich unten in der Einsamkeit des Verließes ab, wo ich isoliert und ohne Tageslicht die meiste Zeit dahinvegetierte. Bald kannte ich jedes Detail meines Kerkers auswendig. Ich begann, gedankenlos die Wände anzustarren. Da war nichts mehr, was meine Augen anziehen und meinen Verstand beschäftigen konnte.

Wenn sie mich umbrachten, dann sollten sie wenigstens geschnappt werden. Also beschrieb ich kleine Zettel mit »Die Seyferts haben mich umgebracht«, wickelte sie in die Folie von Zigarettenschachteln und schluckte die Silberkügelchen hinunter. Bei meiner Obduktion würde dann die Wahrheit über meine Todesursache herauskommen, glaubte ich.

Ich verfiel zusehends, körperlich und auch geistig. Als ich nur noch apathisch reagierte und die ewigen belegten Brote, mit denen ich versorgt wurde, überhaupt nicht mehr anrührte und schon bis auf Haut und Knochen abgemagert war, sorgte Werner Seyfert für etwas Abwechslung in meinem eintönigen Gefängnis.

Es muss Anfang März 1982, einige Wochen nach meiner Gefangennahme, gewesen sein, dass er mir einen Radiowecker brachte. »Dann weißt du wenigstens, wie spät es ist, und kannst Musik hören.«

Vom Lautstärkeregler hatte er vorsichtshalber den Drehknopf entfernt, damit ich das Radio nicht lauter stellen konnte. Es hätte mich ja vielleicht jemand hören können.

Endlich konnte ich wieder Tag und Nacht unterscheiden. Das war mir bis dahin nur aufgrund der perversen Wünsche der Seyferts möglich, die in der Regel abends nach mir verlangten. Andererseits konnte ich nun täglich immer wieder beobachten, wie die Uhr im wahrsten Sinne des Wortes für mich ablief. Sobald es auf acht Uhr abends zuging, wurde ich zusehends nervöser, spürte, wie mir Angstschweiß aus den Poren trat. In jedem Moment konnten sie kommen, um mich zu holen. Erst gegen halb zehn fiel die Angst langsam von mir ab. Dann wusste ich, dass sie mich in Ruhe lassen würden; zumindest in dieser Nacht.

Das Radio war lange Zeit für mich der einzige Kontakt zur Außenwelt. Es lief den ganzen Tag und meist auch noch die Nacht hindurch. Wehmütig hörte ich die vertrauten Ortsnamen, wenn in den Verkehrsnachrichten z.B. Meldungen über einen Stau am Autobahnkreuz Kaarst gebracht wurden. So sorgte auch das Radio immer wieder für Schwermutsanfälle, die sich im Laufe meiner Isolation zu starken Depressionen steigerten. Aber am Anfang überwog noch die Hoffnung, dass die Polizei nach mir suchen und mich bald aus meiner Gefangenschaft befreien würde.

Ostern glaubte ich allerdings, wahnsinnig werden zu müssen. Die Seyferts waren für ein paar Tage verreist und hatten mich mit einer Packung Knäckebrot, einem Glas Nutella, Marmelade, Schmierwurst und ein paar Flaschen Wasser im

Keller eingeschlossen. Sie gaben mir nur Plastikbesteck, damit ich mir nichts antun konnte. Ich hatte ausreichend Romane zum Lesen und hätte die Zeit eigentlich nutzen können, mich von meinen Misshandlungen etwas zu erholen und Kräfte zu sammeln.

Doch gleich am ersten Abend lief die Toilette über und setzte den kleinen Raum sofort unter Wasser. Da es mir nicht gelang, den Abfluss frei zu bekommen, blieb mir nichts anderes übrig, als drei Tage lang auf den Stufen zur Stahltür zu hocken. das war der einzige Platz, der nicht nass war.

Ich bin nicht durchgedreht in dieser entsetzlichen Situation. Ich habe nur ständig auf diese Toilette gestarrt, aus Angst, es könnte noch mehr Wasser aus ihr herauslaufen, und ich würde ertrinken. Ich konnte sie natürlich jetzt nicht mehr benutzen. Also musste ich meine Notdurft neben der Treppe verrichten.

Als die Seyferts aus ihrem Kurzurlaub zurückgekehrt waren, bekam Werner Seyfert angesichts der Überschwemmung einen Tobsuchtsanfall. »Für die Schweinerei, die du hier angestellt hast, wirst du büßen müssen«, drohte er lautstark.

Kein Wort des Mitgefühls brachte er über die Lippen. Dass ich drei Tage lang die Feuchtigkeit in meinen Knochen gespürt hatte, interessierte ihn überhaupt nicht. Stattdessen machte er sich sofort laut fluchend daran, das Wasser mit Wischtüchern aus dem Teppichboden zu entfernen. Dann stellte er einen elektrischen Heizkörper auf, der die Restfeuchtigkeit austrocknen sollte.

Als er eigenhändig den Toilettenabfluss frei machen musste – einen Klempner wagte er natürlich nicht zu bestellen –, bekam Werner einen erneuten Wutanfall. In seinem Zorn warf er mir vor, einen Tampon in die Toilette geworfen und sie so verstopft zu haben. Dabei benutzte ich gar keine Tampons.

Mein Körper hatte auf die dauernden Folterungen mit dem Ausbleiben der Menstruation reagiert. Als die Periode irgendwann wieder eingesetzt hatte, erfolgten die Blutungen viel zu häufig; manchmal sogar im Abstand von zwei Wochen.

Dann regte er sich immer auf, wenn ich nach neuen Tampons fragte. »Du kannst doch nicht schon wieder deine Periode haben!«

Später erklärte mir ein Arzt, dass die ungeheure Stresssituation, der Körper und Psyche während der Gefangenschaft ausgesetzt waren, meinen Monatszyklus total durcheinander gebracht hatte.

Ein ständiger Harndrang war das erste Anzeichen für eine Blasenentzündung, die ich mir in dem nassen Kellerraum geholt hatte. Es tat höllisch weh, und ich krümmte mich unter Schmerzen, wenn ich urinieren musste. Als es immer schlimmer wurde, verabreichte Werner Seyfert mir irgendwelche gelben Tabletten, die tatsächlich schnell halfen.

Ein Gutes hatte die Überschwemmung: Ich bekam eine Campingliege mit einer dünnen Schaumstoffauflage, die bequemer war als die Matte auf dem Fußboden. Außerdem erhielt ich einen kleinen Metalltisch mit einer Lampe darauf, deren Licht etwas wärmer war als das der grellen Neonröhre. Schließlich bekam ich sogar noch einen Fernsehapparat. Endlich sah ich wieder »ganz normale Menschen«, wenn auch nur auf dem Bildschirm. Ich ließ keine Sendung aus. Erst wenn das Testbild erschien, schaltete ich den Apparat aus.

In gewisser Weise war das Fernsehgerät mein Lebensretter. Spielfilme, Komödien und Shows lenkten mich ab von meinem Elend und verhinderten, dass das Selbstmitleid mich zerstörte. Ohne diese Bilder, Stimmen und Geräusche wäre ich in meinem schalldichten Verließ wahrscheinlich verrückt geworden.

Meine Fantasie wurde angeregt. Ich fing wieder an zu träumen. Manchmal dachte ich mir richtige kleine Geschichten aus, die immer von glücklichen und guten Menschen handelten. Das Fernsehen ließ mich nicht vergessen, dass es noch immer eine Welt außerhalb meines Gefängnisses gab, in der wichtige Dinge passierten. So schaffte ich es, zumindest eine Zeit lang wieder etwas Hoffnung zu schöpfen.

In dieser Zeit wagte ich sogar einmal einen Ausbruch aus meinem Kerker. Von dem kleinen Tisch hatte ich eines der Metallbeine abgebrochen, in der Hoffnung, damit ein Loch durch die Eisentür bohren zu können. Und es gelang mir tatsächlich, eine kleine Öffnung in die harte Eisenplatte zu kratzen. Doch die Tür bestand aus mehreren Blechen. Ich hätte einen Schneidbrenner gebraucht. Enttäuscht und entmutigt gab ich auf.

Die ersten Monate, etwa bis zum Sommer 1982, waren die grausamsten, was die körperlichen Qualen betraf. In dieser Zeit hatte ich nicht nur unter den Schlägen und Peitschenhieben der sadistischen Rita zu leiden, auch Werner, der später immer weniger Interesse hatte an diesen schrecklichen Züchtigungsritualen, war anfänglich gnadenlos. Sein bevorzugtes Folterinstrument war die Lochzange, mit der man sonst Löcher in Ledergürtel stanzt.

Wieder einmal war ich auf dem »Gynäkologen-Stuhl« neben dem Swimmingpool festgeschnallt worden, als ich mit Schrecken die Zange in Werners Hand erblickte. Ich sollte schnell zu spüren bekommen, was er vorhatte. Er setzte die Lochzange an eine meiner Schamlippen an und drückte ohne Zögern zu. Der Schmerz war unbeschreiblich. Ich bin ohnmächtig geworden. Jedenfalls habe ich nur schemenhaft mitbekommen, wie die beiden anschließend die frische Wunde mit irgendeiner beißenden Flüssigkeit, wahrscheinlich Jod, betupften, ein Vorhängeschloss durch das Loch in meinem Fleisch zogen und mir einen knallroten Gummi-Slip mit Einlage überstreiften, damit das Blut nicht weiter auf den Boden tropfte.

Natürlich habe ich mich immer wieder gefragt, warum Menschen anderen Menschen solche Grausamkeiten antun. Wie sie Lust dabei empfinden können und andererseits ein ganz normales, bürgerliches Dasein führen, ohne dass jemand etwas von ihrem Doppelleben ahnt. Ich habe die beiden auch gefragt, warum sie mich quälen würden, warum es ihnen Spaß machen würde. Eine Antwort habe ich nie bekommen, von Werner nicht und von seiner Frau schon gar nicht.

Wenn Sadisten Menschen sind, die Lust empfinden, wenn sie anderen Schmerzen zufügen, dann waren die Seyferts Sadisten, und zwar solche der kriminellsten Sorte. In ihrem Fall war Sadismus nicht nur eine sexuelle Perversion, sondern ein schweres Verbrechen.

Auf meine Frage, warum ich die schrecklichen Folterungen so lange ertragen konnte, sagte mir nach meiner Freilassung eine Psychologin, dass die Menschen viel mehr aushalten könnten, als sie glaubten. Allen, die auch heute noch glauben, dass ich mich freiwillig von den Seyferts habe misshandeln lassen, kann ich nur antworten: Ich kann mir keinen Menschen vorstellen, der solche Schmerzen freiwillig erträgt, auch nicht für Geld.

Die zwei Sadisten beließen es nicht bei einem Schloss in meinen Schamlippen. Kaum war die Wunde einigermaßen verheilt, holten sie mich in ihr Schlafzimmer. Werner Seyfert legte sich rücklings aufs Bett, und ich musste mich auf seine Oberschenkel setzen. Beide packten gemeinsam die Lochzange und drückten zu, und zwar bewusst langsam. So war der Schmerz noch unerträglicher als beim ersten Mal. Meine Schreie müssen ohrenbetäubend gewesen sein.

Jetzt war auch meine andere Schamlippe mit einem Schloss versehen. Besonders behindert war ich von nun an beim Urinieren. Nicht nur, dass ich die Schlösser dabei hochhalten musste, was an sich schon wegen der noch frischen Wunden wehtat; die ätzende Wirkung des Urins trieb mir jedes Mal vor lauter Schmerzen Tränen in die Augen. Später begannen die Eisenschlösser zu rosten, was zu ziemlich schlimmen Entzündungen führte. Doch auch jetzt durfte ich sie nicht ablegen. Werner Seyfert reinigte sie und befestigte sie wieder in den Löchern.

Die Schlösser waren nicht nur als Symbol meiner Gefangenschaft gedacht. Sie dienten den Seyferts auch dazu, Variationen der »Bestrafung« auszuprobieren. Einmal hängten sie mit einem Karabinerhaken das Gewicht einer Kuckucksuhr in die Schlösser ein. Ich wagte nicht, mich zu bewegen, aus Angst, mir könnten die Schamlippen aufreißen, so sehr zog der schwere Metallklotz nach unten. Doch die Seyferts kannten kein Pardon. Eine ganze Viertelstunde lang ließen sie mich so stehen.

Die Löcher erinnern mich bis heute an mein Martyrium. Genauso wie die Narbe seitlich an meiner Brustwarze. Dort haben sie mir einen metallenen Schlüsselring durchgezogen. Allerdings bekam ich von diesem Eingriff nichts mit. Im Schlafzimmer war mir vorher ein blaues Handtuch aufs Gesicht gedrückt worden, das irgendwie seltsam roch. Mehr spürte ich nicht. Bis zu dem Moment, als ich in ihrem Ehebett wieder aus der Betäubung erwachte, die Augen aufschlug und Rita mit dem Finger meine Brustwarze berührte. »Guck mal, sieht doch geil aus!«

Da sah ich den silberfarbenen Ring.

Wenn die Seyferts mich aus meinem Kerker zu sich geholt hatten, bedeutete das in der Regel, dass ich sie »bedienen und verwöhnen« musste. Sie haben nie versucht, mich sexuell zu befriedigen. Entweder, weil sie daran überhaupt kein Interesse hatten oder weil sie wussten, dass mir unter den Umständen keine Lustgefühle zu entlocken waren. Nur einmal befahlen sie mir, mich selbst zu befriedigen. Ich war wohl ziemlich hektisch und unkonzentriert und natürlich überhaupt nicht erregt. Sie verlangten es nie mehr von mir.

Auch schien Werner Seyfert kein besonders großes Interesse daran zu haben, mich zu vergewaltigen, also mich zu zwingen, mit ihm zu schlafen. Nur viermal in den gesamten fünfzehn Monaten kam es zum Geschlechtsverkehr. Davon einmal unten im Keller, als seine Frau nicht dabei war. Sonderlich gewehrt habe ich mich nie. Wie auch? Entweder musste ich dabei Fesseln tragen oder mir wurde klar gemacht, dass mir bei Widerstand schlimmste Strafen bevorstünden. Und dennoch: Jedes Mal war es eine brutale Erniedrigung. Noch heute bin ich dem Schicksal dankbar, dass ich in der Zeit nicht schwanger geworden bin. Das wäre eine Katastrophe gewesen.

Im Herbst 1982, man hielt mich immerhin seit über acht Monaten gefangen, begann sich mein psychischer Zustand drastisch zu verschlechtern. Zuerst hörte ich Stimmen, die weder aus dem Radio noch aus dem Fernseher kamen, die ich aber für real hielt.

Ich glaubte, Gott und der Teufel hätten zu mir Kontakt aufgenommen. Mit Gott sprach ich über mein verpfuschtes Leben und über meine Großmutter. Wenigstens noch einmal, so betete ich, wollte ich sie vor meinem Tod sehen.

Dann hörte ich deutlich die heisere Stimme des Satans. Er wolle mich bald ganz für sich haben, sagte sie, und dass der Keller der Seyferts lediglich das Fegefeuer sei. Ich sah Flammen vor mir lodern und Gegenstände, die, wie von Geisterhand bewegt, durch den Keller schwebten. In meinen lichten Momenten jagten mir diese Wahnvorstellungen furchtbare Angst ein. Dann begriff ich nämlich, dass ich auf dem besten Weg war, wahnsinnig zu werden.

In einer ganz schlimmen Phase rannte ich immer wieder mit dem Kopf gegen die Wand meines Kerkers, bis ich keinen Schmerz mehr spürte und halb besinnungslos auf dem Boden zusammenbrach. Als Werner Seyfert mich so fand, entdeckte ich zum ersten Mal so etwas wie Mitleid in seinem Blick. Ohne ein Wort zu sagen, ging er hinaus und kam mit einer Valiumtablette wieder. »Damit du dich wieder beruhigst.«

Gegen Ende des Sommers hatte sich mein Verhältnis zu ihm verbessert. Das mag jedem Außenstehenden unbegreiflich erscheinen, aber in der Isolation und unter diesen Umständen war er meine einzige Bezugsperson. Ihn sprach ich an, wenn ich irgendetwas brauchte, wenn ich mich krank fühlte oder deprimiert war. Er beschaffte mir einen braunen Jogging-Anzug, damit ich was Warmes zum Anziehen hatte. Und er ließ mich auch einige Male tagsüber in der Wohnung herumlaufen, wenn seine Frau nicht da war.

Rita war und blieb die eiskalte, skrupellose Domina, die mich benutzte, um ihre Triebe zu befriedigen, aber dann keinen Gedanken mehr an mich verschwendete. Er dagegen beteiligte sich immer seltener an den Exzessen seiner Frau, die mich nach wie vor schlug, peitschte und beschimpfte. Es kam sogar vor, dass ich von ihm getröstet wurde, wenn sie allzu brutal zugeschlagen hatte. Manchmal fing er sogar an zu heulen, wenn ich wieder total verzweifelt war und ihn anflehte, mich doch endlich freizulassen.

»Ich kann dich doch nach allem, was geschehen ist, nicht so einfach laufen lassen«, sagte er dann jedes Mal. »Du gehst doch sofort zu Polizei. Und das wäre unser Ende.«

Es nützte nichts, zu beteuern, dass ich ihn und seine Frau nicht anzeigen würde. »Allein schon wegen Carla würde ich das nicht tun«, gab ich vor.

Manchmal behauptete er sogar wieder, mich zu lieben, und fragte auch noch ernsthaft, ob ich mir vorstellen könnte, ihn zu heiraten. Immer dann, wenn er in solch einer sentimentalen Stimmung war, hoffte ich, dass er mich rauslassen würde. Doch darauf ließ er sich nie ein.

Einmal, er war abends in den Keller hinuntergekommen, um eine Zigarette zu rauchen, erzählte er mir von der Vergangenheit seiner Frau. Sie sei eine Prostituierte gewesen. Und dass er sie später daran gehindert habe, weiter anschaffen zu gehen.

Irgendwann erzählte er mir auch, dass er schon einmal verheiratet gewesen sei. Doch seine erste Frau hätte sich umgebracht. Warum, das wollte er mir nicht sagen. Aus dieser ersten Ehe gab es einen damals schon erwachsenen Sohn, den ich nach meiner Befreiung während der Gerichtsverhandlung gegen die Seyferts zu Gesicht bekommen sollte.

Es muss September gewesen sein, als er mich mit dem Vorschlag überraschte, zusammen auszugehen, nur er und ich. Rita durfte davon natürlich nichts wissen. Sie war, soweit ich mich heute erinnern kann, an diesem Tag mit Carla nach Mühlheim in eine Augenklinik gefahren. Werner Seyfert suchte mir einen roten Hosenanzug seiner Frau heraus – meine eigene Kleidung hatten sie ja vernichtet – und legte mir Schminkzeug hin. Ich war leichenblass damals und wäre damit draußen sofort aufgefallen. Also musste ich mir auf seine Anweisung hin kräftig Farbe ins Gesicht schmieren. Meine Haare waren inzwischen wieder nachgewachsen.

»Das ist die Gelegenheit«, dachte ich natürlich sofort. »Die kommt so schnell nicht wieder.«

So plötzlich aus diesem Haus zu gelangen, darauf war ich nicht gefasst gewesen. Zwar hatte ich in den zurückliegenden Monaten in Gedanken schon alle möglichen Fluchtwege durchgespielt, war aber nicht auf diese spezielle Gelegenheit vorbereitet. Wer kommt schon auf den Einfall, seine Gefangene öffentlich in ein Lokal auszuführen?

»Komm ja nicht auf die Idee wegzulaufen!« Es war für Werner Seyfert nicht schwer zu erraten, was mir im Kopf herumspukte. »Eine dumme Bewegung, und ich knall dich ab. Da ist mir auch egal, was anschließend mit mir passiert.«

Werners Drohung nahm ich ernst. Schon mehrmals hatte er angekündigt, mich zu töten, falls ich ihn später einmal bei der Polizei anzeigen sollte. Auch seine Selbstmordabsichten waren mir bekannt.

»Bevor ich ins Gefängnis gehe, jage ich mir eine Kugel in den Kopf«, hatte er wieder und wieder prophezeit.

Als er die Haustür endlich geöffnet hatte, wagte ich zuerst nicht rauszugehen. Zu grell war das Tageslicht, und ich musste blinzeln. Und gänzlich ungewohnt war die frische Luft, die beim Einatmen leicht in der Nase kratzte. Wie erstarrt blieb ich stehen. All das da draußen war mir monatelang verschlossen gewesen. Vermutlich wäre ich nie aus dem Türrahmen getreten, hätte Seyfert mich nicht an die Hand genommen und zum Auto geführt.

Und obwohl ich das alles so lange vermisst hatte, habe ich sie kaum wahrgenommen: die Vögel, die Blumen, die warmen Sonnenstrahlen. Ich war viel zu sehr mit mir selbst beschäftigt, mit der Möglichkeit zu fliehen, aber auch mit meiner Angst, getötet zu werden. Während der Fahrt schwankte mein Gemütszustand zwischen angstvoller Resignation und Wagemut.

Sollte ich zum Beispiel einfach die Beifahrertür aufstoßen und aus dem rollenden Wagen springen? Ich tat es nicht. Und ich machte auch in dem Gartenlokal, in dem wir schließlich an einem Tisch in der Nähe eines Kastanienbaumes Platz nahmen, keinen Versuch davonzulaufen.

Meine Unentschlossenheit lähmte mich total. Als ich die aufmerksamen Blicke der schwarzhaarigen Wirtin bemerkte, die sich vermutlich über mein angemaltes Gesicht wunderte, kam mir kurz der Gedanke, einfach laut um Hilfe zu rufen. Doch auch das unterließ ich.

So nah war damals die Freiheit, dass ich rückblickend nur schwer erklären kann, warum ich die Chance zur Flucht nicht genutzt habe. Angst, erschossen zu werden, kann nicht der alleinige Grund gewesen sein. Dazu reagiere ich sonst in Gefahrensituationen viel zu risikofreudig. Die lange Zeit der Unfreiheit und die ständige Furcht vor Misshandlungen hatten mich wohl schon mehr verändert, als ich wahrhaben wollte. Diese schwache, ängstliche Silvia, die da fügsam und still mit ihrem Kerkermeister im Lokal saß, ist mir eigentlich wesensfremd. Ich hätte aufschreien sollen, um mich schlagen, die Schuldigen laut beim Namen nennen, ohne Rücksicht auf die Folgen für Leib und Leben.

Doch spätestens, als ich gemeinsam mit Werner das Lokal verließ und wieder brav in sein Auto einstieg, war diese Chance vertan, die Freiheit zurückzuerlangen.

Im Haus der Seyferts musste ich schnellstens den Hosenanzug ausziehen und die Schminke abwaschen. Rita durfte keinen Verdacht schöpfen.

Werner lobte mich für mein »gehorsames Verhalten«: »Das war so etwas wie ein Test, Silvia. Ich wollte nur einmal prüfen, ob man dir trauen kann, wenn du sagst, dass du uns nicht verpfeifen würdest.«

Gegen Ende des Jahres nutzte er die Begegnungen mit mir immer häufiger, um sich einfach nur mit mir zu unterhalten.

Wir redeten über Gott und die Welt und natürlich immer wieder darüber, dass ich meine Freiheit wieder haben wollte. Irgendwann, für mich völlig überraschend, zeigte er sich grundsätzlich einverstanden. Doch müsste er alles noch einmal genau mit Rita durchsprechen. Ich glaube, zu diesem Zeitpunkt war er wirklich willens, mich laufen zu lassen. Aber er hatte Angst. Nicht nur vor der Polizei. Er fürchtete sich auch vor seiner Frau.

Im November 1982 fand ich eine Erklärung für Werners Wesensveränderung, für sein Phlegma und seine Launenhaftigkeit. Solche Eigenschaften hatte er früher nie an den Tag gelegt. Werner war rauschgiftsüchtig. Er spritzte sich regelmäßig Morphium. Wie lange schon, habe ich nie erfahren. In diesem November setzte er sich die erste Spritze in meinem Beisein, unten im Keller.

»Bitte, Silvia, du musst mir den Schuss setzen! Ich schaffe das nicht mehr.« Er sah erbärmlich aus, wie er da fast winselnd vor mir hockte; im Gesicht ganz fahl mit verschwitzten Haaren.

»Was ist das für eine Spritze? Bist du krank?« Ich wusste zunächst wirklich nicht, was mit ihm los war.

»Ich kann dir doch keine Spritze ins Fleisch jagen«.

Noch nie hatte ich so etwas gemacht, weder bei mir noch bei jemand anderem. »Geh doch zu einem Arzt oder ins Krankenhaus«, flehte ich ihn an.

Aber es half nichts. Er hörte nicht auf zu betteln. Ich müsste ihm helfen, seine Venen seien so schlecht, dass er selbst sie nicht mehr treffen könne. Er gab mir die Spritze und begann, seinen linken Oberarm mit einem schmalen Gurt abzubinden. Ich ekelte mich davor, die spitze Nadel in seinen Arm zu stechen. Andererseits genoss ich aber auch die Qual und die Hilflosigkeit dieses Mannes. Und so setzte ich den ersten Schuss. Ziemlich ängstlich und ungeschickt, aber auch felsenfest davon überzeugt, mir selbst so etwas nie antun zu können.

Werner Seyfert war zu diesem Zeitpunkt kein bedrohlicher Gegner mehr. Am liebsten hätte er alles ungeschehen gemacht. Davon bin ich heute noch mehr überzeugt als damals.

»Kannst du dir vorstellen, mich zu heiraten?«, fragte er wieder. Er sei doch in mich verliebt. Niemals hätte er so viel für eine Frau empfunden.

Das wollte mir partout nicht in den Kopf. Wie konnte man einen Menschen quälen bis aufs Blut, wenn man ihn angeblich liebte? Erst später, irgendwann in der Vorweihnachtszeit begriff ich, dass er wohl doch irgendwie in mich verliebt war. Zwar war mir weiterhin ein Rätsel, wie das zu vereinbaren war mit den brutalen Misshandlungen. Aber er sorgte sich anscheinend um mich und beschäftigte sich ernsthaft mit meiner Freilassung.

Sein sexuelles Interesse an mir war schließlich ganz erloschen. Ob das auch mit seinem steigendem Morphiumkonsum zusammenhing, weiß ich nicht. Manchmal versuchte er sogar, mich zu trösten, wenn ich wieder einmal in tiefe Depressionen gerutscht war.

Im Gegensatz zu meiner sich immer mehr verschlechternden psychischen Verfassung blieb mein körperlicher Gesundheitszustand weitgehend stabil. Und das trotz der Misshandlungen. Noch heute wage ich nicht darüber nachzudenken, was geschehen wäre, wenn ich mir bei den Seyferts eine ernsthafte, womöglich lebensbedrohende Krankheit zugezogen hätte. Hätten es die beiden riskiert, einen Arzt zu rufen oder mich in ein Krankenhaus zu bringen? Oder hätten sie mich sterben lassen und meine Leiche heimlich vergraben?

Solche Spekulationen beunruhigten mich auch, als ich von einem Tag auf den anderen heftige Bauchschmerzen bekam. Anscheinend war das eine akute Unterleibserkrankung. Doch von ärztlicher Versorgung wollte Werner erwartungsgemäß nichts wissen. Er selbst spritzte mir irgendein Medikament in mein Gesäß, von dem ich nie erfahren habe, was es war.

Und tatsächlich verschwanden die Schmerzen nach mehreren Injektionen. Allerdings bildete sich an einer Einstichstelle am Po ein großer schmerzhafter Abszess. Trotzdem dokterte Werner weiter an mir herum. Er drückte den Eiter heraus, desinfizierte die Wunde und verband sie. Doch diesmal blieb die dilettantische medizinische Behandlung nicht ohne Folgen. Der Abszess wollte und wollte nicht abheilen. Über zwei Monate lang schmerzte die eitrige Entzündung, die einen regelrechten Krater in die Pobacke fraß. Der füllte sich anschließend mit wildem Fleisch, das erst nach meiner Freilassung von einem Arzt fachgerecht weggeätzt wurde. Eine hässliche Narbe ist geblieben.

Je mehr es auf Weihnachten zuging, desto abweisender reagierte er, wenn ich ihn auf meine Freilassung ansprach. Alles Flehen und Betteln nützte nichts. Mögliche Termine für eine Freilassung, die er mir in schwachen Momenten in Aussicht gestellt hatte, warf er kurzerhand über den Haufen und meinte, ich müsste mich noch etwas gedulden.

Enttäuscht verlor ich jegliche Hoffnung. Irgendwie hatte ich doch schon fest mit einem Weihnachtsfest in Freiheit bei meinen Großeltern gerechnet. Hinzu kam, dass ich tagelang eingekerkert bleiben sollte. Denn die Seyferts hatten mir mitgeteilt, dass sie zweiwöchige Winterferien in Garmisch Partenkirchen verbringen würden.

Wie immer, wenn sie mich länger allein ließen, wurde ich mit ausreichend Proviant wie Dosenfisch, Knäckebrot, Tütensuppen und Keksen versorgt. Die einfallslose, ungesunde Kost, die ich seit Monaten erhielt, störte mich längst nicht mehr. Ich hatte mich inzwischen daran gewöhnt. Nur einmal in der Woche, nämlich sonntags, gestatteten mir die Seyferts eine warme Mahlzeit. Meistens war das ein Eintopf, den ich mit wahrem Heißhunger verschlang. Dabei musste ich immer an Großmutters Eintopf denken, den ich früher, verwöhnt wie ich war, so häufig verschmäht hatte.

Jetzt standen mir also zwei Wochen Isolationshaft bevor. Jeder, der es nicht erlebt hat, kann sich wohl kaum vorstellen, was es heißt, vierzehn Tage lang in einem kleinen, fensterlosen Raum eingeschlossen zu sein. Ich selbst hätte mir vorher nie zugetraut, eine solche Situation durchzustehen, und ich kann mich nur wiederholen: Letztendlich war es mein übermächtiger Wille zu leben, der mich davon abgehalten hat, wahnsinnig zu werden.

Nahe daran war ich so manches Mal, vor allen Dingen in der ersten Zeit meiner Gefangenschaft. Schreckliche Albträume rissen mich damals immer wieder aus dem Schlaf. Mal wurde ich von einer fremden Gestalt gewürgt, dass ich, nach Luft ringend, aufwachte. Mal schlug ich Werner Seyfert von hinten eine große Porzellanvase auf den Schädel. Aber er blieb unverletzt und drehte sich grinsend zu mir um.

Und immer wieder ein und derselbe Traum: Ich war frei, aber keiner wollte mir glauben, dass man mich monatelang gegen meinen Willen gefangen gehalten hatte.

Manchmal steigerte sich meine Verzweiflung zu einer regelrechten Todessehnsucht. Dass ich mir in dieser Verfassung blutende Verletzungen zufügte, in die ich Schmutz einrieb, waren aus heutiger Sicht wohl eher halbherzige Versuche, mich mit einer Blutvergiftung umzubringen. Damals allerdings, als ich schluchzend und blutverschmiert auf dem Boden lag, fühlte ich mich dem Tod schon näher als dem Leben.

Nachdem die Seyferts aus ihrem Winterurlaub zurückgekehrt waren, bekam ich Rita nur noch ganz selten zu Gesicht. Vermutlich hatte sie das Interesse an den sadistischen Spielen mit ihrer »Sklavin« verloren. Es mag wohl nur wenige Perversionen geben, die die beiden an mir nicht ausgelebt haben. Deshalb hatte ich für sie wohl den Reiz des Neuen verloren.

Da ich mit ihr nie über Persönliches sprach, sollte ich auch nie erfahren, ob sie von der Morphiumabhängigkeit ihres Mannes wusste. Der verfiel nämlich zusehends. In immer kürzeren Abständen verlangte sein Körper nach der Spritze, die ich ihm oft unten im Keller setzen musste.

Inzwischen war mir klar geworden, dass ich nur mit seiner Hilfe meine Freiheit wiedererlangen konnte. Er schien mir mehr und mehr zu vertrauen. Und ich zeigte mich freundlich und verständnisvoll, um ihn in Sicherheit zu wiegen.

KAPITEL 8

Die letzten Wochen in Gefangenschaft

Für mich hatte das Jahr 1983 begonnen, wie das Vorjahr zu Ende gegangen war: Ich war gefangen im Kellerverließ einer stattlichen Villa, eigentlich nur einen Katzensprung entfernt von meiner Familie, die von meinem Schicksal nichts wusste.

Wieder verstrichen Tage und Wochen, und es rückte der 10. Februar heran, der Tag, an dem ich vor einem Jahr meine Freiheit verlor. Mir kam die Zeit wie eine Ewigkeit vor. Nur widerwillig rief ich mir die ersten Tage meiner Gefangenschaft ins Gedächtnis, die Erniedrigungen und körperlichen Qualen, die ich erlitten hatte.

Wann war ich das letzte Mal unbeschwert und sorglos gewesen? Rosarot malte ich mir die Zeit vor der Begegnung mit den Seyferts aus. Ich idealisierte meine Kindheit, die Schule, mein Zuhause, sogar die Heimaufenthalte, einfach alles, was mein Leben in Freiheit ausgemacht hatte. Aber das schien so endlos lange her.

Ich weiß nicht mehr, wie viele Termine für meine Freilassung mir Werner Seyfert in den vergangenen Monaten in Aussicht gestellt hatte. Diesmal sollte mir der 26. April, mein 18. Geburtstag, die heiß ersehnte Freiheit wieder bringen, jedenfalls hatte Werner es versprochen.

»Mit achtzehn bist du nicht mehr minderjährig und kein Fall mehr für das Jugendamt«, behauptete er.

Er war mittlerweile davon überzeugt, ich würde mich an die Abmachung halten und später nichts über meine Gefangenschaft verraten. Erzählen sollte ich irgendeine erfundene Geschichte, die er sich im Detail noch zurechtlegen wollte.

»Das muss alles gut überlegt sein«, sagte er jedes Mal, wenn ich ihn drängte. »Deine Geschichte muss schlüssig sein, da darf auch kein Zweifel oder Verdacht aufkommen.«

Und immer wieder bekam ich die gleiche Drohung zu hören: »Wenn die Polizei hier aufkreuzt, bringe ich dich um!«

Die Erfahrung hätte mich lehren müssen, mich auf keine Versprechungen zu verlassen. Doch ich wollte meinen Geburtstag unbedingt in Freiheit feiern. Das wurde zu einer fixen Idee. Und ich hegte keinerlei Zweifel mehr am kurz bevorstehenden Ende meiner Gefangenschaft. Aber auch dieser Tag verstrich, ohne dass die Seyferts mich aus meinem Kerker herausholten. Abends brachte mir Werner Seyfert eine Flasche Sekt und eine Pizza.

Unsägliche Traurigkeit überfiel mich. Ich hatte das Gefühl, in ein tiefes, schwarzes Loch zu fallen, aus dem es kein Entrinnen mehr gab. Geduld hatte ich wahrlich genug gehabt. Jetzt war ich am Ende meiner Nervenkraft. Hoffen, um immer wieder enttäuscht zu werden, das wollte und konnte ich nicht mehr.

Wie gebannt starrte ich auf die kleine, weiße Spritze in der Ecke. Werner hatte sie achtlos auf dem Boden liegen lassen, nachdem er sich zuletzt hier unten Morphium gespritzt hatte.

Was für eine spitze Nadel solch eine Spritze hat, schoss es mir durch den Kopf. Einem inneren Zwang folgend, streckte ich die rechte Hand nach ihr aus, umfasste den Kolben und hieb die Nadel wie einen Dolch in meinen linken Unterarm. Der Schmerz war fürchterlich, aber er brachte mich wieder zur Vernunft. Wie konnte ich mich aufgeben, so kurz vor dem Ziel, nachdem ich über ein Jahr Unvorstellbares durchgestanden hatte? Ich untersuchte den verletzten Arm und stellte beruhigt fest, dass die Wunde zwar blutete, ich aber keine Vene getroffen hatte.

Es muss mitten in der Nacht gewesen sein, als ein schmerzhaftes Pochen in meinem linken Arm mich aufweckte. Auch das taube Gefühl in den Fingern schien mir nicht normal. Ich knipste das Licht an und sah die Bescherung: Bis zum Ellenbogen hoch war der Arm bereits angeschwollen. Wahrscheinlich hatte ich mir mit der verunreinigten Spritze eine Blutvergiftung zugezogen.

Schlagartig wurde mir klar, dass ich dringend ärztliche Hilfe brauchte. Aber wie sollte ich mich hier unten in dem schalldichten Verließ bemerkbar machen? Panische Hektik erfasste mich. Ich sprang auf und hämmerte mit der gesunden Faust gegen die Eisentür. »Werner, hilf mir doch!« Immer und immer wieder rief ich nach ihm.

Er konnte mich natürlich nicht hören. Dazu war der Kellerraum zu gut isoliert.

Doch es mag Zufall gewesen sein: Plötzlich wurde die Tür geöffnet, und er stand vor mir. Vor lauter Erleichterung fiel ich ihm um den Hals. Das war das erste und einzige Mal, dass ich mich über sein Erscheinen freute.

Während er meinen Arm untersuchte, erzählte ich ihm, wie es zu der Verletzung gekommen war. Obwohl er den Kopf leicht nach vorne gebeugt hatte, sah ich, dass sich seine Augen mit Tränen füllten.

»Mein Gott, das sieht ja furchtbar aus. Die Wunde muss aufgeschnitten werden.«

Auch diesmal wagte er es nicht, einen Arzt zu Rate zu ziehen. Mit einem Teppichschneider, den er zuvor desinfiziert hatte, ritzte er mir drei Öffnungen in Hand und Unterarm, um, wie er sich ausdrückte, »das Gift aus dem Körper fließen zu lassen«. Die Wunden saugte er zusätzlich mit dem Mund aus und spuckte das Sekret jedes Mal auf den Boden. Anschließend strich er Jod über die frischen Wunden und verband sie.

Angesichts der Narben, die noch heute sichtbar sind, frage ich mich oft, wie mein Körper derartige Kurpfuschereien überleben konnte. Aber wie auch immer, in diesem Fall hat mir Werner Seyfert wahrscheinlich das Leben gerettet.

Meine Selbstverstümmelung muss auf ihn eine schockierende Wirkung gehabt haben. Nicht nur, dass er noch nachdenklicher und bedrückter schien als vorher, er gestattete mir plötzlich auch Freiheiten und Annehmlichkeiten, von denen ich über ein Jahr lang nur hatte träumen können. Regelmäßig durfte ich mich von nun an in Ritas Abwesenheit oben in der Wohnung aufhalten. Ich bekam Farbstifte zum Zeichnen und häufiger eine warme Mahlzeit. Doch bevor ich mir Gedanken darüber machen konnte, ob er damit vielleicht nur sein schlechtes Gewissen beruhigen wollte, war der Tag meiner Freilassung gekommen; ganz unvermittelt, wie aus heiterem Himmel.

Es war der Pfingstsonntag 1983. Rita und Carla hatten das Haus verlassen, als Werner mich aus dem Keller nach oben in die Wohnung holte.

»Du hast versprochen, dichtzuhalten und nichts von dem zu verraten, was hier passiert ist«, sagte er todernst und schaute mir dabei eindringlich in die Augen. »Ich werde dich jetzt freilassen. Geh ins Badezimmer dich duschen und zurechtmachen. Ich lege dir inzwischen was zum Anziehen raus.«

Ich erledigte alles wie in Trance. Ließ das heiße Wasser der Dusche nur an meinem Körper herunterlaufen, ohne die Seife zur Hand zu nehmen. Nachlässig trocknete ich mich ab, sodass die Fliesen vor dem Waschbecken nass wurden.

Mein von Natur aus dunkles Haar war etwa bis in Kinnhöhe nachgewachsen und lag wie ein Rahmen um mein fahles, sehr schmal gewordenes Gesicht. Er hatte Recht! Ohne Schminke konnte ich nicht aus dem Haus gehen. Jedem Passanten musste meine Keller-Blässe ins Auge fallen.

Mechanisch zog ich die Sachen an, die Werner mir hingelegt hatte. Möglich, dass sie neu waren und nicht aus Ritas Kleiderschrank stammten.

Er beobachtete mich wortlos.

Mir war egal, was in seinem Kopf vorging. Hauptsache, er überlegte es sich nicht wieder anders und schickte mich zurück in den Keller.

»Ich habe dir noch ein paar andere Kleidungsstücke und Kosmetikartikel besorgt.« Er hielt einen Koffer in der Hand, den er anscheinend eigenhändig für mich gepackt hatte.

»Wir fahren jetzt nach Hannover.«

Vor Schreck hielt ich beim Ankleiden inne. Hannover? Was sollte ich in Hannover?

»Sei unbesorgt!« Ihm war nicht entgangen, wie mir der Schreck in die Glieder gefahren war. »In Hannover übernachten wir, und gleich morgen früh setze ich dich in den Zug nach Krefeld. Dahin willst du doch wohl?«

Natürlich wollte ich, was für eine Frage! Dennoch, der Umweg über Hannover beunruhigte mich. Steckte da eine Finte dahinter? Oder wollten mich die Seyferts nur weglotsen, um mich irgendwo umzubringen und die Spur zu verwischen?

Mein Misstrauen war geweckt. Zu oft hatte ich seinen Versprechungen geglaubt und zu oft waren meine Hoffnungen enttäuscht worden. Ich musste jetzt umso mehr auf der Hut sein, mir jeden Schritt, jedes Wort genauestens überlegen. Und vor allem wollte ich mich Werner gegenüber scheinbar kooperativ zeigen. Sollte ich gleich dieses Haus verlassen dürfen, wollte ich die Freiheit nie wieder aufgeben müssen. Vor allen Dingen wollte ich leben!

Während der Fahrt nach Hannover wurde nur wenig gesprochen. Ich verhielt mich schweigsam, weil ich fürchtete, ein falsches Wort könnte meine Freilassung gefährden. Und Werner Seyfert dachte anscheinend meist angestrengt nach, während er mit zusammengekniffenen Augen durch die Windschutzscheibe starrte.

Wenn er mich ansprach, dann nur, um wieder und wieder zu überprüfen, ob ich die von ihm erfundene Geschichte meiner langen Abwesenheit behalten hatte.

»Ich habe einen netten Typen kennen gelernt, mit dem bin ich zuerst nach Dortmund gefahren«, wiederholte ich dann jedes Mal die mir eingeimpfte Version. »Wir haben uns aber zerstritten. Auf jeden Fall konnte ich nicht mehr bei ihm wohnen. Nach Hause wollte ich auch nicht, weil ich mich geschämt habe und so lange nicht gemeldet hatte. Also bin ich mit ein paar Leuten nach Hannover, wo ich dann bei einer Clique Unterschlupf fand, die exotischen Silberschmuck herstellte und verkaufte. Dabei habe ich geholfen. Und natürlich war ich auch mit einem Typen in der Clique zusammen. Recht lange sogar, bis der sich in eine andere verknallt hat. Aber nicht nur deshalb will ich nach Hause zurück. Ich bin das ungeregelte Cliquenleben leid und denke, dass meine Familie nach so langer Zeit auch nicht mehr böse auf mich sein kann.«

Ich wusste, dass Großmutter und Mutter mir diese Geschichte nie abnehmen würden. Keine Woche hätte ich es ausgehalten, ohne mich zumindest telefonisch bei den Großeltern zu melden und Bescheid zu sagen, wo ich mich befand. Ich wusste doch, wie es Großmutter ging, als ich aus dem Erziehungsheim getürmt war. Außerdem wussten alle, dass ich freiwillig nie so lange weggeblieben wäre. Aber das alles verriet ich Werner natürlich nicht. Er sollte sich in Sicherheit fühlen.

In Hannover steuerte er ein großes Hotel in der Nähe des Hauptbahnhofs an.

»Hier übernachten wir«, sagte er, als der Wagen vor dem Portal hielt. »Und komm nicht auf die Idee, plötzlich wegzulaufen. Ich will, dass du ständig in meiner Nähe bleibst.«

Dabei hatte ich während der gesamten Fahrt nach Hannover kein einziges Mal daran gedacht, fortzulaufen. Ich hatte Angst, dass er eine Schusswaffe bei sich trug. Schließlich hatte er häufig genug damit gedroht, mich zu töten.

An der Rezeption mietete er ein Doppelzimmer für eine Nacht. Er nahm den Schlüssel entgegen und trug meinen Koffer zum Lift.

»Mach ein freundliches Gesicht«, raunte er mir zu, »willst du, dass man auf uns aufmerksam wird? Du musst lächeln und nicht dreinschauen, als würde der Galgen auf dich warten.«

Mehr als ein gequältes Grinsen wollte mein angespanntes Nervenkostüm allerdings nicht zulassen. Außerdem hatte ich gemerkt, dass unser Zimmer im dreizehnten Stock lag. Sollte das ein böses Omen sein?

Wir haben im Restaurant des Hotels noch gut und teuer gegessen. Aber als nach dem Betreten des Hotelzimmers die Tür hinter uns zufiel, kroch die alte Angst wieder in mir hoch.

Doch ich riss mich zusammen und ließ mir nichts anmerken.

»Weiß Rita eigentlich, dass du mit mir hier in Hannover bist?« Ich bekam keine Antwort auf meine Frage. Stattdessen erzählte er mir von Ritas Vorhaben, mich in den Selbstmord zu treiben.

»Wenn es nach ihr gegangen wäre, würdest du heute nicht mehr leben«, behauptete er.

Keine Ahnung, ob das die Wahrheit war. Aber Rita traue ich alles Schlechte zu.

Werner war kurz im Bad verschwunden, wahrscheinlich um sich seine Dosis Morphium zu spritzen. Als er wieder das Zimmer betrat, warf er mir einen merkwürdigen, irgendwie boshaften Blick zu.

Was hatte er vor? Wollte er mich aus dem Fenster stoßen? Aus dem dreizehnten Stock? Doch dann beäugte ich argwöhnisch das breite Doppelbett, dessen Zudecke er jetzt zurückschlug, obwohl es noch früh war.

»Zieh dich aus und mache es dir bequem!«

Seine Stimme klang merkwürdig, so wie damals, wenn er mich aufforderte, ihn und Rita zu »verwöhnen«.

»Ich möchte irgendetwas zu lesen haben!«, sagte ich betont forsch, um mir meine Furcht nicht anmerken zu lassen. Nichts wie raus hier aus diesem Zimmer, bevor er auf die Idee kam, sich auf mich zu stürzen.

»Unten an der Rezeption gibt es Illustrierte«, reagierte er keineswegs unwillig und griff nach seinem Sakko, den er bereits ausgezogen hatte.

»Komm mit, ich kauf dir welche.«

Wieder oben im Zimmer, hielt mir Werner den Telefonhörer hin: »Ruf jetzt deine Großeltern an! Sag ihnen, dass du morgen kommst. Aber kein Wort mehr! Hast du mich verstanden?«

Wie hypnotisiert nahm ich den Hörer in die Hand. Automatisch wählte mein rechter Zeigefinger die richtige Nummer. Das Freizeichen ertönte nur kurz. Dann meldete sich eine mir wohl bekannte Stimme mit »Korf«.

»Großmutter, ich bin's, Silvia. Ja, du hast richtig gehört, S-i-l-v-i-a!«

»Wo bist du? Wie geht es dir? Wo warst du so lange?« Ich kam gar nicht dazu, etwas zu sagen.

Werner gab mir ein Zeichen.

»Ich kann dir jetzt nichts erklären«, unterbrach ich Großmutters Redeschwall, »nur so viel: Morgen komme ich mit dem ersten Zug aus Hannover am Hauptbahnhof an. Hole mich doch bitte ab, bitte.«

Und schon hatte Werner die Gabel gedrückt und die Verbindung unterbrochen. Aber was hätte ich Großmutter in seinem Beisein auch noch sagen sollen? Die Wahrheit schon gar nicht. Und wann der Zug in Krefeld ankommen würde, wusste ich noch nicht einmal. War nur zu hoffen, dass Großmutter das herausfinden würde. Denn irgendwie fürchtete ich mich davor, aus dem Zug zu steigen, ohne dass jemand da war.

Was wäre das für ein Neuanfang?

Werner nahm mir fast zärtlich den Hörer aus der Hand. Irgendwie schien ihn das kurze Gespräch zwischen Großmutter und mir berührt zu haben. Jedenfalls machte er in der Nacht keine Anstalten mehr, mich zu belästigen. Während er allein in dem riesigen Bett schlief, hockte ich auf dem Fußboden, um ganz sicher zu gehen, dass er mich nicht berührte. Natürlich machte ich kein Auge zu. Ich blätterte eine Illustrierte nach der anderen durch. Als ich alle ausgelesen hatte, nahm ich sie mir ein zweites Mal vor.

Das Licht musste sowieso anbleiben. Daran hatte ich mich während meiner Gefangenschaft gewöhnt. Eine Manie, die ich übrigens bis heute nicht abgelegt habe: Ohne irgendein Lämpchen kann ich nicht schlafen.

Als es dämmerte, konnte ich es kaum abwarten, bis er aufwachte. Doch er schlug die Augen erst auf, als es bereits hell war. Obwohl ich die ganze Nacht nicht geschlafen hatte, war ich putzmunter. Ganz im Gegensatz zu ihm, der nur schwer aus dem Bett kam und sich mit zittrigen Händen die verquollenen Augen rieb. An diesem Morgen fiel mir wieder auf, wie entsetzlich schlecht er aussah. Ganz grau und eingefallen, die faltige Haut dünn wie Pergamentpapier. Kein Wunder, dass Rita fast nie mehr zu Haus war. Werner war ein drogenabhängiger, alter Mann, der seiner jungen Frau vermutlich nur noch im Weg war.

Werner wollte unbedingt noch im Hotel frühstücken, obwohl ich es furchtbar eilig hatte, zum Bahnhof zu kommen.
»Es reicht, wenn wir zehn Minuten vor Abfahrt des Zuges auf dem Bahnsteig sind.«

Alles Drängen nützte nichts. Ich brachte keinen Bissen hinunter, sondern zündete mir eine Zigarette nach der anderen an.

»Du rauchst dich noch zu Tode.«

Das aus Werners Mund zu hören, war paradox, geradezu komisch. Aber mir fehlte an diesem Morgen jeglicher Sinn für Humor. Ich war vor lauter Aufregung zu nervös und verkrampft, um schmunzeln zu können.

Als wollte er mich zum Abschied noch einmal quälen, zog er sein Frühstück deutlich in die Länge. Noch ein Brötchen und ein Kännchen Kaffee. Und ein zweites Glas Orangensaft musste es auch sein. Dabei redete er fast unentwegt, wie berauscht, selbst mit vollem Mund:

»Mit dir fange ich noch einmal ganz neu an. Du wirst es gut bei mir haben. Den Führerschein kannst du machen und verreisen werden wir beide, so weit und so viel du willst.«

Ich wiedersprach mit keinem Wort. Das meiste hatte ich mir schon wer weiß wie oft anhören müssen.

»Es wird Zeit, lass uns gehen!«

Als hätte Werner die Absurdität seines Geredes plötzlich erkannt, stand er unvermittelt auf und ging zur Rezeption, um die Rechnung zu bezahlen. Danach drückte er mir einen Zettel in die Hand.

»Das ist die Ankunftszeit deines Zuges in Krefeld. Die kannst du ja gleich in der nächsten Telefonzelle deinen Großeltern durchgeben.«

Wir machten uns zu Fuß auf zum Bahnhof, der nur wenige Minuten entfernt lag. Die Telefonzelle stand auf dem Bahnhofsvorplatz. Diesmal meldete sich Großvater. Der fragte nicht so viel, sondern notierte wie selbstverständlich die Zeit, so als käme seine Enkelin zurück von einem Wochenendausflug. Aber so war er eben: liebenswert und hilfsbereit, aber auch leichtlebig und oberflächlich.

Doch als er sagte »Natürlich werden wir pünktlich sein«, hörte ich die Rührung in seiner Stimme.

Während Werner mit meinem Koffer in der Hand neben mir herging, fing er schon wieder an, mir wortreich seine Liebe zu erklären. »In zwei Tagen rufst du mich an, versprichst du mir das? Dann machen wir Pläne für die Zukunft«.

Alles versprach ich, alles, was er wollte. Ich durfte nur nicht den Zug verpassen.

In der Hochstimmung, in die er sich mithilfe des Morphiums hineingeredet hatte, kannte seine Großzügigkeit kaum Grenzen. Am Schalter kaufte er mir eine Fahrkarte erster Klasse und drückte mir 100 Mark in die Hand.

»Fürs Erste«, wie er sich ausdrückte. »Außerdem brauchst du noch Reiseproviant.«

Werner hielt an einem Kiosk und kaufte mir Schokolade, Obst und Zigaretten.

»Und packen Sie mir bitte doch auch noch die zwei Blumensträuße ein«, bat er die Verkäuferin und deutete auf die schon fertig gebundenen bunten Sträuße.

Was hatte er mit den Blumen vor?

»Einen für deine Großmutter und einen für deine Mutter«, sagt er nicht ohne einen gewissen Stolz.

»Du kannst doch nicht ohne etwas in der Hand nach so langer Zeit einfach wieder zu Hause auftauchen.«

Sprachlos nahm ich die beiden Sträuße entgegen. Plötzlich hasste ich diesen Mann wieder aus ganzem Herzen. Am liebsten hätte ich ihm die Blumen hier vor allen Leuten ins Gesicht geschleudert.

Als auf dem Bahnsteig zwei Bahnpolizisten auftauchten, wollte ich instinktiv sofort zu ihnen laufen. Aber was hätte ich denen sagen sollen? Etwa: »Helfen Sie mir! Nehmen Sie den Mann dort hinten fest, den mit den Blumen in der Hand! Ich bin monatelang von ihm gequält worden.«

In diesem Moment wurde mir bewusst, dass der Traum, der mich während der letzten Monate wieder und wieder aus dem Schlaf gerissen hatte, eine Vorahnung beinhaltete: Man würde mir keinen Glauben schenken! Das, was mir widerfahren war, musste sich für Unbeteiligte wie eine erfundene Horrorgeschichte anhören.

Ich rannte also nicht zu den Bahnpolizisten. Mein Zug kam. Werner half mir beim Einsteigen und reichte mir den Koffer an.

»In zwei Tagen, wenn deine Familie sich beruhigt hat, dann rufst du an«, rief er mir nach, als sich der Zug nach kurzem Aufenthalt in Bewegung gesetzt hatte. Und er winkte zum Abschied mit erhobener Hand, als wäre er ein guter Freund.

Bepackt mit Koffer, Proviant und Blumen, suchte ich mir ein leeres Abteil. Ich wollte jetzt unbedingt allein sein. Ich hatte allerdings auch Angst, dass sich im Zug irgendwo ein Wächter oder sogar Killer befand, der von den Seyferts engagiert worden war. Mein Herz schlug jedes Mal höher, wenn einer der wenigen Mitreisenden auf dem Gang auftauchte, die Abteiltür öffnete und fragte, ob noch ein Platz frei wäre.

Aber auch ohne diese Adrenalinschübe konnte ich die neue Freiheit noch nicht genießen. Meine Nerven waren bis zum Zerreißen gespannt. Bald würde ich zu Hause sein. Aber es dauerte noch so unendlich lange. Ich konnte das Warten auf meinem Fensterplatz kaum ertragen.

KAPITEL 9

Rückkehr in die Freiheit

Rund vier Stunden dauerte die Fahrt von Hannover bis Krefeld. Als der Zug anfing zu bremsen und das Schild Krefeld-Hauptbahnhof im Fenster auftauchte, war mein Magen vor lauter Aufregung wie zusammengeschnürt.

Würde ich tatsächlich vom Bahnhof abgeholt werden? Und wenn, wer mochte da sein? Nur Großmutter oder auch Großvater und meine Mutter? Wie würden sie sich mir gegenüber verhalten? Womöglich enttäuscht und abweisend?

Nein, das wollte und konnte ich mir nicht vorstellen. Auch wenn sie die Umstände meiner Abwesenheit nicht kannten, würden sie sich doch über meine Heimkehr freuen. Da war ich auf einmal ganz sicher.

Noch bevor der Zug endgültig zum Stehen kam, hatte ich meinen Fensterplatz verlassen, den Koffer in die Hand genommen und war auf wackeligen Beinen zum Ausstieg am Ende des Wagons gestolpert. Sogar die beiden Blumensträuße hatte ich mir unter den Arm geklemmt. Eigentlich hatte ich sie im Abteil liegen lassen wollen. Ein geradezu makabres Mitbringsel, wie ich fand. Aber irgendein Mitreisender im Abteil hätte mir die Blumen womöglich nachgetragen oder laut hinter mir hergerufen: »Hallo, Sie haben etwas vergessen!« Und ich wollte im Moment alles andere, als auf irgendeine Art und Weise Aufsehen erregen.

Laut quietschend kam der Zug schließlich zum Halten. Und da sah ich sie auch schon stehen: Mutter, Großmutter und Großvater, alle drei nebeneinander. Mit den Augen suchten sie aufmerksam die Wagonfenster ab. Doch mich konnten sie nicht sehen, weil ich direkt hinter der Wagontür stand – die rechte Hand bereits auf dem Griff, der sich jetzt endlich nach unten drücken ließ.

Ein Sprung, und ich landete auf dem Bahnsteig und gleich darauf in Großmutters Armen. »Mein Gott, mein Kind, bist du dünn geworden.«

Mir schossen die Tränen nur so aus den Augen. Ganz fest hielt ich sie umarmt, mein Gesicht an ihre Wange gedrückt, sodass ich spürte, wie auch ihr Tränen die Backen hinunterliefen. Mit der Hand fuhr sie mir immer und immer wieder über die Haare. Was tat das gut, wieder liebevoll gestreichelt zu werden.

»Wie gut, dass wir dich wiederhaben, Silvia. Du hast uns allen ja so gefehlt.« Großmutters stilles Weinen war in lautes Schluchzen übergegangen.

Umständlich kramte sie nach einem Taschentuch, um sich die Augen zu trocknen und die Nase zu schnäuzen. Ich hatte die Arme von ihrem Hals genommen und nahm jetzt erst wieder, durch einen Tränenschleier, Mutter und Großvater wahr, die beide mit feuchten Augen kurz davor waren, in unser Heulkonzert einzustimmen.

»Mami! Großvater!«

Ich war auf die beiden zugestürzt.

»Wer hat dir bloß die Haare geschnitten, die Frisur ist ja fürchterlich!«

So etwas konnte in solch einem Moment nur meine Mutter sagen. Wie immer, wenn Gefühle sie zu überwältigen drohten, beschäftigte sie sich mit etwas ganz Banalem, um vor lauter Rührung nicht in aller Öffentlichkeit die Fassung zu verlieren.

Natürlich erzählte ich hier auf dem Bahnsteig nicht, dass man mich kahl geschoren hatte und meine Haare einfach nur so nachgewachsen waren. In meiner Verfassung war ich gar nicht in der Lage, einen zusammenhängenden Satz von mir zu geben. Ebenso wie Großmutter.

»Nie mehr lasse ich dich weg, nie mehr!«

Wieder schniefte sie in ihr Taschentuch. Ich küsste sie auf die tränennasse Wange. Wie oft in den vergangenen fünfzehn Monaten hatte ich voller Verzweiflung von diesem Wiedersehen geträumt. Und wie oft war ich nahe daran gewesen, jegliche Hoffnung zu verlieren. Von Rührung förmlich überwältigt, schlug ich die Hände vors Gesicht und fing, ungeachtet des Aufsehens, das wir erregen mussten, wieder an, hemmungslos zu weinen.

Hätte Großvater nicht ein Machtwort gesprochen und uns zum Aufbruch gemahnt, hätten wir uns wahrscheinlich nicht von der Stelle bewegt.

»Jetzt hätten wir beinahe die Blumen vergessen.« Großvater bückte sich und ergriff die zwei Blumensträuße, die ich bei der stürmischen Begrüßung achtlos hatte fallen lassen.

»Darf ich raten? Mir hast du wahrscheinlich nichts mitgebracht«, neckte er mich mit einem Augenzwinkern und drückte den beiden Frauen jeweils einen Strauß in die Hand. »Nun bedankt euch auch, ihr Heulsusen!«

Ich hätte vor Scham im Boden versinken können, wie Großmutter und Mutter da jetzt diese Blumen voller Rührung in der Hand hielten. Hätte ich das Zeug doch noch im Zug weggeworfen!

Äußerlich hatten sich alle drei kaum verändert. Großvater hatte ein paar Haare mehr verloren. Großmutter wirkte etwas fülliger um die Hüften herum, während mir Mutter schmaler als früher erschien, vor allen Dingen im Gesicht. Aber das nahm ich erst auf den zweiten und dritten Blick wahr.

Als ich die Wohnung meiner Großeltern betrat, fühlte ich mich sofort wieder zu Hause. Alles sah fast so aus, als hätte ich erst gestern das Haus verlassen. Ich steuerte sofort auf mein altes Zimmer zu. Ob auch dort noch alles an seinem Platz war?

Oder ob sie mir das Zimmer weggenommen hatten? Die Tür stand einen breiten Spalt auf, und schon beim Näherkommen fiel mir ein Stein vom Herzen: Nichts, aber auch gar nichts war verändert worden. Jetzt war ich richtig daheim. Dieses Zimmer war der Beweis. Sie hatten auf mich gewartet, mich nicht aufgegeben und nicht vergessen.

»Sieh dich ruhig um!« Großmutter war mir in mein Zimmer gefolgt.

»Wir haben alles so beibehalten, wie du es zurückgelassen hast. Das heißt, etwas kennst du noch nicht.«

Sie war an das Bett getreten und hatte ein kleines Päckchen vom Kissen genommen, das sie mir in die Hand gab.

»Pack es aus, das ist dein Weihnachtsgeschenk, das hier schon seit Monaten auf dich wartet. Ich habe ja jeden Tag, eigentlich jeden Moment, mit deiner Heimkehr gerechnet.«

Vor lauter Rührung traten mir wieder die Tränen in die Augen. Mit zittrigen Fingern öffnete ich das Weihnachtspapier. Zum Vorschein kam ein längliches Etui, in dem eine zierliche Armbanduhr lag.

»Ich hoffe, sie gefällt dir.« Auch Großmutter wischte sich jetzt wieder mit dem Handrücken über die feucht gewordenen Augen.

»Wir haben wohl beide nah am Wasser gebaut«, sagte sie betont burschikos. »Nun ist aber Schluss mit der Heulerei. Schließlich ist das ja heute ein Freudentag.«

Als sie mich aufforderte, doch hinüber zu den anderen ins Wohnzimmer zu gehen, um endlich alles zu erzählen, bat ich sie eindringlich, mich noch eine Weile allein in meinem Zimmer zu lassen.

»Ich bin noch zu durcheinander«, entschuldigte ich mich.

»Aber spätestens zum Essen will ich dich bei uns am Tisch sehen!«

Damit ging Großmutter aus meinem Zimmer und zog die Tür hinter sich zu, nicht ohne mich besorgt angeschaut zu haben. Als ahnte sie, dass mir irgendetwas ganz Schlimmes widerfahren war.

Was ich bisher während der kurzen Zeit meiner neuen Freiheit verdrängt hatte, wollte mir von nun an nicht mehr aus dem Kopf gehen: Sollte ich zur Polizei gehen und die Seyferts anzeigen und damit ständig in der Angst leben, von Werner Seyfert umgebracht zu werden? Oder sollte ich besser schweigen, in der Hoffnung, irgendwann alles vergessen zu können und ein neues, glückliches Leben vor mir zu haben?

Ich war mir unschlüssig. Mein Gerechtigkeitsgefühl sagte mir, dass die Seyferts nicht so einfach davonkommen durften. Andererseits wurde ich von einer furchtbaren Angst eingeschüchtert. Ich war wie ein verwundetes Tier, das nur seine Ruhe haben will, um sich von seinen Verletzungen zu erholen und zu neuen Kräften zu kommen.

Während sich die Gedanken in meinem Kopf überschlugen und ich in meinem Zimmer hin und her lief, war hinter meinem Rücken meine Mutter leise hereingekommen.

»Du machst es ja richtig spannend.«

Erschrocken wandte ich den Kopf in Richtung Tür, wo sie stehen geblieben war. In den vergangenen Monaten war ich immer auf der Hut gewesen, hatte jedes kleinste Geräusch instinktiv wahrgenommen. So, wie jetzt meine Mutter, hätte man mich nicht überraschen können. Du wirst unvorsichtig, sagte ich mir und erklärte mich gleichzeitig für verrückt, weil mir hier, bei meiner Familie, nun wirklich keine Gefahr mehr drohte.

Ich begriff noch nicht, dass ich zwar aus dem Kerker heraus war, seelisch aber noch in Gefangenschaft steckte.

»Nun sag schon, wo hast du die ganze Zeit gesteckt?« Mutter lehnte sich jetzt mit dem Rücken gegen den Türrahmen und verschränkte die Arme vor der Brust. Ein untrügliches Zeichen dafür, dass sie so schnell nicht wieder den Raum verlassen würde, jedenfalls nicht, bevor sie Bescheid wusste.

»Über ein Jahr lang warst du wie vom Erdboden verschluckt. Warum hast du uns nicht einmal mitgeteilt, wo du warst?«

Ich wagte nicht, ihr in die Augen zu schauen. Was konnte ich antworten? Die erfundene Geschichte von der Hannoveraner Wohngemeinschaft, die Werner Seyfert mir eingetrichtert hatte, erschien mir lächerlich. Mutter würde sich mit solchen Lügen sicher nicht zufrieden geben. Ich wusste mir keinen Rat.

»Sei nicht so stur, Silvia. Keiner verschwindet einfach so ohne Grund. Hast du was angestellt?«

Meine Mutter würde nicht eher Ruhe geben, bis ich ihr plausible Antworten geliefert hatte. So gut kannte ich sie.

»Natürlich bin ich nicht einfach so verschwunden«, platzte es schließlich aus mir heraus. »Man hat mich gefangen gehalten, die ganze Zeit lang.« Meine Stimme überschlug sich. »Eingesperrt war ich in einem Keller, wie ein Tier. Und du fragst mich, ob ich was angestellt habe.«

Ich brach erneut in Tränen aus und nahm meine Mutter erst wieder wahr, als sie vor mir stand und mein Gesicht ganz fest in ihre Hände nahm.

Aus weit aufgerissenen Augen starrte sie mich an: »Was sagst du da? Wer hat dich eingesperrt? Und warum?«

»Das darf ich nicht verraten«, schluchzte ich, »die bringen mich sonst um.«

»Wer sind die?«

Mutters Hände umschlossen meinen Schädel wie eine Zange, als wollte sie die Wahrheit aus ihm herauspressen.

»Silvia, ich will sofort wissen, wer dir nach dem Leben trachtet. Und keine Ausflüchte mehr!«

Und dann sprudelte die Wahrheit aus mir heraus, hemmungslos, ohne Rücksicht auf die Morddrohung, mit der Werner Seyfert mich mundtot machen wollte. Schnell stand im Gesicht meiner Mutter das blanke Entsetzten. Als ich ihr meine Narben und Tätowierungen am Körper zeigte, schlug sie die Hände vor den Mund, als müsste sie ein Schreien unterdrücken.

Immer und immer wieder bedrängte sie mich, endlich zu sagen, wer mir das alles zugefügt hatte.

Doch ich schüttelte den Kopf: »Ich habe zu viel Angst. Nur weil ich versprochen habe, nichts zu verraten, bin ich überhaupt freigekommen.«

Mit ihren bohrenden Fragen kam meine Mutter schließlich selber auf den Namen »Seyfert«.

»Haben die vielleicht etwas mit deinem Verschwinden zu tun gehabt?«

Und sie erzählte, was mir Werner Seyfert damals mitgeteilt hatte. Dass sie nämlich bei den Seyferts gewesen sei, um sich nach mir zu erkundigen.

Jetzt erfuhr ich, dass sie die ganze Zeit nicht an mein freiwilliges Verschwinden geglaubt hatte. Und die Seyferts, die sie so von oben herab abgewimmelt hätten, seien ihr immer verdächtig gewesen.

Nie zuvor waren meine Mutter und ich uns so nah. Auch wenn ich ihr nicht sagen konnte, wie Recht sie mit ihrem Verdacht hatte. Sie war es, der ich als Erste mein Herz ausschüttete.

Ich konnte nicht aufhören. Es tat so gut zu klagen. Endlich war da jemand, der Mitleid hatte. Doch als ich schilderte, wie man mir die Schamlippen mit einer Lochzange durchbohrt hatte, hielt sich meine Mutter voller Abscheu die Ohren zu: »Hör auf, oder mir wird übel!«

Und plötzlich schämte ich mich, diese schrecklichen Details so ausführlich erzählt zu haben; ohne Rücksicht auf die Gefühle meiner Mutter, die schon gar keine Farbe mehr im Gesicht hatte. »Wir müssen dich zu einem Arzt bringen. Besser noch in ein Krankenhaus«, sagte meine Mutter, als sie sich einigermaßen gefasst hatte. Sie meinte, dass man meine Wunden unbedingt richtig behandeln müsse.

Als ich lauthals protestierte und mich weigerte, die Nacht woanders zu verbringen als in meinem Zimmer, gab sie nach: »Nun gut, dann gehen wir eben morgen früh zum Arzt.«

Meine Großeltern waren außer sich, nachdem meine Mutter sie über die Hintergründe meines Verschwindens aufgeklärt hatte. Sie hat ihnen allerdings die grausamen Misshandlungen nicht im Einzelnen beschrieben. Das hätten sie wohl kaum verkraftet. Während Großvater sich anschließend betroffen und schweigsam in seinen Sessel verkroch, kam Großmutter im Nachthemd zu mir ins Zimmer, schloss die Tür hinter sich und deckte das frisch bezogene Bett auf.

»Jetzt aber ab in die Federn, du siehst todmüde aus«, sagte sie in ihrem rauen, aber herzlichen Befehlston, der mir so vertraut war.

Vermutlich habe ich wie der Tod ausgesehen. Aber ich konnte noch nicht schlafen. Ich war zu aufgewühlt, zu durcheinander. Erst als Großmutter sich zu mir legte und mir sanft die Zudecke unters Kinn zog, ließ die Anspannung nach. Ich fühlte mich zurückversetzt in meine Kindertage, in denen sie mir immer einen Gute-Nacht-Kuss auf die Wange gedrückt und die Bettdecke glatt gestrichen hatte.

Irgendwann fielen mir dann doch die Augen zu, nachdem ich schon eine ganze Weile Großmutters Schnarchen zugehört hatte. So tief und unbeschwert hatte ich unzählige Nächte nicht mehr geschlafen. Als ich im Morgengrauen die Augen öffnete, lag Großmutter immer noch neben mir.

Ich war gerade aufgestanden, um noch vor meinen Großeltern ins Bad zu gehen, als auch schon meine Mutter in der Tür stand, um mich zu ihrem Hausarzt zu begleiten. Sie wohnte jetzt gleich um die Ecke und hatte, wie sie sagte, die ganze Nacht über wachgelegen. Kein Wunder, dass sie so früh auf der Matte stand.

Im Wartezimmer des Arztes saßen zu so früher Stunde nur wenige Patienten, und wir wurden ziemlich schnell ins Behandlungszimmer gerufen. Dr. Wismar, Mutters Hausarzt, hatte die Sechzig mit Sicherheit schon überschritten: ein grauhaariger, freundlich lächelnder Mann im weißen Kittel, der etwas Väterliches ausstrahlte. Mutter erklärte ihm, was mit mir geschehen war.

»Womöglich hat Silvia noch weit schlimmere Verletzungen, als die, die man sehen kann.«

Mutter hatte unser Anliegen erstaunlich sachlich und bestimmt vorgebracht. Das war gut so, denn ich hätte es kaum gekonnt. Ich wäre vermutlich nur wieder in Tränen ausgebrochen und hätte unzusammenhängendes Zeug gestammelt. Deshalb überließ ich ihr auch weiterhin das Reden und sprach nur, wenn ich direkt gefragt wurde. Das geschah allerdings selten. Denn der Arzt war sensibel genug, um zu bemerken, wie verstört ich war und dass es mir Höllenqualen bereiten würde, das Erlittene zu schildern. Damals ahnte ich noch nicht, wie viele weit weniger einfühlsame Befragungen mir noch bevorstanden.

Obwohl ich gleich Vertrauen zu Mutters Hausarzt gefasst hatte, zögerte ich zuerst, als er mich aufforderte, hinter dem Wandschirm die Kleider abzulegen. Nackt vor den fremden Mann zu treten, auch wenn er Arzt war, schien mir unmöglich. So sehr schämte ich mich der Wunden und Tätowierungen.

Schließlich zog ich mich doch aus und legte mich auf die Behandlungsliege, nachdem Dr. Wismar kurz den Raum verlassen hatte. »Ich bin gleich wieder da«, hatte er gesagt. Das machte es mir leichter, hinter dem schützenden Wandschirm hervorzukommen.

Während der Arzt mich untersuchte, sprach er nur wenig. Er gab nur ein paar Anweisungen und stellte ein paar Fragen. Erst als er die Untersuchung abgeschlossen und sich von mir abgewandt hatte, um am Waschbecken die Hände zu reinigen, ließ er sich seine Betroffenheit anmerken:

»Das ist das Furchtbarste, was ich je in meiner jahrzehntelangen Arztpraxis gesehen habe. Und ich habe viel gesehen.«

Während ich mich hinter dem Wandschirm wieder anzog, hörte ich, wie er meine Mutter darin bestärkte, sofort mit mir zur Polizei zu gehen.

»Das sind bestialische Verbrecher, die Ihre Tochter so verstümmelt haben«, empörte er sich, »die gehören hinter Gitter.«

Danach füllte Dr. Wismar mehrere Überweisungsformulare aus. Ich müsste auf jeden Fall noch von verschiedenen Spezialisten eingehender untersucht werden, sagte er. Erst die könnten ernsthafte gesundheitliche Folgeschäden ausschließen. Er sei ja nur ein einfacher Allgemeinmediziner und nicht mit der neuesten Technik ausgestattet.

Besondere Sorgen machten ihm meine Augen, die wegen des langen Aufenthalts in dem fensterlosen, nur spärlich beleuchteten Verließ ausgesprochen lichtempfindlich reagierten. Tatsächlich brannten sie ständig, vor allem draußen im Tageslicht, das ich kaum ertragen konnte. Dr. Wismar überwies mich also zu einem Augenarzt, einem Gynäkologen, einem Internisten und einem Hautarzt, der den hässlichen, mit wucherndem Fleisch vernarbten Abszess auf meiner Pobacke behandeln sollte.

In den folgenden Tagen ging ich gemeinsam mit meiner Mutter zu den verschiedenen Ärzten. Jedes Mal wäre ich am liebsten schon aus dem Wartezimmer weggelaufen. Aber meine Mutter saß neben mir wie einen Gouvernante und ermahnte mich, an meine Gesundheit zu denken. »Du musst dich nicht schämen«, versuchte sie mich zu beruhigen. »Erstens hast ja nicht du deinen Körper entstellt, sondern du bist misshandelt worden. Und zweitens sind solche Untersuchungen für die meisten Ärzte Routine. So ein Gynäkologe hat, im Gegensatz zu Dr. Wismar, schon ganz andere Sachen behandeln müssen.«

Damit lag meine Mutter allerdings ganz falsch. Alle Ärzte, ohne Ausnahme, wollten nicht glauben, was sie bei den Untersuchungen sahen. Auch wenn ich die Augen die meiste Zeit geschlossen hielt, spürte ich das Entsetzen und die Ratlosigkeit des jeweiligen Facharztes, wenn sie zum Beispiel die Tätowierungen an meiner Brust sahen oder meine Mutter ihnen das Zustandekommen einzelner Narben erklärte.

Anders als Dr. Wismar nahmen die meisten allerdings wenig Rücksicht auf meine labile psychische Verfassung, die sich in den paar Tagen natürlich noch nicht hatte stabilisieren können. Meistens wollten sie mich gar nicht mehr aus ihrer Praxis fortlassen. Ich wurde mit Fragen bombardiert. Alle möglichen Details wollten sie wissen und vor allem, wer mir das alles zugefügt hatte und warum.

Doch ich weigerte mich weiterhin eisern, die Täter beim Namen zu nennen. Selbst die bohrenden Fragen meiner Mutter prallten an mir ab. Auch wenn sie mir drohte: »Dann schleife ich dich eben zur Polizei.«

Aber irgendwann spürte ich, dass mein Widerstand nachließ. Wahrscheinlich, weil die Bedrohung durch Werner Seyfert nicht mehr so gegenwärtig war. Ich sah ihn nicht mehr, hörte, fühlte und roch ihn nicht mehr. Er rückte in immer weitere Ferne.

Nein, das stimmt nicht ganz. In Wirklichkeit spukten die Seyferts noch immer in meinem Kopf herum. Manchmal, wenn ich etwas entspannter war, überlegte ich, dass die Drohung, mich umzubringen, vielleicht gar nicht so ernst gemeint war. Schließlich hatte er doch behauptet, mich zu lieben. Und wen man liebt, den tötet man doch nicht.

Liesel, eine enge Freundin meiner Mutter, war die Erste, der ich eher unfreiwillig die Namen meiner Peiniger nannte. In einem Gespräch unter vier Augen hatte sie mir Feigheit vorgeworfen. »Mit deinem Schweigen deckst du doch die Täter, die sich jetzt ein neues Opfer suchen können. Wenn ein anderes junges Mädchen in ihre Hände fällt, trägst du eine Mitschuld. Weil du geschwiegen hast! Darüber musst du dir im Klaren sein.«

Auf Liesels unverblümte Art, ihre Meinung zu sagen, hatte ich zunächst mit Unwillen reagiert: Was fiel ihr ein, so zu reden? Doch ihre Provokation hatte Erfolg. Bei dem Versuch, mich und meinen Standpunkt zu verteidigen und meine Furcht zu rechtfertigen, war mir herausgerutscht, dass ich die ganze Zeit in der Nähe, in Kamp-Linfort, eingesperrt gewesen war. Von nun an war es keine große Kunst mehr, mir alles zu entlocken.

»Habe ich es nicht immer geahnt!«, triumphierte meine Mutter, als sie die Namen erfuhr. Jetzt konnte ich ihr erzählen, dass ich damals, als sie an der Haustür der Seyferts geklingelt hatte, nur wenige Meter entfernt im Keller eingeschlossen war. Daran hatte sie noch gar nicht gedacht. Entschlossen fasste sie meine Hände.

»Du darfst jetzt keine Sekunde mehr zögern, Silvia. Wir müssen zur Polizei gehen. Das feine Ehepaar Seyfert gehört hinter Gitter!«

KAPITEL 10

Zwischen Misstrauen und Entsetzen

Ich ließ mich überreden, am nächsten Morgen die nächste Polizeidienststelle aufzusuchen. Natürlich nicht allein. Dazu fehlte mir noch immer der Mut. Wie schon bei den Arztbesuchen begleitete mich meine Mutter, und Liesel fuhr uns in ihrem Auto hin.

Das Polizeigebäude wirkte wenig einladend. Auch der kahle Flur des Sittendezernats, an das man uns verwiesen hatte und auf dem wir zunächst warten mussten, war nicht gerade anheimelnd. Es roch hier streng nach Reinigungsmitteln und abgestandenem Rauch. Den Koffer mit den Kleidungsstücken, den Werner Seyfert mir mitgegeben hatte, trug ich in der Hand. Meine Mutter hatte gemeint, das seien vielleicht wichtige Beweismittel. Im Koffer befand sich auch eine Bürste, die ursprünglich Rita gehört hatte, und in der sich noch ein paar von Ritas blond gefärbten Haaren befanden. Wenn das nicht Beweis genug war! Aber ich sollte mich noch wundern.

Schließlich öffnete sich eine der Türen, und eine korpulente Frau in flachen Sportschuhen trat auf den Flur.

»Silvia K.«, dröhnte ihre Kommandostimme durch den Gang.

»Hier«, meldete ich mich leise.

»Kommen Sie bitte mit«, sagte die Kommandostimme, wobei das »bitte« hörbar nur eine Floskel war.

Meine Mutter ging hinter mir her.

»Halt! Sie bleiben hier!«, bellte die Stimme.

»Aber Silvia ist meine Tochter«, wagte Mutter zu widersprechen.

»Das interessiert mich nicht.« Breitbeinig stand die Polizistin da, die beiden fleischigen Arme jetzt abwehrend vor der Brust verschränkt. »Ich bin hier die zuständige Beamtin und soll die Anzeige einer gewissen Silvia K. aufnehmen. Und nur mit der werde ich mich unterhalten.«

Mutter blieb nichts anderes übrig, als draußen zu bleiben, während ich der dicken Beamtin nur zögernd in ihr stickiges Büro folgte, das von einem scheußlichen säuerlichen Schweißgeruch erfüllt war.

»Setzen Sie sich!« Sie deutete auf den Stuhl vor ihrem Schreibtisch und setzte sich laut gähnend auf ihren gepolsterten Bürostuhl. Gelangweilt und im Schneckentempo tippte sie meine Angaben zur Person in ihre mechanische Schreibmaschine.

Ich fühlte mich alles andere als wohl in meiner Haut und wusste gar nicht mehr, was ich zuerst erzählen sollte: Den Ort meiner Gefangenschaft? Die Umstände meiner Gefangennahme? Meine Freilassung? Oder musste ich dieser unsympathischen Frau, die mich anscheinend auch nicht mochte, etwa meine Narben und Tätowierungen vorführen? Warum hatte ich mich bloß überreden lassen, zur Polizei zu gehen?

»Nun, schießen Sie mal los!« Der Bürostuhl ächzte unter dem Gewicht der Beamtin, die sich jetzt aus einer Thermoskanne Kaffee in eine große, gelbe Tasse schüttete und herzhaft in einen Schokoriegel biss.

»Wen wollen Sie denn jetzt anzeigen? Und warum?«

Ich hatte mich entschlossen, meine Geschichte von Anfang an zu erzählen; von dem Moment an, in dem ich Werner Seyfert zum ersten Mal begegnet bin. Nur stockend wollten mir die Sätze über die Lippen kommen. Immer wieder musste ich innehalten, um die Geschehnisse in die richtige Reihenfolge zu bringen. Ich hatte auch ziemliche Schwierigkeiten, über das, was die Seyferts mit mir in ihrem Haus getrieben hatten, zu sprechen. Außer mit meiner Mutter hatte ich ja noch mit keinem Menschen darüber gesprochen.

Gelangweilt und desinteressiert schlürfte die Polizistin ihren Kaffee. »Einzelheiten und Nebensächlichkeiten interessieren mich nicht«, unterbrach sie gereizt meine Aussage. »Was genau werfen Sie dem Ehepaar Seyfert vor? Und fassen Sie sich bitte kurz.«

»Was ich denen vorwerfe?« Wütend war ich von meinem Stuhl aufgesprungen.

»Hier, schauen Sie sich die Narben in meinen Nasenflügeln an!« Ich streckte Ihr das Gesicht hin. »Ich kann Ihnen auch noch ganz andere Verletzungen zeigen.«

»Sie lügen doch!« Die massige Gestalt mir gegenüber beugte sich drohend weit nach vorne, sodass ihr schwerer Busen die Schreibtischplatte berührte.

»Glauben Sie etwa, ich hätte mir die Verletzungen selbst zugefügt?«, schrie ich sie an. »Wollen Sie behaupten, ich hätte meinen Körper eigenhändig verstümmelt?«

Ich war außer mir. Mit allem hatte ich gerechnet, nur nicht mehr damit, dass man mir bei der Polizei keinen Glauben schenken würde.

Zynisch lächelnd lehnte sich die Dicke wieder zurück: »Was meinen Sie, wie viele Nutten hier schon auf dem Stuhl Platz genommen haben. Die haben mir die schrecklichsten Brandwunden gezeigt, angeblich von Zigaretten, die irgendwelche Kunden auf ihrer Haut ausgedrückt hätten. Und wer war's? Na, die Zuhälter, die sich so ihre Pferdchen gefügig machen.«

»Heißt das, Sie halten mich für eine Nutte?« Fassungslos starrte ich in dieses runde Gesicht, dessen Mund sich jetzt zu einem selbstzufriedenen Grinsen verzog.

»Sie meinen wohl, mit mir können Sie so umgehen.« Meine Enttäuschung schlug in hemmungslose Wut um.

»An die Seyferts trauen Sie sich bloß nicht heran, weil die Geld haben. Aber ich werde mich auch ohne Hilfe der Polizei für das rächen, was man mir angetan hat.«

Auf einen Schlag brannten mir alle Sicherungen durch. Mit einem wütenden Aufschrei fegte ich mit der rechten Hand die Schreibtischplatte leer. Kugelschreiber, Papier, der Rest vom Schokoriegel – alles flog durch den Raum. Noch bevor die Dicke reagieren konnte, war ich schon aus dem Zimmer gerannt und hatte die Tür hinter mir zugedonnert. Auf dem Gang sprang mir ein Plakat an der Wand gegenüber ins Auge: »HELFT DEN OPFERN!« war in großen Buchstaben darauf zu lesen.

Wie das zu verstehen war, hatte ich ja gerade mitbekommen.

Ich habe das Plakat von der Wand gerissen. In diesem Augenblick hasste ich alle Polizisten, weibliche wie männliche. »Bullenschweine«, schrie ich über den Flur. Von wegen Freund und Helfer.

Meine Mutter war vor Schreck wie erstarrt, als mein Geschrei aus dem Vernehmungszimmer gedrungen war und ich wie eine Furie herausgerannt kam. So wild und unbeherrscht hatte sie mich höchstens einmal früher, vor meinem Verschwinden, erlebt. Seit meiner Heimkehr war ich doch eher ein ängstliches, gehemmtes Wesen. Und nun das?

»Silvia, mein Gott, was ist geschehen?«

Angesichts meines Amoklaufs auf dem Gang hatte sie ihre Sprache wiedergefunden.

»Ich will sofort weg von hier«, brüllte ich über den Flur. »Ich lass mich doch nicht wie Dreck behandeln. Als Nutte wollen die mich abstempeln.«

Kurz berichtete ich meiner Mutter vom Hergang der Vernehmung. Sie war empört und konnte nicht fassen, dass mich die Polizistin als Lügnerin hingestellt hatte.

»Aber unverrichteter Ding werden wir das Gebäude nicht verlassen«, stieß sie wütend zwischen den Zähnen hervor, wandte sich entschlossen um und riss unvermittelt eine der anderen Türen auf dem Gang auf.

»Gibt es hier noch irgendeinen Menschen, mit dem man vernünftig reden kann, ohne beleidigt zu werden?«, rief sie laut in den Raum hinein.

Ein Polizist in Uniform erschien im Türrahmen und sprach beruhigend auf meine Mutter ein. Ich lehnte mit dem Rücken an der Wand und hatte eine Zigarette im Mundwinkel. Der Typ sollte mir bloß nicht zu nah kommen.

Aber er beachtete mich auch nicht sonderlich, sondern unterhielt sich weiter mit meiner Mutter, die sich mehr und mehr zu beruhigen schien und sich schließlich sogar bei ihm mit Handschlag bedankte. »Also, dann bis morgen«, sagte er noch.

»Es gibt doch noch nette Polizisten.« Meine Mutter zwinkerte mir zu und legte den Arm um mich. »Lass uns jetzt gehen, heute können wir nichts mehr erledigen. Morgen ist auch noch ein Tag.«

Ich erfuhr, dass der uniformierte Beamte sich sehr verständnisvoll gezeigt hatte und die Beschwerden meiner Mutter weitergeben wollte. Auf jeden Fall sollte am nächsten Morgen die Anzeige noch einmal aufgenommen werden. Allerdings nicht mehr von der schroffen Polizistin, sondern von einem jüngeren Kollegen. Und um einen Polizeiwagen wollte er sich auch kümmern, der mich rechtzeitig von zu Hause abholen würde.

Am nächsten Tag stand tatsächlich ein Polizist vor unserer Wohnungstür.

»Einen schönen guten Morgen. Eine Silvia K. soll hier abgeholt werden«, sagte er freundlich, als ich die Tür öffnete.

Mit den Ordnungshütern schnell wieder versöhnt, stiegen meine Mutter und ich in den Polizeiwagen, in dem noch ein freundlicher Beamter wartete, und ließen uns zum Revier chauffieren.

Diesmal wurde ich von einem schmächtigen Polizisten mit einem lustigen Lausbubengesicht ins Zimmer gerufen. Der fragte mich erst einmal, ob ich einen Kaffee wollte und ob ich rauchen würde. Dann müsste er nämlich einen Aschenbecher besorgen. Und so verschwand er kurz, um ihn zu holen.

Während meiner Gefangenschaft hatte ich mir angewöhnt, regelmäßig zu rauchen. Werner Seyfert hatte mich immer mit Zigarettenpackungen versorgt. Seit meiner Freilassung rauchte ich sogar noch mehr.

»Ich habe mich noch gar nicht vorgestellt«, sagte der junge Beamte, als er mit einem Glasaschenbecher in der Hand wieder das Zimmer betrat, »Aspen ist mein Name, Klaus Aspen.«

Er bot mir einen Kaugummi an, und irgendwann brachte jemand Kaffee für uns beide herein.

Wir unterhielten uns über dies und jenes, und als wir auf meine Anzeige zu sprechen kamen, war die Atmosphäre so entspannt, als wären wir zu einem Plauderstündchen zusammen gekommen.

Ich begann erneut, ganz von vorne zu erzählen. Wenn ich manchmal meinte, zu sehr ins Detail zu gehen, und meine Schilderung straffte, unterbrach er mich und bat mich, nichts, aber auch gar nichts auszulassen.

»Jede Einzelheit, und mag sie Ihnen noch so unwichtig erscheinen, kann für die Beweisführung wichtig sein«, sagte er. »Und Zeit haben wir genug.«

Eilig hatte es die Polizei tatsächlich nicht mit den Ermittlungen. Tagelang, Morgen für Morgen, musste ich auf dem Revier erscheinen und meine Aussage fortsetzen. Immer wieder wurde nachgefragt: Daten, Uhrzeiten, Personenbeschreibungen, alles wollten sie ganz genau wissen, und alles wurde protokolliert. Jede Narbe und Tätowierung an meinem Körper wurde von einer Beamtin einzeln fotografiert. Dabei gaben sich die Polizisten größte Mühe, mir peinliche Situationen, so weit eben möglich, zu ersparen.

Überhaupt waren alle sehr freundlich und ließen keinen Zweifel daran, dass man mir glaubte. Nein, über die Behandlung bei der Polizei kann ich mich nicht beklagen. Ich wurde ausreichend mit Cola, Kaffee und Zigaretten versorgt, und wenn meine Konzentration nachließ oder die Erinnerungen mich psychisch zu sehr mitnahmen, wurde ich auch schon mal früher nach Hause entlassen. Obwohl sich die Ermittlungen schrecklich in die Länge zogen, hatte ich das Gefühl, dass endlich etwas passierte und mir über kurz oder lang Gerechtigkeit widerfahren würde.

Nur meine Mutter wollte sich mit den langwierigen Ermittlungen der Polizei nicht zufrieden geben. Sie warf den Beamten vor, mein Leben in Gefahr zu bringen, weil sie Werner Seyferts Morddrohungen nicht ernst genug nehmen würden.

»So lange der frei herumläuft, kann meine Tochter ihres Lebens doch nicht sicher sein.«

Die Polizei betonte, meinen Fall so schnell wie möglich zu bearbeiten. Allerdings müssten erst ausreichend schlüssige Beweise vorliegen, um etwas gegen die Seyferts unternehmen zu können. Bis dahin sollte ich zu meiner Sicherheit nicht ohne Begleitung das Haus verlassen. Und falls Werner Seyfert versuchen würde, zu mir Kontakt aufzunehmen, sollte ich umgehend die Polizei alarmieren. »Wählen Sie einfach den Polizei-Notruf und bitten Sie die Kollegen um Hilfe«, beruhigte man uns.

Was konnte man dagegen sagen? Meine Mutter und ich waren ratlos. Wir verstanden kaum etwas von der Vorgehensweise bei Ermittlungsverfahren. Einen Anwalt, der uns hätte rechtlich vertreten und beraten können, hatten wir nicht eingeschaltet. Also mussten wir uns mit dem zufrieden geben, was die Polizei uns sagte. Und das beinhaltete, dass meine Aussage und die Beweise, die ich während der vergangenen Tage vorgelegt hatte, seltsamerweise noch nicht ausreichten, um die Seyferts festzunehmen.

Fronleichnahm war der erste Feiertag, den ich wieder zu Hause bei meinen Großeltern erlebte. Schon am Vormittag fiel mir die Decke auf den Kopf. Und weil ich in der Nachbarschaft noch keinen richtigen Anschluss gefunden hatte, beschloss ich, kurz bei meiner Mutter vorbeizuschauen, die ja nur ein paar hundert Meter Fußweg entfernt wohnte.

Großmutter hielt das trotzdem für leichtsinnig. Ich sollte doch noch eine halbe Stunde warten, dann hätte sie den Braten fürs Mittagessen so weit vorbereitet, dass sie mich begleiten könnte.

Aber mir wurde es langsam zuwider, ständig mit einer Art Leibwache aus dem Haus zu gehen. Was sollte auf dem kurzen Stück schon passieren? Um Großmutter zu beruhigen, versprach ich, sie gleich nach meinem Eintreffen in Mutters Wohnung anzurufen.

Draußen erwartete mich herrliches Frühlingswetter. Die Sonne strahlte kräftig von einem fast wolkenlosen Himmel herab, und ich musste eine Hand schützend vor meine empfindlich gewordenen Augen halten, um überhaupt etwas erkennen zu können. Gut gelaunt machte ich mich auf den Weg. Kaum ein Mensch war auf der Straße. Die meisten hatten das tolle Wetter wohl für einen Ausflug ins Grüne genutzt.

Ganz in Gedanken schlenderte ich über den Bürgersteig, als ich im Schatten der Mauer eine Männergestalt wahrnahm, die ruckartig stehen blieb, als ich näher kam: Werner Seyfert!

Auch ich blieb wie angewurzelt stehen. War das vielleicht nur ein Schreckgespenst oder war er es wirklich?

»Verschwinde«, schrie ich, »mach, dass du fortkommst!«

Die Gestalt, bei der es sich eindeutig um Werner handelte, gehorchte tatsächlich aufs Wort, machte eilig kehrt und verschwand um die nächste Häuserecke. Ich war überzeugt, er hatte mir aufgelauert, um sich zu rächen. Von Todesangst gehetzt, rannte ich los. Ich lief so schnell ich konnte und ohne mich umzuschauen, geradewegs zur Wohnung meiner Mutter.

An der Haustür klingelte ich Sturm, bis endlich der automatische Öffner betätigt wurde. Ich raste den Hausflur entlang und hätte fast meine Mutter umgerannt, die vor ihre Wohnungstür getreten war.

»Der Seyfert ist hinter mir her«, stieß ich, völlig außer Atem, hervor. »Da draußen stand er plötzlich.«

Ich hatte meine Mutter hastig in die Wohnung geschubst und die Tür von innen verriegelt. Sie schaute mich ungläubig an: »Bist du sicher? Hast du dich auch nicht geirrt?«

»Unter Millionen werde ich die Seyferts wiedererkennen«, keuchte ich immer noch atemlos. »Niemals werde ich die Gesichter vergessen können, niemals.«

»Wenn du deiner Sache so sicher bist, dann rufen wir sofort die Polizei an«, sagte meine Mutter entschlossen. »Falls die sich beeilt, kann sie den Kerl vielleicht noch hier in der Gegend erwischen.«

Meine Mutter wählte also wie vereinbart die Nummer des Polizeinotrufs und bat darum, jemanden zu schicken. Ihre Tochter sei eben in der Nähe der Wohnung bedroht worden, und der Täter könne noch nicht allzu weit sein.

Es dauerte nicht lange, und ein Streifenwagen mit zwei Beamten in Uniform hielt vor dem Haus. Doch nachdem die beiden Polizisten mit ihrer Dienststelle telefoniert hatten, zuckten sie verlegen mit den Schultern. Gegen einen Werner Seyfert läge nichts vor, sie hätten sich genauestens erkundigt. Deshalb könnten sie auch nichts gegen diese Person unternehmen. Täte ihnen Leid.

»Das ist ja wohl die Höhe«, schimpfte Mutter hinter dem abfahrenden Streifenwagen her. »Jetzt werde ich andere Seiten aufziehen. Wir lassen uns doch nicht verschaukeln.«

Ich war froh, dass wir ein paar Tage vorher einen Rechtsanwalt eingeschaltet hatten. Denn wir brauchten dringend jemanden, der sich für meine Rechte einsetzte. Dr. Ernst war mir wegen seiner etwas arroganten Art zwar nicht sonderlich sympathisch. Aber der eleganten Ausstattung seines Büros nach zu urteilen, schien er genug von seinem Fach zu verstehen und damit gutes Geld zu verdienen. Er zeigte sich außerdem sehr interessiert an meinem Fall.

»Der Prozess ist doch schon so gut wie gewonnen«, meinte er optimistisch, nachdem er sich mit der Sachlage vertraut gemacht hatte.

Doch noch liefen Rita und Werner Seyfert frei herum, waren nicht angeklagt, nicht verhaftet worden. Vielleicht hatte die Polizei sie bisher noch nicht einmal verhört. Jedenfalls schien Werner Seyfert sich so sicher zu fühlen, dass er am helllichten Tag in der Nähe meiner Wohnung aufkreuzte.

Nach dem Vorfall mit den Streifenbeamten wollte meine Mutter »das ganze Theater«, wie sie sich ausdrückte, nicht mehr mitmachen. Doch was konnte man an einem Feiertag wie Fronleichnam, wenn Behörden und Anwaltskanzleien geschlossen sind, schon großartig in die Wege leiten?

»Wir fahren gleich nach Kamp-Lintfort und machen den Seyferts die Hölle heiß«, überraschte meine Mutter mich am Nachmittag, nachdem sie mich zurück zu meinen Großeltern gebracht hatte. Sie war voller Tatendrang und optimistisch, mit ihrer Eigeninitiative etwas für mich tun zu können.

»Denen werden wir die Feiertagsruhe nehmen, Silvia«, meinte sie optimistisch, »darauf kannst du dich verlassen.«

Für den Überfall auf die Seyferts hatte sie Verstärkung organisiert. Zu viert machten wir uns schließlich auf: meine Mutter, mein Bruder Mischa, ich und ein gewisser Tonio, ein Bekannter, der nicht nur über ein Auto verfügte, sondern auch noch über imposante Muskelpakete.

Mir war nicht ganz wohl in meiner Haut, als ich hinten auf dem Rücksitz des Wagens neben meinem Bruder saß und wieder diese Strecke fuhr. Meine Mutter hatte mich total überrumpelt. Nie hätte ich mich auf diese Fahrt einlassen dürfen, und auf keinen Fall wollte ich in dieses Haus des Schreckens gehen und die beiden treffen. Nein, die anderen mochten tun, was sie nicht lassen konnten. Ich würde mich im Auto verschanzen und die Knöpfe der Türverriegelung ganz fest nach unten drücken.

Ich wusste noch genau, wo das Wohnhaus lag. Aber ich bestand darauf, dass das Auto etwa einen Kilometer entfernt geparkt wurde.

Während meine Mutter sich mit Tonio zu Fuß zu den Seyferts aufmachte, blieb mein Bruder mit mir im Auto zurück. Mit ihm fühlte ich mich einfach sicherer.

Nervös rauchte ich eine Zigarette nach der anderen.

Was konnte meine Mutter erreichen? Würden Rita und Werner Seyfert sie wieder abblitzen lassen wie schon einmal? Würden sie überhaupt die Tür aufmachen?

Vielleicht waren sie auch gar nicht da. Mischa versuchte mich abzulenken, erzählte mir einen blöden Witz, über den ich nicht lachen konnte, und stellte schließlich das Autoradio so laut, dass ich mir die Ohren zuhielt. So schaffte er es allerdings, dass ich vorrübergehend auf andere Gedanken kam. Zumindest so lange, bis Mutter und Tonio nach ca. zwanzig Minuten wiederkamen.

Wie sie es geschafft haben konnte, die Seyferts einzuschüchtern, war mir schleierhaft. Aber das triumphierende Lächeln, mit dem sich meine Mutter auf den Beifahrersitz fallen ließ, konnte nur bedeuten, dass es ihr gelungen war.

»Nun sag schon«, wollte ich ungeduldig wissen, »haben sie euch aufgemacht, hast du mit den beiden gesprochen?«

»Der Kerl hat tatsächlich alles zugegeben«, sagte meine Mutter gedehnt, als könne sie es selbst noch nicht fassen. »Wie ein Häufchen Elend saß er auf der Couch und hat gewinselt wie ein Hund.«

»Er hat so einfach alles zugegeben, alles, was die beiden mir angetan haben?«

Ich konnte nicht glauben, was ich gerade gehört hatte.

»Er hat sogar alles aufgeschrieben, hier, lies!« Mutter reichte mir einen Umschlag nach hinten, in dem drei Hundert-Mark-Scheine und ein mit der Hand beschriebenes Blatt Papier steckte.

»Liebe Silvia«, las ich halblaut, »es tut mir so furchtbar Leid, was wir dir alles angetan haben. Du weißt, ich wünschte, es wäre nie dazu gekommen. Ich will alles wieder gutmachen, soweit es überhaupt möglich ist.«

»Das ist ein schriftliches Geständnis«, unterbrach mich Tonio. »Damit hat der Kerl schon einen Fuß ins Gefängnis gesetzt.«

Tonio hatte vermutlich Recht. Aber ich konnte mir nicht erklären, was in Werner Seyfert gefahren war; was ihn plötzlich bewogen hatte, alle Schuld einzugestehen, wo er doch nichts mehr zu fürchten schien, als von der Polizei zur Verantwortung gezogen zu werden.

In dem Brief versicherte er mir noch, für die Beseitigung meiner Narben sorgen zu wollen. Einen sehr guten Spezialisten der kosmetischen Chirurgie hätte er schon an der Hand. Und er fragte, warum ich mich denn nicht, wie versprochen, telefonisch bei ihm gemeldet hätte.

So viel Reue und Fürsorge auch aus seinem Brief herauszulesen waren, das Schreiben ließ mich völlig kalt. Ich steckte den Zettel wieder in den Umschlag. Damit würden wir gleich morgen zu meinem Anwalt gehen.

Nach allem, was geschehen war, konnte und wollte ich kein Mitgefühl für diesen Menschen aufbringen. Ihm schon gar nicht verzeihen.

Ich wollte, dass er büßte, und zwar im Gefängnis. Eingeschlossen in einer Zelle, die immer noch humaner sein würde, als das menschenunwürdige Kellerloch, in dem er mich fünfzehn Monate lang gefangen gehalten hatte.

Und auch Rita Seyfert musste bestraft werden, weitaus härter als Werner Seyfert, wenn das Gericht sein Urteil nach dem Grad ihrer Grausamkeit und Menschenverachtung bemessen sollte.

Von Mutter erfuhr ich, dass sie Rita Seyfert gar nicht zu Gesicht bekommen hatte.

»Die hat sich gleich in irgendeinem Zimmer eingeschlossen, nachdem sie mitbekommen hat, wer vor der Tür stand.«

Da war sich Mutter sicher. Denn sie habe unten im Wohnzimmer jemanden eilig die Treppe hinauflaufen und oben im ersten Stock eine Tür zuschlagen hören.

Früh am nächsten Morgen suchte ich mit meiner Mutter die Kanzlei von Dr. Ernst auf, um ihm Werners Brief zu zeigen.

»Damit haben wir die beiden«, meinte er siegessicher, als er den Inhalt gelesen hatte. Er schickte uns umgehend damit weiter zur Polizei.

Noch immer sehe ich das ungläubige Gesicht des Beamten vor mir, der auf dem Revier den Brief las. Wäre es die Mitteilung eines Außerirdischen gewesen, die Verblüffung hätte nicht größer sein können.

Und plötzlich ging alles rasend schnell. Mein Fall wurde an die Staatsanwaltschaft weitergeleitet, die, wie ich später erfuhr, postwendend die Haftbefehle für Rita und Werner Seyfert erließ. Noch heute glaube ich, dass ohne diesen Bekennerbrief die ganzen Ermittlungen der Polizei im Sande verlaufen wären. Letztendlich hat meine Mutter durch ihre Eigeninitiative und ihr beherztes Auftreten im Haus der Seyferts dafür gesorgt, dass die Gerechtigkeit ihren Lauf nahm.

Am Montag nach Fronleichnam holte mich die Kriminalpolizei zu Hause ab, um mit mir zur Villa der Seyferts zu fahren. Man sagte mir, dass die beiden am Morgen verhaftet worden seien. Ein Aufeinandertreffen sei also ausgeschlossen. Eine Hausbegehung mit mir sei unvermeidbar. Ich müsse den Tatort identifizieren.

Mir war klar, dass bei diesem Ortstermin meine Beschreibungen der Räume und Gegenstände überprüft werden sollten, ich also meine Glaubwürdigkeit unter Beweis stellen musste. Aber davor hatte ich keine Angst. Während der fünfzehn Monate hatte ich ausreichend Zeit gehabt, mir alle möglichen Details einzuprägen.

Ich wusste noch den Standort jedes einzelnen Buches, das ich mir zum Lesen aus dem Regal geholt hatte. Was mir Furcht einflößte, war das Haus selbst. Der Gedanke, noch einmal in diesen grauenhaften Käfig steigen zu müssen, jagte mir das Blut durch die Adern. Würde ich es fertig bringen, das Verließ zu betreten? Bestimmt waren sie noch da, die Kratzer von meinem lächerlichen Versuch, die Eisentür aufzubrechen.

Während der Autofahrt begann ich am ganzen Körper zu zittern. Die Beamten versuchten mich zu beruhigen und aufzuheitern. Doch ich bekam mit, wie eine krächzende Stimme über das Funkgerät mitteilte, dass man zwar Rita Seyfert festgenommen habe, Werner Seyfert aber flüchtig sei. Ich begann am ganzen Körper zu zittern.

»Kapiert ihr denn nicht«, brüllte ich die Polizisten im Auto an, »der hat sich irgendwo in der Nähe seines Hauses versteckt und wird mich erschießen!«

Ich konnte mich nicht mehr beruhigen. Die Panik, die sich meiner bemächtigt hatte, ließ nicht mehr von mir ab. Mit weichen Knien und Angstschweiß auf der Haut betrat ich die Villa.

Ich hatte gehofft, dieses Haus nie mehr wieder in meinem Leben zu betreten zu müssen. Jetzt war ich mittendrin und wurde durch die Fragen der Kriminalbeamten gezwungen, mich zu erinnern.

»Waren die Kissen auf der Couch auch schon da? Wo geht's zum Swimmingpool? Und wo ist die Leiter, die in das Kellerverließ führt?«

Meine Angaben wurden Punkt für Punkt protokolliert. Dabei wurden alle die schrecklichen Szenen, die ich hier erlebt hatte, in meinem Kopf wieder lebendig. Ob oben im Schlafzimmer, am Swimmingpool oder im Keller, immer musste ich genau beschreiben, wo jeweils was passiert war. Am allerschlimmsten war es natürlich, wieder das Kellerverließ betreten zu müssen. Ich musste den Beamten demonstrieren, wie Werner mich die Metall-Leiter hinuntergelassen hatte. Mir wurde übel bei der leicht modrigen Luft, die mir aus dem Keller in die Nase stieg, obwohl es anders roch als während meines Aufenthaltes.

In dem fensterlosen Verließ waren die Teppiche vom Boden und von den Wänden gerissen worden, die Toilette und das Waschbecken fehlten, und die Eisentür war ausgehängt worden. Aber ich konnte den Beamten die Löcher in der Wand zeigen, in denen die Halterungen für die Fuß- und Halsketten gesteckt hatten.

Die Tasche mit den Folterinstrumenten war verschwunden, ebenso wie der gynäkologische Stuhl, auf dem ich oft gepeinigt worden war. Erst später, bei der Durchsuchung des Firmengeländes, tauchten diese Beweismittel wieder auf. Die Polizei fand sie zusammen mit allerhand ausrangierten Büro-Utensilien auf einer Müllhalde.

Das bei dem Ortstermin von der Polizei erstellte Protokoll wurde anschließend der Haushälterin der Seyferts vorgelegt. Sie konnte alle von mir gemachten Angaben, sofern sie nicht die ihr unbekannte Unterwelt im Keller betrafen, bestätigen. Diese Frau, die den Haushalt versorgte, putzte, kochte und bügelte, hatte von meiner Existenz im Keller die ganze Zeit über nichts mitbekommen.

Werner Seyfert stellte sich übrigens vier Tage nach seiner Flucht der Polizei, und zwar gemeinsam mit seinem Rechtsbeistand, dem Staranwalt Udo Kossel.

KAPITEL 11

Frei – aber vogelfrei

Nachdem Udo Kossel die Verteidigung Werner Seyferts übernommen hatte, begann der Presserummel. Kossel war bekannt dafür, dass er gern medienwirksame Fälle übernahm.

Ununterbrochen klingelte bei meinen Großeltern das Telefon. Journalisten baten um Interviews und wollten Fotos von mir machen. Oder sie standen gleich unangemeldet vor der Haustür und wedelten mit ein paar Geldscheinen in der Hand herum. Alle wollten meine Geschichte möglichst exklusiv veröffentlichen, waren erpicht darauf, aus meinem Mund zu hören, was ich im Haus der Seyferts erlebt hatte.

Natürlich hat mir das ungewohnte Interesse an meiner Person imponiert. Nur um mit mir zu sprechen, reisten Journalisten von weit her an und fragten nach einem Termin. All das schmeichelte mir gewaltig. Mir gefiel, wie sie mich hofierten, mir nach dem Mund redeten, ihr Mitgefühl aussprachen und mir sagten, was für ein hübsches Mädchen ich wäre.

Doch mir fehlte damals nicht nur Erfahrung im Umgang mit der Presse, sondern auch eine ganze Menge Menschenkenntnis, um seriöse Journalisten von unseriösen unterscheiden zu können. Von Letzteren gab es leider zu viele. Und leider fiel ich auf ihre falschen Versprechungen herein.

Die warnenden Ratschläge von Mutter und Großmutter, denen der Presserummel schnell auf die Nerven ging, nahm ich nicht ernst. Als Mutter mir ans Herz legte, vor Prozessbeginn nicht schon jedes Detail meiner Misshandlungen in der Öffentlichkeit breitzutreten, warf ich ihr vor, nur eifersüchtig auf meine plötzliche Popularität zu sein. Das Verhältnis zu meiner ganzen Familie wurde mehr und mehr belastet.

In dem naiven Glauben, 7 000 Mark wären ein gigantisch hohes Honorar, fast ein Vermögen, unterschrieb ich einen Exklusiv-Vertrag mit einer Boulevardzeitschrift, ohne auch nur zu ahnen, auf was ich mich eingelassen hatte. Nicht nur, dass man mir ein paar Stunden nach Vertragsabschluss von anderer Seite 50 000 Mark Honorar für meine Geschichte bot. Das Blatt vereinnahmte mich voll und ganz. Als man dort erfahren hatte, dass Journalisten anderer Illustrierten alle Register ihrer Überredungs- und Überrumpelungskünste zogen, um ebenfalls an die Story zu kommen, tauchte noch am selben Abend ein Mann im Auftrag der Redaktion bei uns zu Hause auf, um mich abzuholen und vor der Konkurrenz zu verstecken.

Noch in der Wohnung musste ich ein Kopftuch umbinden und tief ins Gesicht ziehen. Nachdem er sich vergewissert hatte, dass mir keine Kamera auflauerte, führte er mich blitzschnell zu einem parkenden Auto, mit dem es in rasanter Fahrt Richtung Düsseldorf ging; zu einem Hotel, wie er mir sagte, in dem ich die erste Nacht untertauchen sollte.

Der Mann hatte sich als Dirk Schubert vorgestellt, meinte aber gleich, ich sollte ihn ruhig beim Vornamen nennen. Schließlich würden wir eine ganze Zeit zusammen verbringen. Dirk war Journalist und hatte die Aufgabe, mich zu interviewen und die Geschichte zu schreiben, die in mehreren Folgen so bald wie möglich erscheinen sollte. Die Gespräche mit mir wollte er auf Band aufzeichnen. Er trug eine schwarze Lederjacke, die sich um seinen fülligen Leib spannte, und machte einen hektischen und nervösen, wenn auch nicht unsympathischen Eindruck.

Trotzdem war ich auf der Hut. Ich bekam immer mehr Angst vor der eigenen Zivilcourage. Im letzten Augenblick, bevor wir die Wohnung verlassen hatten, war ich heimlich in die Küche geschlichen und hatte mir die Geflügelschere vom Haken geschnappt. Nur für den Notfall, hatte ich gedacht, falls er mich angreift und ich mich verteidigen muss.

Danach, allein mit dem fremden Mann im Auto sitzend, versuchte ich sofort, für klare Verhältnisse zu sorgen: »Dass du mir nicht auf schräge Gedanken kommt, sonst ...«; ich hatte im Fahrzeugfond die Geflügelschere aus meiner Handtasche hervorgeholt und hielt sie so, dass Dirk sie gut im Rückspiegel sehen konnte.

»Silvia, bist du verrückt! Steck sofort die Schere weg.« Sichtlich verstört, rückte er instinktiv ein Stück nach vorn. »Damit spielt man nicht.«

Ich steckte die Schere betont langsam wieder ein. Zufrieden nahm ich zur Kenntnis, dass ich ihm einen ganz schönen Schrecken eingejagt hatte.

In Düsseldorf hatte man mir in einem großen, komfortablen Hotel in der Innenstadt ein Zimmer reserviert. Dirk begleitete mich an die Rezeption.

»Am besten gehst du gleich auf dein Zimmer und bleibst auch dort«, riet er mir zum Abschied. »Ist ja nur für eine Nacht. Und wenn du etwas zu essen oder zu trinken brauchst, bestellst du es dir aufs Zimmer. Morgen früh gegen neun Uhr hole ich dich wieder ab.«

Das eigentlich sehr gemütliche Hotelzimmer hatte einen großen Nachteil: Es befand sich im Erdgeschoss. Während der ganzen Nacht horchte ich immer wieder ängstlich darauf, ob nicht jemand versuchte, durch das ebenerdige Fenster in mein Zimmer einzusteigen. Es war das erste Mal seit meiner Freilassung, dass ich die Nacht in einem fremden Bett und in einer anderen Stadt verbrachte, ohne meine Mutter oder die Großeltern nebenan.

Das Alleinsein macht mir mehr zu schaffen, als ich zugeben wollte. Allzu gern hätte ich in dieser Nacht zu Hause angerufen, nur um Großmutters vertraute Stimme zu hören. Doch Dirk hatte mir untersagt, während der nächsten Tage mit irgendjemandem zu telefonieren. Keiner, auch nicht meine Familie, sollte herauskriegen können, wo ich mich jeweils aufhielt.

Am nächsten Morgen, ich war sehr früh aufgestanden, hielt mich nichts mehr in meinem Hotelzimmers. Mitten in der Hotelhalle nahm ich in einem bequemen Polstersessel gegenüber der Rezeption Platz, um hier das Kommen und Gehen der vielen elegant gekleideten Menschen zu beobachten und auf meinen Abholer zu warten. Bis neun Uhr war es noch etwas Zeit. Eher beiläufig und nicht, weil ich unbedingt lesen wollte, griff ich mir ein Düsseldorfer Boulevard-Blatt vom Beistelltisch.

»KINDERMÄDCHEN ALS SEX-SKLAVIN GEHALTEN«

Die großen Lettern der Schlagzeile sprangen mir förmlich in die Augen. Darunter ein uraltes Foto von mir, das fast die halbe Titelseite füllte. Wie kam dieser Artikel über mich in diese Tageszeitung? Ich hatte mit niemandem von ihr gesprochen, hatte keinem ihrer Journalisten ein Interview gegeben. Und woher stammte das Bild, das mich als Kind zeigte? Ich war zu durcheinander, um den Artikel mit Verstand durchzulesen.

Da kam auch schon Dirk auf mich zugeeilt. »Los, nichts wie weg hier!«

Als ich, noch immer ganz benommen, nicht schnell genug aufstand, zog er mich hastig am Arm aus dem Sessel.

»Wir müssen uns beeilen«, zischte er mir zu, »bevor womöglich die Kollegen von der Lokalpresse hier auftauchen.«

Also hatte er die Schlagzeile auch schon gesehen.

»Ich hab doch überhaupt nicht mit denen gesprochen«, meinte ich mich rechtfertigen zu müssen. Dirk sollte nicht glauben, dass ich vertragsbrüchig geworden war.

»Bei dem Foto, das die da abgedruckt haben, glaub ich dir das gern«, schmunzelte Dirk, bugsierte mich auf den Rücksitz des Wagens und setzte sich hastig ans Steuer. Ich war froh, dass er nicht sauer war und mir glaubte.

Das nächste Ziel war Köln. Wieder ein Hotel, in dem Dirk noch am selben Tag mit den Interviews beginnen wollte. Auf der Fahrt dorthin ärgerte ich mich, in der Eile die Zeitung in dem Düsseldorfer Hotel liegen gelassen zu haben. Ich hatte den Artikel doch noch nicht einmal ganz gelesen.

Später erfuhr ich übrigens, dass ein Verein in Krefeld, bei dem ich als Kind in der Tanzgarde mitgemacht hatte, der Zeitung das alte Foto von mir verkauft hat.

Der Presse gelang es auch in der Folgezeit immer wieder, an Fotos von mir zu kommen, von deren Existenz ich oft gar nichts wusste. Alle Bilder, derer ich habhaft werden konnte, hatte ich schon bald in der Wohnung meiner Großeltern versteckt. Doch selbst mein Großvater wurde schwach, als ihm eine Illustrierte tausend Mark für ein Foto von mir bot. Aber die Redaktion war zumindest so anständig, mir das Bild nach der Veröffentlichung zurückzuschicken.

Mutter und Großmutter dagegen waren unbestechlich. Die verlockendsten Geldofferten schlugen sie aus und weigerten sich standhaft, gegenüber einem Journalisten auch nur ein

Wort über mich zu verlieren oder gar ein Foto herauszurücken. Einem aufdringlichen Pressemenschen, der sich überhaupt nicht abwimmeln lassen wollte, schlug Mutter die Wohnungstür so heftig vor der Nase zu, dass seine Finger eingeklemmt wurden.

Insgesamt war ich rund sechs Wochen lang mit Dirk unterwegs, davon allein vierzehn Tage in Hamburg. Immer wieder in einem anderen Hotel, immer unter einem anderen Namen. Polizei und Staatsanwaltschaft waren mit meinem Abtauchen überhaupt nicht einverstanden. Später sagte man mir, dass man schon von einer zweiten Entführung gesprochen habe. Doch Dirks Zeitschrift zeigte sich nicht bereit, den Behörden meinen Aufenthaltsort mitzuteilen. Wenn Silvia dringend gebraucht würde, könne man ja über den Verlag mit ihr Kontakt aufnehmen, bekamen die Beamten zu hören.

Ich fühlte mich die ganze Zeit wie auf der Flucht, gehetzt, einsam und verlassen. Und je länger wir umherreisten, desto unklarer wurde mir, vor wem oder was ich eigentlich davonlief. Irgendwann wurde Dirk von Edi Voigt abgelöst, einem Kollegen, der die Interviews fortsetzte. Angeblich brauchte Dirk dringend einen kleinen Erholungsurlaub.

Jedenfalls neckte Edi mich damit, dass ich Dirk ganz schön geschafft hätte. Die Interviews zogen sich manchmal über Stunden hin. Das lag vor allen Dingen daran, dass es mir furchtbar schwer fiel, die sadistischen Praktiken der Seyferts für diese beiden Journalisten auf Band zu sprechen. Hinzu kam, dass insbesondere Edi jedes auch noch so peinliche Detail wissen wollte und mich sogar nach sexuellen Praktiken ausfragte, mit denen mich selbst die Seyferts nicht konfrontiert hatten. Immer stärker hatte ich den Eindruck, mich hier seelisch und in gewisser Weise auch körperlich auszuziehen.

Die Tournee mit den beiden Reportern wurde mir langsam zuwider. Dazu trugen vor allen Dingen die endlos langen Fototermine bei. »Das Kinn etwas anheben! Hier zu mir schauen! Und lächeln – aber mit geschlossenen Lippen!« Ich hatte breit gelächelt, sodass die Zähne zu sehen waren. Also noch einmal das Ganze! Jede Pose wurde inszeniert, wieder und wieder musste ich Haltung annehmen. Doch das waren noch die harmlosen Aufnahmen. Beim Ablichten meiner Verletzungen und Tätowierungen fühlte ich mich weitaus unbehaglicher. Da war mir die Polizeifotografin, die sachlich und ruhig ihre Arbeit gemacht hatte, weitaus lieber gewesen.

Ich wusste nicht, wie ich mich gegen Posen, die mir unangenehm waren, wehren sollte. Selbst als ich aufgefordert wurde, bestimmte Folterszenen vor der Kamera nachzustellen, wagte ich nur kurz aufzumucken. Da hieß es dann: »Nun sei nicht zickig!«, »Stell dich nicht so an!« oder »Mit deinem Getue hältst du den ganzen Betrieb auf!« Außerdem wurde mir erzählt, die Leserschaft müsste anschaulich über mein Martyrium informiert werden, und dafür wären Fotos unerlässlich.

Doch dann passierte etwas, das mir völlig den Rest gab. Der Fotograf hatte darauf bestanden, mich mit eisernen Fußfesseln, wie die Seyferts sie verwendet hatten, abzulichten. Und als dann die Fesseln wieder geöffnet werden sollten, war auf einmal der Schlüssel verschwunden. Ich führte mich auf wie wahnsinnig und warf der ganzen Mannschaft vor, ein mieses Spiel mit mir zu treiben. Sie hätten den Schlüssel absichtlich versteckt. Hysterisch riss ich immer wieder an der Eisenkette, die wie damals schmerzhaft in mein Fleisch schnitt. Irgendwann und irgendwie haben sie das Schloss dann aufbekommen. Ich aber war den ganzen Tag nicht mehr zu gebrauchen, und man musste mich ins Hotel fahren.

Danach gab es noch einige Anlässe, bei denen ich glaubte, durchdrehen zu müssen. Was wollten diese Leute von mir, in welche Rolle steckten sie mich? Irgendwann wollte ich nur noch in Ruhe gelassen werden. Was interessierten mich die schicken Hotels und Restaurants und die teueren Klamotten, die ich von meinem Honorar gekauft hatte? Was war das schon gegen die Langeweile, das Alleinsein und die Perspektivlosigkeit?

In Hamburg war ich dann so am Boden, dass ich beschloss, mir das Leben zu nehmen. Ich hatte mir Rasierklingen besorgt und wollte mir die Pulsadern aufschneiden. Auf Edis elektrischer Schreibmaschine schrieb ich ein paar kurze Abschiedszeilen für meine Großmutter.

Doch Edi entdeckte mein Vorhaben und stellte mich zur Rede.

»Warum willst du dir das Leben nehmen? Ausgerechnet jetzt, wo das Leben erst richtig für dich anfängt. Du wirst sehen, wenn wir die letzte Folge deiner Geschichte abgedruckt haben, wirst du richtig berühmt sein.«

Als wenn mir daran etwas lag. Mich verunsicherte die Vorstellung, von Fremden angestarrt oder beobachtet zu werden. Die haben bestimmt die Illustrierte gelesen und mich wiedererkannt, schoss es mir jedes Mal durch den Kopf, und ich merkte dann, wie mir die Schamröte ins Gesicht trat.

Aber Edi hatte vollkommen Recht. Es war absolut widersinnig, mein Leben zu beenden, nachdem ich monatelang mit allen Kräften ums Überleben gekämpft hatte. »Wenn du tot bist, kommen deine Peiniger womöglich ungestraft frei«, mutmaßte Edi. »Du bist doch die Einzige, deren Aussage vor Gericht die beiden hinter Gitter bringen kann.«

Daran hatte ich schon nicht mehr gedacht. Natürlich wollte ich, dass man die Seyferts bestrafte.

Ich versprach, keine Dummheiten mehr zu machen. Anschließend muss er seinen Kollegen wohl über meine Selbstmordabsicht erzählt haben. Anders kann ich mir nicht erklären, dass alle mit einem Mal furchtbar nett und aufmerksam waren, sogar bei den stressigen Fototerminen. Sie ließen mich auch nie mehr lange allein und unbeobachtet. Auf den Abschiedsbrief angesprochen hat mich allerdings keiner, was mir auch sehr lieb war.

Als die Illustrierte mich wieder aus ihren Klauen ließ, wollte ich nur noch eines: weit weg. Am liebsten irgendwohin, wo es warm, sonnig, fröhlich und lebendig war. Mir fiel Rimini ein, wo ich vor vier Jahren schon einmal mit meiner Ex-Freundin Tina zwei Wochen Urlaub gemacht hatte. Ich dachte gern an diese Zeit zurück, in der ich so viele nette Leute kennen gelernt hatte. Ohne lange zu überlegen, ging ich ins nächste Reisebüro und buchte eine vierwöchige Flugreise nach Rimini.

Ich sollte nicht enttäuscht werden. Das Wetter war herrlich, jedenfalls die meiste Zeit. Und als ich die Sonnenstrahlen auf meiner Haut spürte, begann ich innerlich aufzutauen. Der Stress der vergangenen Wochen fiel wie eine Zentnerlast von mir ab. Ganz weit weg rückten die Erlebnisse mit der Presse, mit Polizei und Ärzten. Ja sogar meine Leiden im Haus der Seyferts schienen einem anderen Zeitalter anzugehören. Welten lagen zwischen dem Sandstrand an der italienischen Adria und dem grauen Alltag zu Hause in Krefeld.

Wie schon während meines ersten Aufenthalts faszinierte mich die natürliche Herzlichkeit der Italiener. Genau das war es, was mir in meiner Verfassung richtig gut tat. Ich ließ mir diese überschwängliche Begeisterung und Lebenslust gefallen, die einfach ansteckend auf mich wirkten.

Einige kannten mich noch von meinem ersten Urlaub. Zum Beispiel Gino, der immer noch im Strandcafé kellnerte und eines nachmittags hinter der Theke ein Foto hervorkramte, das mich als Miss Lido zeigte, im Bikini, mit kleiner Krone und Schärpe. Mein Gott, war ich da noch jung. Ich betrachtete das junge Mädchen, das so glücklich und stolz in die Kamera lachte. Der Anblick machte mich melancholisch. Denn die Silvia auf dem Foto gab es nicht mehr. Doch ich wollte versuchen, wieder wie damals zu sein, wollte nachholen, was mir an Unschuld und Jugend brutal geraubt worden war.

Und so stürzte ich mich ins Vergnügen der Urlaubsmetropole. Ich tanzte die Nächte durch, war viel unter lachenden Menschen, flirtete und ließ mich anhimmeln, kaufte mir allerhand hübsche Sachen und ließ mich von einem gut aussehenden Italiener im Cabriolet die Küste entlangchauffieren. Doch keiner der jungen Männer konnte mich dazu überreden, mit ihm zu schlafen. Nicht nur, weil ich mich wegen meines verunstalteten Körpers schämte. Ich hatte nach all den schockierenden perversen Erlebnissen bei den Seyferts Angst, mich auf eine sexuelle Beziehung einzulassen.

Ich ärgerte mich natürlich furchtbar, dass ich mich nicht in der Sonne aalen konnte. Die Narben und Tätowierungen an meinem Körper hätten ja auffallen können. Das waren für mich regelrechte Schandmale, die ich mir am liebsten aus der Haut gekratzt hätte. Besonders ärgerlich war die eintätowierte Rose am rechten Oberarm, die es mir unmöglich machte, ärmellose T-Shirts zu tragen. Schließlich gewöhnte ich mir an, die Tätowierung immer unter einem Pflaster zu verbergen, was mir später zu Hause allerdings ein Arzt strengstens untersagte, weil die Haut an dieser Stelle schon zu faulen begonnen hatte.

Die vier Wochen in Rimini vergingen wie im Flug. Oft dachte ich daran, einfach zu bleiben, gar nicht mehr zurückzukehren nach Deutschland. Doch den Mut dazu hatte ich nicht. Ich verdrängte die Tatsache, dass ich wieder abreisen musste, bis zu dem Moment, als der Bus zum Flughafen vor dem Hotel hielt. Niedergeschlagen und ohne Vorfreude auf daheim brachte ich den Rückflug hinter mich.

KAPITEL 12

Mein erstes Kind

Der große Presserummel um die »Sex-Sklavin Silvia«, wie es immer wieder in den Zeitungsartikeln hieß, hielt eine ganze Weile an, ungefähr bis zum Winter 83/84. Meistens waren es die Boulevardblätter, die meine Geschichte bis zuletzt auswalzten.

Einige Schmierblätter veröffentlichten, was sie wollten. Irgendwelche, mir völlig unbekannte Freunde und Freundinnen wurden zitiert, die kaum ein gutes Haar an mir ließen. Und als man meine Vergangenheit in Erziehungsheimen ausgegraben hatte, wurde generell an meinem Lebenswandel und meiner Moral gezweifelt. Das ging bald bis zu ausgesprochen böswilligen und niederträchtigen Unterstellungen, die mich bis heute verfolgen.

Einige Zeitungsschreiber gingen sogar so weit zu behaupten, dass die »Sex-Sklavin Silvia« den sadistischen Spielen der Seyferts womöglich freiwillig beigewohnt haben könnte. Man mutmaßte: gegen Geld oder weil ich masochistisch veranlagt sei, Spaß an der Erniedrigung habe.

Ich habe mich häufig gefragt, ob die Journalisten das auch veröffentlicht hätten, wenn ihnen die Folgen für mich und meine Zukunft bewusst gewesen wären. In der Nachbarschaft wurde getuschelt, im Supermarkt und im Wartezimmer des Zahnarztes. Ehemals freundliche Polizeibeamte gaben sich plötzlich betont reserviert. Und meine Mutter war nahe daran, den Kontakt zu mir abzubrechen, weil sie glaubte, der

Schwachsinn, den sie zum Beispiel beim Friseur lesen konnte, würde aus meinem Mund stammen.

Ich war froh, als dieses Spießrutenlaufen mit dem Beginn des neuen Jahres aufhörte. Die Zeitschriften und Zeitungen hatten allmählich das Interesse an mir verloren. Doch das Misstrauen vieler Menschen mir gegenüber blieb bestehen. Und ich war vorsichtiger geworden und wählte meine Bekannten und Freunde neuerdings sehr sorgfältig aus. Ich prüfte erst einmal, ob sie mich tatsächlich mochten oder nur von meiner fragwürdigen Popularität profitieren wollten. Aber es war nicht einfach, die Spreu vom Weizen zu trennen.

Vor Männern, die sich für mich interessierten, nahm ich mich ganz besonders in Acht. Viele waren nämlich nur hinter mir her, weil sie von meiner Vergangenheit erfahren hatten, und glaubten, mit mir irgendwelche perversen sexuellen Fantasien ausleben zu können. Kerle, die ich nie vorher gesehen hatte, lauerten mir vor der Haustür auf und machten mir eindeutige Angebote. Wenn ich sie zum Teufel schickte, warfen sie mir Beschimpfungen an den Kopf, nannten mich Flittchen und Hure.

Von vielen abendlichen Kneipen- oder Discothekenbesuchen kam ich heulend nach Hause, weil mich irgend so ein abartiger Typ wieder dumm angemacht hatte. Oft hörte ich an der Theke, wie fremde Männer sich zuflüsterten: »Weiß du, wer die da drüben ist? Das ist Silvia, die Sex-Sklavin. Hast du doch bestimmt von gehört oder gelesen.« Die meisten wussten dann auf Anhieb, wer ich war. Die unverschämten Blicke, mit denen mich viele Männer anschließend förmlich auszogen, sprachen Bände. Dass nur wenig von dem, was über mich kursierte, der Wahrheit entsprach, konnten sie nicht wissen und wollten es vermutlich auch nicht.

Edis Prophezeiung war in Erfüllung gegangen: Ich war berühmt geworden. Aber in einer Art und Weise, die ich am liebsten ungeschehen gemacht hätte. Und für mein Image, das ich jetzt hatte, schämte ich mich in Grund und Boden. Nichts war mehr wie früher.

Sogar unser Familienleben wurde empfindlich gestört, weil auch meine Verwandten unter meiner zweifelhaften Popularität zu leiden hatten. Großmutter war bekümmert über die Lügen, die die Zeitungsleute verbreitet hatten. Sie zog sich immer mehr in ihre eigenen vier Wände zurück. Mutter warf mir vor, an dem Gerede in der Öffentlichkeit nicht unschuldig zu sein, weil ich den Reportern am Anfang bereitwillig alles erzählt hatte.

Es kam zu lautstarken Auseinandersetzungen, bei denen sie mich als selbstsüchtig und geltungsbedürftig beschimpfte und mir Naivität und Unreife vorhielt. Ich zog mich daraufhin beleidigt zurück und brach den Kontakt zu ihr ab. Unsere Beziehung, die sich nach meiner Freilassung so überraschend herzlich entwickelt hatte, schien der ersten größeren Belastung nicht standzuhalten. Mutter und ich waren uns schnell wieder fremd geworden.

Ich hatte mir angewöhnt, nie mehr allein auszugehen, sondern immer ein paar der wenigen echten Freunde, die übrig geblieben waren, dabeizuhaben. So fühlte ich mich sicherer. Ich benutzte die Clique als Schutzschild vor möglichen Belästigungen.

Es war an einem Freitagabend, als wir wieder unterwegs waren. Obwohl es schon reichlich spät war, wollte ich unbedingt noch in eine Discothek, die wir häufiger besuchten.

Drinnen war es brechend voll, und die Luft war so schlecht, dass ich nach kurzer Zeit wieder zum Ausgang drängte, um draußen vor der Tür Sauerstoff zu tanken.

Ich stand einfach nur so da und atmete die kühle Nachtluft ein, als plötzlich eine dunkle, samtweiche Stimme von hinten an mein Ohr drang:

»Trifft man dich auch mal allein und nicht nur in dieser Meute.«

Ich hatte mich abrupt umgewandt und blickte in ein braun gebranntes Gesicht, das mich frech angrinste. Es hatte blaue Augen und einen Schnurrbart, der den Mund fast verdeckte.

Diesen Mann hatte ich schon öfter hier gesehen. Er hieß Uli Scharing und war der Pächter der Diskothek. Mehr wusste ich nicht über ihn.

»Ich mag es nicht, von hinten angequatscht zu werden«, sagte ich betont aggressiv. »Außerdem habe ich keine Lust, mich zu unterhalten.«

»Wer sagt dir denn, dass ich mich mit dir unterhalten will«, sagte die dunkle Stimme mit gespielter Entrüstung, und die blauen Augen musterten mich unverhohlen amüsiert.

Mich ärgerte, wie der selbstsichere Typ mich hochnahm. Aber irgendwie war ich auch fasziniert von seiner Gelassenheit. Ganz zu schweigen von seiner angenehmen Stimme. Außerdem sah er verdammt gut aus in dem simplen, weißen Baumwoll-T-Shirt, das den braun gebrannten Teint und seine Augen betonte. Die dunkelblonden Haare trug er ganz kurz geschnitten. Vermutlich, um seinen üppigen Schnurrbart besser zur Geltung zu bringen.

»Ein eitler Fatzke«, dachte ich noch. Aber ich hatte schon zu lange in die blauen Augen geschaut. Uli stellte sich vor, und ich tat so, als hörte ich seinen Namen zum ersten Mal. Er wiederum gab zu, sich schon einmal nach mir erkundigt zu haben.

»Ich muss doch alle meine Gäste kennen«, meinte er spöttisch, nachdem ich so schnippisch wie möglich gefragt hatte, ob er denn jeden Gast beim Namen nennen müsste. Doch meine Kratzbürstigkeit war nur Tarnung. Ich hatte mich bereits verliebt, Hals über Kopf.

Die Mädchen waren wie wahnsinnig hinter Uli her, aber ich hatte ihn nie mit einer tanzen oder knutschen gesehen. Ob er nachts dann nicht doch noch eine nach Hause abschleppte, wusste ich natürlich nicht.

Mit dreißig war er zwölf Jahre älter als ich. Ein in meinen Augen reifer, erfahrener Mann, der das Selbstbewusstsein ausstrahlte, das mir völlig fehlte.

Obwohl Uli nicht sehr groß und kräftig war, wurde er überall schnell zum Mittelpunkt. Dafür sorgte allein schon seine Stimme, die alle Zuhörer in ihren Bann zog. Ich war stolz auf ihn und stolz darauf, mit ihm zusammen zu sein. Er sagte nie, dass er mich liebte, sondern nur, dass er mich gern habe und dass ich jemand sei, mit dem man bestimmt Pferde stehlen könne.

Es dauerte lange, bis ich mich darauf einließ, mit ihm zu schlafen. Als es dann so weit war, bestand ich darauf, das Licht auszumachen. Stockdunkel musste es sein, dass man die Hand nicht vor den Augen sehen konnte. Ich wollte nicht, dass er meinen Körper anschaute. Ich genierte mich und glaubte, er würde mich hässlich finden.

Auch später, als wir vertrauter waren, fielen meine Hemmungen nie ganz von mir ab. Wenn Uli meine Nacktheit betrachtete, hielt ich die Augen geschlossen. Ich fürchtete, in seinem Blick Verwunderung oder Entsetzen zu sehen.

Die Beziehung zu Uli wurde zwar intim, aber nie richtig eng. Ich spürte, wie er mich innerlich abschüttelte, wenn wir uns für kurze Zeit einmal richtig nah gewesen waren. Uli liebte das ungebundene Leben viel zu sehr, und er hasste Verpflichtungen. Meine Gefühle für ihn kühlten im Laufe der

Monate langsam ab. Und als ich erfuhr, dass er seit geraumer Zeit noch ein Verhältnis mit einer anderen Frau hatte, machte ich sofort Schluss mit ihm.

Wochen später wartete ich lange vergeblich auf meine Periode, die längst hätte einsetzen müssen. Zuerst war ich nicht sonderlich beunruhigt gewesen, da meine Blutungen seit der Gefangenschaft häufiger aussetzten. Als mir dann aber mehrmals morgens übel wurde, konnte ich nicht mehr verdrängen, womöglich schwanger zu sein. Verhütungsmittel hatten Uli und ich nicht benutzt. Auch weil ich glaubte, dass ich mit meinem geschundenen Unterleib nie würde schwanger werden können. Doch der Arzt, bei dem ich einen Schwangerschaftstest machen ließ, beruhigte mich. Das Ergebnis sei negativ, bestimmt würden die Regelblutungen in den nächsten Tagen einsetzten.

Sie taten es nicht. Aber ich ging davon aus, dass der Arzt sich nicht irren konnte. Kurz darauf erhielt ich eine Mitteilung der Krankenkasse. Ich sollte mich in ein paar Wochen zur kosmetischen Korrektur meiner Narben im Krankenhaus einfinden. Endlich! Wie lange wartete ich schon darauf, dass diese hässlichen Dinger entfernt würden. Doch auch nach Eingabe verschiedener ärztlicher Gutachten hatte sich die Krankenkasse Zeit gelassen mit der Zustimmung zur Kostenübernahme. Jetzt sollte es endlich so weit sein!

In dem Krefelder Hospital hatte man mich bereits OP-fertig gemacht, mir also die Körperhaare an den betreffenden Stellen abrasiert und ein Beruhigungsmittel gespritzt.

Doch wie ich so dalag in dem Vorzimmer des Operationssaals und auf die Narkose wartete, wuchs in mir die Gewissheit heran, doch schwanger zu sein.

Was würde mit dem Kind geschehen, wenn das Narkosemittel in meinen Blutkreislauf gelangte? Würde es die Operation überhaupt überstehen, und konnte mein Körper eine Fehlgeburt überleben?

Auf einmal hatte ich keinerlei Zweifel mehr, dass in mir ein winziger Mensch heranwuchs. Mir schwirrte der Kopf wie im Fieber. Nichts wie weg von hier, durchfuhr es mich, und schon war ich von der Liege gesprungen und hinaus aus dem Zimmer. Auf bloßen Füßen und nur mit dem kurzen, hinten offenen Operationshemd bekleidet, rannte ich über den Flur zum Aufzug.

Kaum hatte ich auf den »Abwärts«-Knopf gedrückt, als sich die Aufzugtüren öffneten und unzählige Besucheraugen entgeistert auf die fast unbekleidete junge Frau starrten.

Ausgerechnet zur Besuchszeit musste mir einfallen, aus dem Krankenhaus zu fliehen. Aus lauter Scham hätte ich auf der Stelle im Boden versinken können. Doch da sah ich auch schon Arzt und Schwester auf dem Gang hereneilen und aufgeregt mit den Armen fuchteln.

»Mensch Mädchen, was soll das denn«, herrschte der Arzt mich aufgebracht an. »Du warst doch so froh, endlich an der Reihe zu sein. Jetzt habe ich den Operationstermin extra dazwischengeschoben, und du läufst kurz vor der Narkose weg. Hast du Angst vor der Operation?«

»Nein«, sagte ich. Auf einmal war ich völlig ruhig und gefasst. »Ich glaube, ich bin schwanger.«

»Ja, verdammt noch mal, warum sagst du das nicht früher!«, brüllte er mich regelrecht an. »Dann müssen wir also einen Schwangerschaftstest machen.«

Die Schwester ergriff meinen Arm und brachte mich zurück in mein Zimmer, weil die Beruhigungsspritze inzwischen ihre Wirkung tat und ich ganz apathisch und schläfrig wurde. Später, nachdem ich eine Urinprobe für den Test dagelassen hatte, konnte ich mich anziehen und das Krankenhaus verlassen.

Diesmal war das Ergebnis eindeutig positiv. Das teilte mir, allerdings erst mit einer Verzögerung von zwei Wochen, mein Hausarzt mit, der vom Krankenhaus eine Nachricht bekommen hatte.

Ich erhielt eine Überweisung zum Frauenarzt, der mich eingehend untersuchte und anschließend mit der Nachricht schockte, dass ich bereits im sechsten Monat sei.

Das könne gar nicht sein, sagte ich fassungslos, es sei doch noch nichts zu sehen. Tatsächlich hatte ich kaum zugenommen, nicht einmal um Hüfte und Taille herum. Mir passten bis auf die ganz engen Jeans noch alle Sachen, und auch unbekleidet sah ich nicht aus wie eine werdende Mutter. Und mein Kind sollte bereits seit sechs Monaten in meinem Bauch wachsen?

Staunend ließ ich mir von dem Frauenarzt Abbildungen zeigen, die demonstrierten, welche Größe das Kind in mir schon hatte und welche Körperteile schon vollständig ausgebildet waren.

Zu keinem Zeitpunkt habe ich ernsthaft daran gedacht, das Kind abzutreiben. Auch wenn ich im Anfangsstadium von der Schwangerschaft gewusst hätte, wäre es mir wahrscheinlich unmöglich gewesen, einen Abbruch vornehmen zu lassen. Dieses Kind war neues Leben in mir. Es gehörte zu mir, wie ein Organ, ein Körperteil.

Dass ich zu dem Erzeuger schon lange keinen Kontakt mehr hatte, war mir egal. Er wäre sowieso kein guter Vater für mein Kind gewesen. Ich rechnete fest damit, dass er die Vaterschaft leugnen würde. Dann musste er eben per Gerichtsbeschluss zu Unterhaltszahlungen gezwungen werden. Meinen Stolz würde ich schon überwinden. Schließlich ging es um Geld, das dem Kind zustand.

Dass es wie ich vaterlos aufwachsen würde, war traurig, aber nicht zu ändern. Allerdings schwor ich mir, mein Kind mit größter Fürsorge und mit viel Liebe großzuziehen und es nicht wegzugeben, so wie meine Mutter es mit mir getan hatte.

Das Einzige, was mich stark beunruhigte, waren das Gerede der Leute und die Reaktionen in der Presse. Ich glaubte, das Getuschel schon hören zu können:

»Viel kann ja mit der nicht los sein, wenn sie ein uneheliches Kind bekommt.«

»Wer weiß, von wem das ist?«

»Scheint ja ganz schön munter durch die Betten zu springen, die Kleine!«

»Hat die Sexspielchen damals bei dem Millionärsehepaar wahrscheinlich doch ganz freiwillig mitgemacht.«

Auch vor meiner Schwangerschaft gab es schon genug üble Nachreden. Jetzt sollten die Schandmäuler noch mehr Nahrung bekommen.

Doch zuerst einmal brachte mich das Kind wieder meiner Mutter näher. Die geriet völlig aus dem Häuschen, als ich ihr mitteilte, dass sie bald Oma werden würde. Da sich meine Figur kaum verändert hatte, war niemandem in der Verwandtschaft etwas von meiner fortgeschrittenen Schwangerschaft aufgefallen. Selbst meiner Großmutter nicht. Auf die Nachricht, Urgroßmutter zu werden, reagierte sie mit Tränen der Rührung.

Meine Familie verhielt sich ohnehin großartig. Ich bekam keinerlei Vorwürfe zu hören. Nur ganz kurz wurde einmal überlegt, ob es nicht besser für meine Zukunft wäre, das Kind zur Adoption freizugeben. Aber ernsthaft machte niemand einen solchen Vorschlag.

Die Schwangerschaft hatte in mir eine unglaubliche Energie freigesetzt. Auf einmal hatte ich eine klare Perspektive:

Ich und mein Kind und mein eigenes Zuhause. Entschlossen machte ich mich auf die Suche nach einer Wohnung. Und prompt hatte ich Glück: Ganz in der Nähe meiner Großeltern fand ich eine hübsche Zweieinhalb-Zimmer-Wohnung, in der sich gut ein Kinderzimmer, ein Wohn-Schlafraum und eine Küche mit Essplatz einrichten ließen.

Und ich ging zum Sozialamt, um finanzielle Unterstützung zu beantragen. Es machte mir nicht viel aus, auf einem dieser langen Flure zu warten. Ich sagte mir, dass ich meinem Kind geordnete Verhältnisse schuldete. Und dazu gehörte nun einmal finanzielle Sicherheit, auch wenn sie zunächst noch vom Sozialamt kam.

Bisher hatte ich vom Geld meiner Großeltern und meiner Mutter gelebt und von den Honoraren, die mir von einigen Zeitungsverlagen ausgezahlt worden waren.

Im April war ich im achten Monat schwanger. Ich fühlte mich körperlich so fit und seelisch so ausgeglichen wie nie zuvor und konzentrierte mich voll darauf, mein Nest, wie ich die neue Wohnung heimlich nannte, gemütlich einzurichten.

Irgendwann kam meine Freundin Andrea vorbei und meinte, ich müsste doch auch einmal heraus aus meinen vier Wänden.

»Ich bin hochschwanger«, protestierte ich, »was sollen die Leute denken, wenn ich jetzt durch die Gegend strolche?«

»Aber schlank wie du bist, sieht dir doch keiner an, dass du ein Kind bekommst«, lachte Andrea.

Ich schaute an mir herunter. Mein Bauch war wirklich noch immer relativ flach. Der weite Pullover, den ich trug, versteckte die leichte Wölbung.

Ohne große Begeisterung ließ ich mich schließlich darauf ein, abends mit Andrea und einigen anderen Bekannten auszugehen. Sie holen mich ab, und wir fuhren zu einem Lokal, das ich noch nicht kannte. Drinnen war es ziemlich leer. Nur ein paar Gäste verteilten sich an der langen Theke. Einen davon schien meine Freundin gut zu kennen, sie winkte ihm ausgelassen zu. »Da drüben sitzt Klaus, ein echt netter Kerl. Lass uns zu ihm rübergehen«, sagte Andrea sofort.

Unentschlossen folgte ich ihr, während die anderen sich an den Flipperautomaten zu schaffen machten.

Meine Freundin machte Klaus und mich miteinander bekannt: »Das ist Klaus Bender«, stellte sie ihn mir vor, »ein ganz alter und guter Bekannter. Stimmt's Klaus?«

So wie ich Andrea kannte, wollte sie damit zum Ausdruck bringen, dass Klaus einmal mehr gewesen war als nur ein guter Bekannter. Klaus ignorierte die Anspielung und bedachte mich mit einem freundlichen Lächeln. »Haben wir uns nicht schon einmal gesehen?«

»Auf gar keinen Fall«, antwortete ich eine Idee zu entschieden. Aber mir saß wieder die alte Angst im Nacken, ich könnte auf irgendeinen Zeitungsartikel oder ein veröffentlichtes Foto hin angesprochen werden.

Aber Klaus fragte nicht weiter nach. Er unterhielt sich vor allem mit Andrea und versuchte dabei, mich in das Gespräch mit einzubeziehen. Ich verhielt mich ziemlich wortkarg und desinteressiert, auch weil ich den Abend in der Kneipe nicht endlos ausdehnen wollte. Ich musste Rücksicht auf meine Schwangerschaft nehmen.

Als ich erklärte, müde zu sein und nach Hause zu wollen, versuchte Andrea, mich zum Bleiben zu überreden. Es sei doch noch furchtbar früh, und zu Hause würde ich um diese Zeit doch auch noch nicht ins Bett gehen, sondern nur allein vorm Fernseher hängen.

»Dann lasst uns doch zu mir gehen«, schlug Klaus vor. »Ich habe mir gerade ein paar neue Videos ausgeliehen. Unterwegs besorge ich noch etwas zu trinken, und ein paar Brote kann ich auch noch schmieren oder eine Suppe warm machen.«

»Superidee«, begeisterte sich Andrea, und auch ich war nicht abgeneigt mitzukommen. Ich würde mich setzen können, vielleicht sogar in einen weichen Sessel, und mich auf ein spätes Abendessen freuen. Außerdem hatte Andrea nicht Unrecht. Zu Hause wäre ich wohl auch noch nicht ins Bett gegangen.

Klaus schien in so genannten »geordneten Verhältnissen« zu leben. Ein sauberer Hauseingang führte in ein gepflegtes Treppenhaus, in dem er seine Wohnungstür aufschloss. Die kleine Wohnung war aufgeräumt und gemütlich. Alles war an seinem Platz. Ich war beeindruckt. Nur wenige junge Männer in meinem Bekanntenkreis hielten ihre eigenen vier Wände derart in Ordnung. Auch auf sein Äußeres schien Klaus besonders zu achten. Mir waren gleich seine sauberen, maniküren Fingernägel aufgefallen und seine glänzend polierten Cowboy-Stiefel. Ich beobachtete, wie akkurat er in der Diele seine Lederjacke auf einen Garderobenbügel hängte.

Klaus war keine besonders attraktive oder gar imposante Erscheinung. Er war nicht viel größer als ich, sehr schlank, aber ziemlich durchtrainiert. Weshalb er keinesfalls zierlich wirkte. Seine Bewegungen erinnerten an eine Katze. Seine Muskeln und Sehnen zeichneten sich deutlich unter der hautengen Jeans und dem dünnen Hemd ab.

Ich habe vergessen, wie das Video hieß, das Klaus schließlich in den Recorder schob. Auch an die Handlung erinnere ich mich nicht mehr genau. Ich weiß nur noch, dass in dem Film eine Frau ihr Kind zur Welt brachte und ich spontan meinte: »Zu beneiden die Frau, die hat es wenigstens hinter sich.«

Den ungläubigen Gesichtsausdruck, mit dem Klaus sofort auf meinen Bauch starrte, sehe ich heute noch vor mir. Ich musste lachen. »Du guckst, als hättest du noch nie eine hochschwangere Frau gesehen.«

»Du und hochschwanger?« Klaus hob den Blick und schaute mir eindringlich in die Augen. »Aber dir sieht man überhaupt nichts an.«

»Silvia ist wirklich ein Phänomen«, mischte Andrea sich ein, bevor ich etwas erwidern konnte. »Im achten Monat schwanger und schlank wie eine Tanne. Als meine Schwester im siebten Monat war, sah sie schon aus, als würde sie vornüberkippen.«

Klaus beachtete Andrea gar nicht, sondern legte besorgt seine Hand auf meinen Arm.

»Wenn du müde bist und nach Hause willst, sag Bescheid. Ich ruf dir sofort ein Taxi.«

»Mir geht's prima. Ich bin doch nicht krank, sondern bekomme nur ein Kind«, winkte ich ab; obwohl mir seine Fürsorge gut tat.

Ich forderte ihn auf, seine Hand auf meinen Bauch zu legen, in dem das Baby gerade kräftig strampelte. Ehrfürchtig, ganz still vor mir kniend, achtete er auf die Stöße und Tritte, die seine Hand durch meine Bauchdecke zu spüren bekam. Es war richtig feierlich in dem Zimmer geworden, und nur Andrea interessierte sich noch für den Videofilm.

Klaus machte keine Anstalten, seine Hand von meinem Bauch zu nehmen. Um irgendetwas zu sagen, fragte ich nach einer riesigen Portion Eis. Und schon war Klaus aufgesprungen und zur Tür hinaus. Nur wenige Minuten später kam er mit einer Packung Speiseeis zurück, die er in der Trinkhalle, die seine Mutter in der Nähe betrieb, besorgt hatte. Später rief er ein Taxi und drückte mir heimlich, so dass Andrea es nicht mitbekommen konnte, das Fahrgeld in die Hand. »Du brauchst doch bald jede Mark, wenn das Kind da ist«, flüsterte er mir zu, als ich das Geld nicht annehmen wollte.

So viel Fürsorge war ich nicht gewohnt. Und wahrscheinlich war das der Grund, warum ich mich in Klaus verliebte. Er kümmerte sich um mich, sorgte sich um mein Befinden und war voller Vorfreude auf das Kind, das ja nun weiß Gott nicht von ihm stammte. Als ich ihm von meiner Vergangenheit und von den Seyferts erzählte, reagierte er so, wie ich es bereits erwartet hatte: erschüttert und mitfühlend, aber auch optimistisch, dass meine Leiden gesühnt werden würden. Er meinte auch, dass das Gericht sicher für eine finanzielle Entschädigung sorgen würde.

Zweiundzwanzig Jahre war er damals, nur drei Jahre älter als ich. Mit der Auslieferung von Getränken verdiente er ein regelmäßiges Einkommen, und er meinte, das würde reichen, um die Verantwortung für mich und mein Kind zu übernehmen. Voller Begeisterung besorgte er Babysachen und Spielzeug, machte Pläne für unsere gemeinsame Zukunft und ließ sich nur widerwillig auf den Boden der Realität holen, wenn ich sagte, wir sollten doch erst einmal bis nach der Geburt warten.

Am 9. Juni 1984 kam Melanie zur Welt, ein winziges Bündel Mensch, von dem ich gar nicht glauben konnte, dass es in meinem Bauch gewachsen war. Ich musste mit Kaiserschnitt entbunden werden. Doch die Operation verlief problemlos, und auch mein Baby war, obwohl sehr klein, gesund und munter.

Als Klaus mich nach der Entbindung im Krankenhaus besuchte, bat er die Schwester, »seine Tochter« sehen zu können, eine Geste, die mich darin bestärkte, in ihm einen guten, verantwortungsbewussten Stiefvater zu sehen. Er war ganz außer sich vor Freude über »sein süßes Baby« und beteuerte, in meiner Wohnung sei schon alles auf die Heimkehr von Mutter und Kind vorbereitet. Klaus hatte seine eigene Wohnung noch beibehalten, obwohl er in den vergangenen Wochen die meiste Zeit bei mir verbracht hatte.

Weder bei mir noch bei Melanie traten Komplikationen auf, sodass wir schon bald aus der Klinik nach Hause entlassen wurden.

Alle hatten mitgeholfen, meine kleine Wohnung für das Baby herzurichten. Ein Wickeltisch stand im Schlafzimmer gleich neben dem Kinderbett. Die Schubladen waren mit ausreichend Babywäsche gefüllt, und auf der Anrichte in der Küche standen bereits Fläschchen für die Milch und Gläser mit Babykost. Ich hatte mir allerdings vorgenommen, so lange wie möglich zu stillen.

Eigentlich hätte ich rundherum zufrieden und dankbar sein sollen. Alle waren um mich und Melanie besorgt.

Aber missmutig nörgelte ich herum. Ich stieß Klaus von mir, wenn er mich umarmen wollte und reagierte unwirsch auf sein ungeschicktes Bemühen, Melanie zu wickeln. Vielleicht waren es die typischen Depressionen von Frauen nach der Entbindung, oder mich störte bereits die Art, wie Klaus sich in mein Leben einmischte.

Jedenfalls kam es ausgerechnet an dem Tag, an dem ich mit Melanie auf dem Arm nach Hause zurückgekehrt war, zum ersten großen Streit. Wir schrien uns fürchterlich an. Ein Wort gab das andere. Als auch das Baby anfing zu schreien und Klaus es aus dem Bettchen nehmen wollte, brüllte ich ihn an, er solle Melanie auf der Stelle loslassen, sie sei einzig und allein mein Kind.

Klaus schoss die Zornesröte ins Gesicht. Er beschimpfte mich als launische, blöde Ziege, der man nichts recht machen könne, und ich schmiss ihn schließlich aus der Wohnung, nachdem ich ihn als Nichtskönner, Trottel und Faulenzer tituliert hatte. Der hasserfüllte Blick, mit dem Klaus daraufhin drohend auf mich zukam, bevor er sich abrupt umdrehte und aus der Wohnungstür stürmte, hätte mir damals eine Warnung sein sollen.

Dieser erste große Streit war auch erst einmal das Ende unserer Beziehung. Klaus ließ sich von dem Tag an nicht mehr bei mir blicken. Und ich war, wie üblich, viel zu stolz, aber mit Melanie auch viel zu beschäftigt, um eine Aussprache herbeizuführen. Hinzu kam, dass meine Mutter und meine Großmutter, aber auch viele meiner Bekannten froh darüber waren, dass wir uns getrennt hatten. Sie ließen kein gutes Haar an Klaus.

Niemand konnte genau sagen, was sie an Klaus störte. Aber alle waren sich einig, dass die Trennung das Beste war, was mir hatte passieren können. Und ich redete mir ein, sehr gut ohne Klaus klarzukommen. Dass er dennoch eine Lücke in meinem Leben hinterlassen hatte, spürte ich wohl, gab es aber anderen gegenüber nicht zu. Ohne Melanie hätte ich vermutlich mehr unter dem Trennungsschmerz gelitten. Aber dieses kleine, muntere Wesen, das mich Tag und Nacht auf Trab hielt, ließ erst gar keine traurigen Gedanken bei mir aufkommen. Mein Leben hatte endlich einen Sinn und eine Aufgabe, und ich überschüttete mein Kind mit all der Liebe, die ich zu bieten hatte.

An einem Abend im Oktober, es war bereits dunkel, klingelt es an meiner Wohnungstür. Als ich öffnete, wollte ich meinen Augen zunächst nicht trauen. Klaus stand vor der Tür, fast vier Monate, nachdem wir uns getrennt hatten. Wir waren beide verlegen und wussten nicht, was wir reden sollten, nachdem ich Klaus in die Wohnung gebeten hatte. Ich zeigte ihm Melanie, die friedlich in ihrem Bettchen schlief. Und mit einem Mal, als Klaus sich gerührt zu der Kleinen hinunterbeugte, waren meine alten Gefühle für ihn wieder da.

KAPITEL 13

Prozess mit Presserummel

Klaus und ich waren wieder zusammen, und bereits ein paar Tage nach unserer Versöhnung zog er bei mir ein. Zum Leidwesen meiner Verwandten, die gehofft hatten, dieser Mann würde keine Rolle mehr in meinem Leben spielen. Nur noch selten kam jemand von ihnen zu Besuch. Und auch ich hielt mich zurück, allein schon, um mir nicht ständig das Gezeter über Klaus anhören zu müssen. Dem war das Fernbleiben meiner Familie ganz recht. So hatte er mehr Einfluss auf mich und konnte seine zahlreichen Freunde ein- und ausgehen lassen.

Anfangs störte mich das stete Kommen und Gehen in unserer Wohnung kaum. Ich fand es sogar ganz amüsant, immer neue Leute um mich zu haben, nie allein zu sein und immer mit jemandem reden zu können.

Als uns allerdings immer mehr, manchmal recht zwielichtige Gestalten auf den Pelz rückten, und Melanie, die gerade mit Fieber nebenan im Bett lag, aus dem Schlaf schreckten, drehte ich durch und warf die gesamte Meute aus der Wohnung.

Als alle weg waren, schäumte Klaus vor Wut. »Was fällt dir ein, meine Freunde rauszuschmeißen?«

Hasserfüllt starrte er mich aus zugekniffenen Augen an. Den Blick kannte ich. So hatte Klaus mich auch damals bei unserem ersten großen Streit vor der Trennung angeschaut. Für einen Moment dachte ich, er würde mich schlagen. Doch seine Hand, die nach oben geschnellt war, krachte nur mit voller Wucht gegen den Türrahmen.

»Am liebsten würde ich jetzt hier alles kurz und klein schlagen«, schrie er mich an. »Du wirst keinen meiner Freunde mehr aus dieser Wohnung jagen, das schwöre ich dir. Sonst wird etwas Schreckliches passieren.«

Das war sein typischer Jähzorn. Wenn Klaus nicht bekam, was er wollte, konnte aus dem freundlichen, hilfsbereiten jungen Mann plötzlich ein unbeherrschter Rohling werden, der vor lauter Wut mit Kippen gefüllte Aschenbecher gegen die Wand warf, Geschirr auf dem Boden zerschmetterte und Türen mit einer Wucht zuschlug, dass man meinte, sie müssten aus den Angeln springen. Bekannte und Freunde erzählten mir nach und nach, dass er als regelrechter Schläger verschrien sei, der auch schon Frauen verprügelt habe.

Ich mochte diese Geschichten nicht glauben. Mich hatte er noch nicht geschlagen. Und Melanie behandelte er wie ein rohes Ei. Selbst wenn das Baby nachts stundenlang schrie und ihm den Schlaf raubte, verlor Klaus nicht die Geduld und kümmerte sich rührend um die Kleine. Ich kannte ihn zwar als jähzornigen, nicht aber als gewalttätigen Mann. Jedes Mal, wenn er nach einem seiner Wutausbrüche wieder zu sich gekommen war, bat er mich zerknirscht um Verzeihung und gelobte Besserung. Ich versuchte, ihn so wenig wie möglich zu provozieren. Denn ich wollte unsere kleine Familie nicht einfach aufs Spiel setzen.

Nur so ist auch zu erklären, dass ich anfangs stillschweigend seinen Haschisch-Konsum hinnahm, obwohl mir allein schon das impertinente Aroma der brennenden Haschisch-Zigaretten zuwider war.

Immer häufiger war unsere Wohnung erfüllt von dem verräterischen Duft. Dafür sorgten schon die zahlreichen Freunde von Klaus, die immer ein paar Brösel Shit dabeihatten und alsbald den Joint oder das Pfeifchen herumgehen ließen.

Ich konnte dem Zeug nichts abgewinnen. Mich schreckte die Lethargie und Regungslosigkeit ab, die der Rauschzustand mit sich brachte. Wenn Klaus diesen glasigen, entrückten Ausdruck in seinen Augen hatte und apathisch im Sessel hing, hätte ich ihn jedes Mal packen und schütteln mögen.

»Ich weiß nicht, was du hast«, meinte er, als ich zum ersten Mal seinen Drogenkonsum kritisierte. »Alle Welt säuft, manche, bis sie an ihrer kaputten Leber verrecken, und viele hängen an der Nadel, bis sie sich den goldenen Schuss setzen. Da wird das bisschen Hasch doch wohl erlaubt sein. Daran ist noch keiner gestorben.«

Und wieder schaffte Klaus es, meine Bedenken zu zerstreuen. »Du rauchst Zigaretten, und davon nicht zu wenig«, warf er mir nicht zu Unrecht vor, »hast du dir schon einmal überlegt, was du deiner Gesundheit damit antust?«

Wenn Klaus anfing, auf mich einzureden und mit Argumenten nur so um sich zu schlagen, konnte ich dem nur wenig entgegensetzen. Seiner Redegewandtheit und Durchsetzungskraft war ich einfach nicht gewachsen.

Also blieb es erst einmal dabei, dass Klaus seine Haschisch-Clique bei uns um sich scharte. Außerdem begann ich langsam, dem Haschisch auch etwas Positives abzugewinnen: Im Rauschzustand wurde Klaus nie jähzornig oder aggressiv.

Mich beschäftigten allerdings auch noch ganz andere Sorgen. Ich hatte die Mitteilung erhalten, dass der Prozess gegen Rita und Werner Seyfert am 24. November 1984 um neun Uhr beginnen würde. Wie oft hatte ich diesen Tag herbeigesehnt und mir gewünscht, die beiden auf der Anklagebank zu sehen. Vor dem Richter und der ganzen Welt wollte ich laut herausschreien, was sie mir angetan hatten. Zigmal hatte ich meinen Auftritt vor Gericht im Kopf durchgespielt.

Doch jetzt, wo es ernst wurde, hätte ich mich am liebsten heimlich davongemacht. Plötzlich scheute ich mich vor der Aussage vor Gericht, vor den Fragen des Staatsanwaltes und den Zweifeln an meiner Darstellung, die mit Sicherheit von den Verteidigern der Seyferts geschürt werden würden.

Ich wollte Rita nicht wiedersehen und auch Werner nicht. In den vergangenen Monaten, seit Melanie auf der Welt war, hatte ich die anstehende Gerichtsverhandlung ebenso aus meinem Bewusstsein verdrängt wie die zurückliegenden fünfzehn qualvollen Monate im Haus der Seyferts.

»Du darfst jetzt nicht kneifen«, wies Klaus mich zurecht, nachdem ich ihn in einer meiner schlaflosen Nächte geweckt und von meinen Ängsten erzählt hatte. »Das bist du allen schuldig, den Polizisten, deinem Anwalt und nicht zuletzt dir. Du kannst doch nicht wollen, dass die Seyferts so einfach davonkommen und sich mit ihrer Kohle wieder ein schönes Leben machen.«

In dieser beklemmenden Zeit, kurz vor dem Prozess, war Klaus mir eine wertvolle Stütze. Ich weiß nicht, wie ich den ganzen Stress ohne ihn bewältigt hätte. Er sprach mir Mut zu, telefonierte mit meinem Anwalt, redete mit den Journalisten, die sich jetzt wieder auf meine Geschichte stürzten, und kümmerte sich um Melanie und den Haushalt, wenn Ängste und Depressionen mich lähmten. In dieser schwierigen Zeit erwies er sich als echter Partner, auf den ich mich verlassen konnte.

In der Nacht vor der Gerichtsverhandlung machte ich vor Unruhe wieder kein Auge zu. Ich wanderte in der Wohnung herum und setzte mich an Melanies Bett, die in dieser Nacht so ruhig wie selten durchschlief. Doch auch der gleichmäßige Atem meines Kindes konnte mir die Angst vor dem nächsten Tag nicht nehmen. Ich wurde immer aufgeregter und nervöser. Klaus mochte ich nicht wecken. Er hätte mich nur zurück ins Bett geschickt mit der Ermahnung, endlich zu schlafen.

Je mehr Zeit verstrich, desto größer wurde die Beklemmung, die mich wie eine eiserne Faust gepackt hatte und nicht mehr loslassen wollte. In etwa einer Stunde würde der Wecker klingeln. Dann würde Klaus aufwachen und mich zwingen, zum Landgericht nach Düsseldorf zu fahren, wo der Prozess gegen die Seyferts stattfinden sollte. Immer mehr verfiel ich der Wahnvorstellung, im Gerichtssaal allen, auch den Seyferts, ausgeliefert zu sein. Ich sah mich eingeschlossen in einem runden, großen Raum, aus dem es für mich kein Entrinnen mehr gab. Wahrscheinlich lauerte mir schon vor dem Gerichtsgebäude ein bezahlter Killer auf, um mich unschädlich zu machen. Wer konnte mich schützen und mir garantieren, dass ich unversehrt nach Hause zurückkehren konnte?

Ich hatte mich leise ins Badezimmer zurückgezogen und betrachtete im Spiegel über dem Waschbecken im Licht der Neonlampe mein blasses, übernächtigtes Gesicht. Dunkle Ringe lagen unter den Augen, die mich fiebrig glänzend aus dem Spiegel anstarrten. Da war sie wieder, diese Todessehnsucht. Die Lust, jetzt, auf der Stelle, mein Leben zu beenden, um allem, was mir Angst machte, entfliehen zu können.

Möglich, dass ich mir an diesem Morgen wirklich etwas angetan hätte, wenn nicht zufällig Klaus gähnend die Badezimmertür geöffnet hätte, weil er zur Toilette musste.

»Du siehst hundeelend aus«, er sah mich besorgt an, »leg dich doch noch ein paar Minuten hin. Es ist noch Zeit, und ich koche uns schon einmal Kaffee und schau nach Melanie.«

Schluchzend und irgendwie erleichtert fiel ich ihm um den Hals. Das war der Klaus, den ich liebte: Ein reizender, gefühlvoller Mensch, der da war, wenn man ihn brauchte.

Die Uhr zeigte kurz vor acht. Hanna, die Mutter von Klaus, hatte gerade Melanie abgeholt, als es an der Tür klingelte. Es war ein Reporter der Illustrierten, die die Serie über mich veröffentlicht hatte. Er wollte uns mit seinem Wagen nach Düsseldorf fahren. Das hatte Klaus so mit der Redaktion vereinbart. Ich nahm hinten auf dem Rücksitz Platz, während Klaus sich nach vorne neben den Reporter setzte, mit dem er sich die ganze Fahrt über angeregt unterhielt. Ich war froh, in Ruhe gelassen zu werden und noch keine Fragen beantworten zu müssen.

Zuerst waren wir mit meinem Anwalt Dr. Ernst verabredet. Seine Kanzlei lag nicht weit vom Gericht. Kurz vor neun, nachdem ich auf der dicken Holzplatte des Schreibtischs mit zittriger Hand noch einige Unterschriften geleistet hatte, machten wir uns dann gemeinsam auf den Weg.

Das imposante Steingebäude mit dem mächtigen Treppenaufgang flößte mir mehr Furcht als Respekt ein. Mit wackeligen Knien kletterte ich am Arm von Klaus die Stufen hoch, als sich eine Traube von Menschen aus dem Eingang löste und auf mich zustürzte.

»Wie fühlst du dich, Silvia?«, rief jemand, und schon leuchtete das Blitzlicht seiner Kamera auf.

»Ein paar Worte an unsere Leser, Silvia, bitte!« Ich schüttelte stumm den Kopf. Um mich herum Fotoapparate und Männer und Frauen, die alle durcheinander sprachen.

»Viel Glück, Silvia«, wünschte mir augenzwinkernd eine fremde Frau, doch ich hatte nur einen verächtlichen Blick für sie übrig. Ich ärgerte mich über die Aufdringlichkeit dieser Menschen, die so taten, als würden sie mich wer weiß wie gut kennen.

Die Reporter machten immer noch keine Anstalten, mich ungehindert durchzulassen. Schließlich sprach Dr. Ernst ein Machtwort und drängte mich energisch durch die Menge.

Draußen war es empfindlich kalt gewesen. Doch obwohl drinnen im Gerichtssaal gut geheizt war, wollte mir nicht warm werden. Ich fror fürchterlich und bildete mir ein, Dr. Ernst, der neben mir saß, müsste mein Zähneklappern hören. Entsetzt beobachtete ich, wie immer mehr Menschen den großen Raum betraten und Platz nahmen, als hätten sie irgendetwas mit dem Prozess zu tun.

»Das sind Zuschauer«, belehrte mich Dr. Ernst, »der Prozess ist öffentlich.«

Entgeistert starrte ich auf die sich füllenden Zuschauerränge. Schon der Gedanke, dass die Perversionen der Seyferts vor den Ohren dieser Fremden zur Sprache kommen würden, trieb mir die Schamröte ins Gesicht.

Zusätzlich zu den vierzig bis fünfzig Zuschauerplätzen waren noch etwa zehn Sitze für Journalisten reserviert. Und alle Augen schienen mich zu beobachten. Ich fühlte mich schutzlos und wie auf einer Bühne zur Schau gestellt.

Mit bebenden Lippen, die Hände verkrampft, dass die Knöchel sich weiß durchdrückten, wartete ich auf den Augenblick, vor dem ich mich am meisten fürchtete: das Erscheinen der Seyferts. Die Zeit schien fast stillzustehen. Unerträglich langsam verstrich Minute um Minute, als plötzlich das Gemurmel auf den Zuschauerrängen anschwoll. Ich blickte auf und sah, wie die Tür hinter den Seyferts bereits wieder geschlossen wurde.

Rita hatte sich äußerlich kaum verändert. Ohne mich eines Blickes zu würdigen, stolzierte sie, flankiert von zwei Anwälten, zur Anklagebank, wo sie ihren Pelzmantel betont gelassen über die Lehne drapierte, bevor sie sich setzte. Werner

Seyfert, ebenfalls mit zwei Anwälten im Schlepptau, wirkte magerer und noch blasser im Gesicht als früher. Er machte einen sehr ernsten, aber gefassten Eindruck und schüttelte beschämt den Kopf, als er meinen Blick mit den Augen auffing.

Vor dieser Begegnung hatte ich mich fast zu Tode geängstigt. Jetzt nahm ich verwundert wahr, dass die Nähe der beiden mich seltsam kalt ließ. Alle Furcht war mit einem Mal von mir gewichen. Ungläubig betrachtete ich die Gestalten auf der Anklagebank, die ich als brutale Teufel in Menschengestalt in Erinnerung hatte. Nein, vor Rita und Werner Seyfert musste ich mich nicht mehr fürchten. Ein wunderbares Gefühl der Sicherheit und Wärme überkam mich. Die Anwesenheit von Richter, Staatsanwalt, Anwälten und Beisitzern hatte nun etwas ausgesprochen Beruhigendes an sich.

Gleich nach Prozessauftakt informierte der Richter die Anwesenden darüber, dass Udo Kossel, der Anwalt des Angeklagten, »dem Gericht nicht die Ehre erwiesen habe zu erscheinen«.

Dr. Ernst vermutete, dass der erfolgsverwöhnte Staranwalt Kossel seine Felle hatte davonschwimmen sehen und deshalb sein Mandat niedergelegt habe. Mit einer gewissen Häme stellte ich fest, dass Geld doch nicht alles möglich macht. Denn trotz seines Reichtums konnte Werner Seyfert sich seinen Verteidiger anscheinend nicht aussuchen und musste mit der zweiten Wahl zurechtkommen.

Während der ersten Prozesstage, an denen die Angeklagten ihre Aussagen machten, hatte ich mehrmals das Bedürfnis, einfach über den Tisch zu springen, um den beiden ein »verdammte Lügner« ins Gesicht zu schreien. Entgeistert hörte ich, wie Werner Seyfert behauptete, mein Körper sei bereits tätowiert gewesen, als er mich zum ersten Mal nackt gesehen habe.

»Das ist eine gemeine Lüge«, sagte ich so laut, dass mein Anwalt mich zurechtwies.

»Du wirst auch noch gehört, keine Sorge«, beruhigte er mich, als er merkte, wie mich die Falschaussagen der Angeklagten aufwühlten.

Rita leugnete alles. Frech und eiskalt, ohne von mir Notiz zu nehmen. Sie behauptete, von meiner Anwesenheit im Keller erst Tage später durch ihren Mann erfahren zu haben, der mit mir ein Verhältnis gehabt habe. Als der Richter wissen wollte, warum die Geliebte Werner Seyferts denn eingesperrt worden sei, zuckte Rita ungerührt die Schultern. Da sollte man besser ihren Mann fragen, sie habe mit der ganzen Sache nichts zu tun. Schnell wurde mir klar, dass die Seyferts sich darauf geeinigt hatten, Rita als Unschuldsengel hinzustellen, während Werner alles, was nicht mehr zu leugnen war, auf seine Kappe nehmen sollte.

Er sagte aus, mich im Keller geschlagen und dabei unglücklich am Kopf verletzt zu haben, weshalb er seine Frau zu Hilfe gerufen habe.

»Aus Angst, dass sie zur Polizei geht und mich anzeigt, habe ich Silvia dann eingeschlossen«, lautete seine Version. Von sadistischen Folterungen wollte auch er nichts wissen.

»Diese Horrorgeschichten hat Silvia sich bestimmt zurechtgelegt, nachdem sie den Softporno ›Die Geschichte der O.‹ gesehen hatte«, behauptete er dreist.

Wieder wollte ich aufspringen und dazwischenfahren. Doch mein Anwalt neben mir hielt mich fest am Arm zurück.

»Ruhig Blut«, flüsterte er mir zu, »der redet sich doch um Kopf und Kragen. Das, was er erzählt, glaubt ihm doch kein Gericht.«

Mich trieb allein schon zur Weißglut, dass die Seyferts hier einfach so ihre schmutzigen Lügengeschichten vor allen Leuten ausbreiten konnten.

»Silvia blieb später freiwillig bei uns im Haus«, log Werner weiter, »keiner von uns hätte sie daran gehindert wegzugehen.«

Mein Hass auf Rita wurde unbändig, als sie in ihrer Aussage andeutete, ich hätte wohl Spaß an sado-masochistischen Spielen. Sie hätte einmal durchs Schlüsselloch beobachtet, wie Werner und ich uns gegenseitig ausgepeitscht hätten.

Und sie erdreistete sich tatsächlich, das Vorhandensein des gynäkologischen Stuhls im Schwimmbad der Villa damit zu erklären, dass er als origineller Blumenständer gedient habe.

Jeden Morgen erschien ich pünktlich um neun Uhr bei Gericht. Ich wollte endlich als Zeugin aufgerufen werden. Klaus, der immer mitkam, bemühte sich ebenso wie Dr. Ernst, meine Ungeduld zu zügeln.

»Es läuft hervorragend für uns«, versicherte mein Anwalt. »Aber jede unbesonnene Äußerung von dir kann sich gegen uns wenden. Denk daran.«

Diplomatie und Besonnenheit waren noch nie meine Stärke, und Geduld und Einsicht schon gar nicht. Doch an einem Vormittag, als ich meinte, die Lügen kaum mehr ertragen zu können, rief mich der Richter in den Zeugenstand.

Alles, was ich mir an wortgewandten Phrasen und überzeugend klingenden Redewendungen im Kopf zurechtgelegt hatte, war plötzlich aus meinem Gedächtnis verschwunden. Ich erschrak vor meiner eigenen Stimme, die ungewohnt brüchig klang. Mühsam suchte ich nach Worten, nach passenden Ausdrücken. In der Öffentlichkeit vor so vielen Menschen zu reden, war mir völlig fremd.

Zögernd und nur ganz leise kamen die ersten Sätze über meine spröden Lippen. Mein Mund war völlig ausgetrocknet. Um die Zuschauer nicht anschauen zu müssen, richtete ich meine Augen starr auf den Vorsitzenden, der mir in Abständen aufmunternd zunickte und mich ab und an unterbrach, um mich sachte aufzufordern, lauter zu sprechen. Ganz langsam fiel das Lampenfieber von mir ab. Ich wurde ruhiger und meine Stimme wurde auch lauter und zorniger.

Ich solle sachlich bleiben und nur auf die Fragen antworten, wies mich der Richter ruhig aber bestimmt zurecht. Doch der Bann war gebrochen. Plötzlich ängstigten mich weder die Zuschauer und Journalisten noch die Angeklagten. Freimütig schilderte ich die fünfzehn Monate bei den Seyferts. Ich erzählte, wie ich von beiden hinterhältig in die Falle gelockt und jeglicher Würde beraubt worden war. Ich beschrieb ihre Foltermethoden und meine Todesängste.

Manchmal hörte ich Ausrufe des Entsetzens hinter meinem Rücken, oder es ging ein Raunen durch die Zuschauerreihen. Ich war erleichtert, reden zu dürfen, die Unwahrheiten der Seyferts widerlegen zu können.

»Würden Sie sich freiwillig mit der Lochzange Löcher in die Haut stanzen lassen? Wissen Sie, wie weh das tut?«, fuhr ich einen der Anwälte Werner Seyferts an. Er hatte versucht, die Aussage seines Mandanten zu untermauern, wonach ich mir die Verletzungen woanders habe zufügen lassen.

Während der Verhöre durch Staatsanwalt und Verteidiger hatte ich mich eigentlich ganz gut in der Gewalt. Und darauf war ich stolz. Aber ausgerechnet mein eigener Anwalt schaffte es, mich mit seinen Fragen völlig aus der Fassung und zum Weinen zu bringen. Er gab nicht eher Ruhe, bis ich stotternd und unter Tränen aussagte, dass Rita und Werner über meinem entblößten Körper uriniert haben. Das hatte ich aus

Scham weder der Polizei noch meiner Mutter und schon gar nicht Klaus erzählt. Nur ein einziges Mal, bei einem der Gesprächen in der Anwaltskanzlei, war mir eine Bemerkung über dieses ekelhafte Erlebnis herausgerutscht. Und das benutzte mein Anwalt ausgerechnet im Gerichtssaal, um mich aus der Reserve zu locken.

»Dein Zusammenbruch hat seine Wirkung nicht verfehlt«, rechtfertigte er sich anschließend, »du hättest bloß die betroffenen Gesichter im Zuschauerraum sehen sollen.«

Ich war furchtbar enttäuscht von ihm und drohte, jegliche weitere Aussage zu verweigern, wenn er noch einmal mein Vertrauen missbrauchen würde.

Die Auftritte meines Anwalts vor Gericht waren oft sehr publikumswirksam. Einmal rollte er mitten im Saal eine viereckige Papierfläche aus, die er zuvor aus Tapetenresten zusammengeklebt hatte.

»Sehen Sie sich die Maße genau an. Keinen Zentimeter größer war das Gefängnis, in dem Silvia fünfzehn Monate lang vegetieren musste, und zwar im Haus der Angeklagten.«

Er forderte mich auf, einzelne Gegenstände wie die Toilette, das Waschbecken und die Liege auf der Papierfläche einzuzeichnen.

Auch die Stellen, wo mir die Seyferts Gewalt angetan hatten, sollte ich markieren. Danach wurde es für eine Weile mucksmäuschenstill im Gerichtssaal. Ich glaube, am Schluss war nicht nur ich beeindruckt von der Beweisführung meines Anwalts.

Eine schlimme Wendung nahm der Prozess, als die Anwälte der Seyferts meine Vergangenheit ins Feld führten. Sie hatten zuvor Privatdetektive beauftragt, mein Privatleben unter die Lupe zu nehmen. Die wiederum waren sich nicht zu schade, dem Gericht jeden noch so lächerlichen Beweis für meinen angeblich unmoralischen Lebenswandel vorzulegen. Aufreizend gekleidet, im Mini und in weit ausgeschnittenen Blusen, sei ich öfter in Discotheken gesehen worden, hieß es da.

»Ja, wieso auch nicht«, rechtfertigte ich mich, »welche junge Frau geht denn auch zugeknöpft wie eine Betschwester zum Tanzen?«

Ein angeblicher Zuhälter wurde als Zeuge aufgerufen. Der erklärte allerdings, er habe zwar Banken überfallen, aber keine Prostituierten für sich arbeiten lassen. Und mich würde er überhaupt nicht kennen, allenfalls aus der Zeitung.

Ich konnte es nicht mehr ertragen, wie da versucht wurde, meine Glaubwürdigkeit in Zweifel zu ziehen, frei nach dem Motto: Einer hübschen jungen Frau in einem kurzen Rock und mit einem unehelichen Kind ist alles zuzutrauen. Doch die Beweiskette der Seyfertschen Anwälte brach total zusammen. So wurden dem Gericht ärztliche Gutachten vorgelegt, die anhand der Altersbestimmung von Hautschichten nachwiesen, dass mir die Verletzungen nur in der Zeit meiner Gefangenschaft bei den Seyferts hatten zugefügt werden können.

Das Gleiche galt für die Tätowierungen. Damit war Werner Seyferts Aussage widerlegt, ich sei schon tätowiert gewesen, als er mich kennen gelernt habe.

Der Höhepunkt war die Aussage eines gewissen Otto Feister, der von der Staatsanwaltschaft als Zeuge geladen war. Er sagte aus, von den Seyferts Geld bekommen zu haben, um mich noch vor Prozessbeginn nach Spanien zu entführen und dort auszuschalten. Ihm sei die Sache aber zu heiß geworden, deshalb habe er die Polizei über den teuflischen Plan der Angeklagten informiert.

Obwohl ich stets befürchtet hatte, dass die Seyferts mir nach dem Leben trachteten, erschreckte mich die Gewissheit, dass meine Furcht berechtigt war. Also hatte ich doch Recht gehabt.

»Der Seyfert hat mehr zu fürchten als du!« Das war z.B. die Meinung von Klaus. Und Mutter war felsenfest davon überzeugt, dass Werner Seyfert viel zu feige sei, mir einen Killer auf den Hals zu hetzen.

Die Aussage von Otto Feister hatte mich furchtbar mitgenommen. Ich war so verstört, dass mein Anwalt den Richter um eine Pause bat.

»Ich glaube, ich stehe den Prozess nicht durch«, erklärte ich ganz offen am sechsten Verhandlungstag. »Ständig reißt ihr alte Wunden auf, und keiner fragt, wie ich das psychisch verkrafte. Ich will einfach nicht mehr hören, wie an mir gezweifelt und in meiner Vergangenheit gestöbert wird. Ich habe meine Aussage gemacht.«

Dr. Ernst beantragte meine Freistellung für die weitere Dauer des Prozesses, und der Richter willigte ein. Allerdings mit der Auflage, dass ich immer dann erscheinen müsste, wenn meine Anwesenheit erforderlich sei.

Den Verlauf des Prozesses verfolgte ich von nun an nur noch in den Zeitungen. Zwar nahm Klaus als Zuschauer weiter an den Verhandlungen teil, aber zu Hause in unserer Wohnung wollte ich nichts davon hören. Der ganze Schmutz, der im Gericht aufgewirbelt wurde, sollte draußen bleiben.

Natürlich war es ausgesprochen naiv zu glauben, mit meiner Vogelstraußtaktik unbeschadet davonzukommen. Allein die Gemeinheiten, die in einigen Zeitungen standen, trafen mich mehr als alle Lügen der Seyferts vor Gericht. Als »Ruhrpott-Lolita« wurde ich tituliert. »Früchtchen« oder »Baroness von Münchhausen« hieß es in anderen Artikeln. Kaum ein Bericht, in dem nicht boshafte Spekulationen über mein Privatleben enthalten waren. Meinem Kind wurden z.B. die unterschiedlichsten Väter angedichtet. Wenn ich all das, was über mich geschrieben wurde, wirklich erlebt hätte, hätte ich mindestens zehn Jahre älter sein müssen.

Der Prozess fand in der Presse eigentlich nur am Rande statt. Die Boulevardblätter widmeten sich vor allem meinem Lebenswandel, der von fantasievollen Schreibern mit allerhand Skandalen angereichert wurde. Das waren keine kleinen Recherchefehler, über die man hinwegsehen konnte, sondern ganz üble Verleumdungen, gegen die ich mich wehren musste.

Ich hatte im Krankenhaus endlich das wilde Fleisch aus dem vernarbten Abszess am Gesäß wegoperieren lassen, als ich, kaum aus der Narkose erwacht, eine meiner Bettnachbarinnen sagen hörte: »Wenn die das liest, springt sie aus dem Fenster!«

Ich war sofort hellwach. »Her mit der Zeitung!« Fordernd hatte ich den Arm ausgestreckt.

»Na, wird's bald«, drängte ich unwirsch, als die Frau zögerte, mir die Illustrierte herüberzureichen.

Dieses Schundblatt hatte vier Seiten über mich gebracht. Mit Fotos und Lügengeschichten, wie sie verletzender nicht hätten sein können. Genau dieser Artikel war es, der mich unter anderem als »Früchtchen« bezeichnete. Und noch beschämender als das Gedruckte war das, was zwischen den Zeilen zu lesen war.

Als ich meinen Anwalt anrief, hatte er den Artikel bereits gelesen. Er war ebenso empört wie ich und bestärkte mich darin, die Illustrierte zu verklagen.

Im Rahmen eines außergerichtlichen Einigungsverfahrens zeigte sich der Verlag schließlich bereit, Schadensersatz zu zahlen. Dr. Ernst riet mir, das Geld anzunehmen.

»Bevor du ganz leer ausgehst. Ein großer Verlag hat bei derartigen Auseinandersetzungen einen langen Atem.«

Seit meinen ersten schlechten Erfahrungen mit der Presse hatte sich nichts verändert. Bei jedem Interview, das ich gab, hatte ich immer an die guten Absichten und die Wahrheitsliebe des Reporters geglaubt. Doch was sollte ich ausrichten gegen all die Schmierfinken, die über meinen Kopf hinweg ihre Lügengeschichten verfassten? Ich konnte ihnen allenfalls im Nachhinein, wenn ihr Geschmiere längst erschienen und von aller Welt gelesen worden war, einen Denkzettel verpassen, indem ich auf Schadensersatz klagte.

KAPITEL 14

Das Urteil

Der Prozess ging über fünfundzwanzig Verhandlungstage. Anfangs hatte Werner in Bochum in Untersuchungshaft eingesessen, wo er sich, wie ich von meinem Anwalt wusste, in der angeschlossenen Krankenabteilung einer Entziehungskur unterzogen hatte, um vom Morphium loszukommen. Anschließend wurde er nach Düsseldorf verlegt. Rita hatte man die ganze Zeit über im Untersuchungsgefängnis in Mülheim untergebracht.

Ich war heilfroh, dem Prozess nicht mehr beiwohnen zu müssen. Doch als im Januar 1985 der Tag der Urteilsverkündung bevorstand, wollte ich unbedingt dabei sein. Ich fuhr früh an diesem Morgen gemeinsam mit Klaus nach Düsseldorf.

Aber mein Anwalt fing mich noch auf dem Gang ab. »Du bist den meisten Verhandlungen ferngeblieben und wirst auch heute im Hintergrund bleiben«, sagte er mir unverblümt ins Gesicht. »Das macht auf den Richter doch nur einen schlechten Eindruck, wenn du dich ausgerechnet heute bei der Urteilsverkündung wieder blicken lässt.«

Ich verstand zwar nicht ganz, warum der Richter meine Anwesenheit missbilligen sollte, aber Dr. Ernst drängte mich derart entschieden zurück zur Treppe, dass ich nicht zu widersprechen wagte.

Also wartete ich allein in der Gerichtskantine auf die Bekanntgabe der Urteile. Dass sie unterschiedlich ausfallen würden, stand bereits fest. Für Werner Seyfert hatte die Staatsanwaltschaft zehn Jahre Haftstrafe gefordert, für Rita Seyfert sieben Jahre.

Ich konnte meine Ungeduld kaum noch zähmen, als Dr. Ernst mit ausgebreiteten Armen auf mich zuschritt: »Zehn Jahre für ihn, sechs Jahre für sie. Die Untersuchungshaft wird allerdings in beiden Fällen angerechnet.«

Das war mir egal. Hauptsache, die beiden mussten sitzen. Ich stellte mir vor, wie die Seyferts mit Handschellen in ihre Zellen abgeführt wurden. Sie sollten erfahren, was es heißt, in Gefangenschaft zu leben. Meine Gedanken schweiften ab, und ich musste mir Mühe geben, den weiteren Ausführungen meines Anwalts zu folgen, der mittlerweile eine regelrechte Zuhörerschaft von Presseleuten um sich versammelt hatte. »Mit seinem Strafmaß hat das Gericht sich weitgehend an die Forderungen der Staatsanwaltschaft gehalten.«

Dr. Ernst sonnte sich sichtlich in dem Blitzlichtgewitter, das die Pressefotografen veranstalteten.

»Bist du mit den Urteilen zufrieden«, fragte mich unvermittelt eine Reporterin, »oder hättest du dir höhere Haftstrafen gewünscht?«

Mir fiel so schnell keine passende Antwort ein. Die Absurdität der Frage verblüffte mich. Wie konnte ich denn zufrieden sein, nur weil die Seyferts für ein paar Jahre hinter Gitter mussten? Andererseits, warum sollten härtere Strafen mir mehr Genugtuung verschaffen? Das Gericht hatte Rita und Werner verurteilt. Es gab keinen Zweifel mehr an ihrer Schuld. Nur das war mir wichtig.

Als ungerecht empfand ich nur, dass Rita mit nur sechs Jahren Haft davongekommen war.

»Ihr Mann hat ja alle Schuld auf sich genommen«, erklärte Dr. Ernst. »Da hatte das Gericht kaum eine andere Wahl, als ihr Strafmaß niedriger anzusetzen.«

Verständnislos schüttelte ich den Kopf. »Rita war die Schlimmere von beiden«, sagte ich mehr zu mir als zu ihm. Und vor meinen Augen wurden wieder die Folterszenen lebendig, bei denen Rita mich brutal und erbarmungslos mit der Peitsche schlug. Sie war doch diejenige gewesen, die mich in den Tod hatte treiben wollen. Jedenfalls hat Werner Seyfert mir das kurz vor meiner Freilassung erzählt. Dass er mir schließlich half, meine Freiheit wiederzugewinnen, war ihm vom Gericht anscheinend nicht angerechnet worden.

Als ich wieder zu Hause war und allein mit meinem Kind, beschloss ich, mir keine Gedanken mehr um Rita und Werner Seyfert zu machen und sie aus meinem Bewusstsein zu verbannen. Dass ich wohl trotzdem immer wieder an sie denken würde, wusste ich. Damit musste ich mich abfinden.

Am Tag nach der Urteilsverkündung klingelte bei mir noch immer ununterbrochen das Telefon. Meist waren Journalisten dran oder Bekannte, die erleichtert waren über den Ausgang des Prozesses. Aber es meldeten sich auch wildfremde Menschen, die mich, meist anonym, übel beschimpften.

Trotzdem griff ich wieder zum Hörer, als es erneut klingelte. Diesmal war ein Reporter dran.

»Silvia, weißt du es schon? Der Seyfert ist tot.«

»Werner Seyfert ist tot?« Ich glaubte, nicht richtig gehört zu haben.

»Aufgehängt hat er sich, in seiner Zelle. Was sagst du dazu, Silvia?«

Was sollte ich sagen? Für einen Moment war ich sprachlos. Dann kam mir eine Redensart meiner Großmutter in den Sinn: »Über Tote spricht man nicht.«

Doch so leicht ließ sich der Anrufer nicht abwimmeln.

»Gehst du auf die Beerdigung? Klar gehst du! Und dann machen wir ein paar tolle Bilder von dir am Grab. Natürlich bekommst du ein Honorar.«

Spätestens nach diesem geschmacklosen Angebot hätte ich den Hörer auf die Gabel knallen müssen. Noch passender wäre gewesen, ich hätte vorher den Typen am anderen Ende der Leitung auf das Übelste beschimpft. Doch diese plötzliche Nachricht hatte mich ebenso geschockt wie der unverschämte Vorschlag des Presse-Heinis. Kurz angebunden, aber sicherlich immer noch viel zu freundlich, sagte ich ihm, dass ich mich zu keinerlei Äußerungen über den Toten hinreißen lassen würde und bei der Beerdigung ja nun wohl überhaupt nichts verloren hätte.

So absurd und geschmacklos mir das Angebot erschien, es blieb kein Einzelfall. Andere Boulevardblätter schreckten ebenfalls nicht davor zurück, mich zum Fototermin an das Grab von Werner Seyfert einzuladen.

Genau einen Tag nach der Urteilsverkündung war es passiert. In seiner Zelle in Düsseldorf hatte Werner Seyfert sich aufgehängt.

»Bevor ich ins Gefängnis gehe, erschieße ich mich.« Das war immer seine Rede gewesen. Nur, ich hatte das nie für bare Münze genommen. Ich hielt ihn damals für einen Feigling. Jetzt, wo er tot war, empfand ich weder Trauer noch Mitleid, aber auch keine Genugtuung. Werners Freitod machte nichts ungeschehen. Er war ganz einfach sinnlos.

Am Tag nach der Beerdigung waren die einschlägigen Zeitungen voll davon. Fotos mit Rita, der trauernden Witwe, und unzähligen Schaulustigen, die sich auf den Friedhofswegen drängten. Auch mein Name tauchte in den Artikeln auf, obwohl ich gar nicht da gewesen war. Und dass ich mich zu keinem Interview hatte überreden lassen, war für einige Journalisten noch lange kein Grund, mich nicht zu zitieren. Am liebsten hätte ich deren Verlage gleich verklagt. Aber ich scheute das erneute Aufsehen. Ich wollte endlich zur Ruhe kommen. Und das ging nur, wenn die Öffentlichkeit ihr Interesse an mir verlor.

Mit der Verurteilung von Rita und Werner war das strafrechtliche Verfahren zu Ende. Was nach Werners Tod noch anstand, war meine zivilrechtliche Klage, bei der es um Schadensersatz ging. Dieser Prozess begann im Mai 1985, ebenfalls im Düsseldorfer Landgericht, allerdings in einem kleineren Saal. Die Öffentlichkeit war bei dem Verfahren ausgeschlossen. Auf der Anklagebank saß jetzt nur noch Rita Seyfert neben ihrem Anwalt.

Das Gericht sprach mir schließlich 120 000 Mark zu. Zusätzlich sollte ich die Zinsen erhalten, die seit Juni 1983, dem Zeitpunkt meiner Freilassung, angefallen wären. Diese Summe hätte Rita zahlen müssen. Doch bis heute habe ich keinen Pfennig von ihr gesehen. Rita teilte dem Gericht bald mit, dass sie wegen ihrer wirtschaftlichen Situation nicht in der Lage sei, das Geld aufzubringen. Ihr stünde nur das zur Verfügung, was sie im Gefängnis verdienen würde.

Später, nach ihrer Entlassung, teilte sie meinem Anwalt in einem Schreiben mit, dass sie von 600 Mark Witwenrente leben müsse und inzwischen ein zweites Kind zu versorgen hätte.

Keiner kann mir bis heute sagen, wo die Millionen der Seyferts abgeblieben sind. Von Konkursverfahren war die Rede, bei denen ich allerdings nicht berücksichtigt würde, aber auch von Überschreibungen an Dritte, die bereits vor der Verurteilung erfolgt seien.

Rita kam nach insgesamt vier Jahren wieder frei, nachdem sie schon eine ganze Zeit im offenen Vollzug gewesen war.

Sie erhielt auch wieder das Sorgerecht für ihre Tochter Carla.

KAPITEL 15

Ein Ehedrama

In der ganzen Zeit war mein Verhältnis zu Klaus nicht besser, aber auch nicht schlechter geworden. Seine Wutausbrüche hielten sich in Grenzen. Mit Melanie ging er nach wie vor ausgesprochen liebevoll um. Bei der Getränkefirma hatte er allerdings gekündigt, sich aber um keine andere Arbeit bemüht. Deshalb mussten wir beide von der Sozialhilfe leben.

Dennoch hatte Klaus immer relativ viel Geld, und ich glaube, dass er schon damals mit Haschisch gehandelt hat. An allen möglichen Stellen in der Wohnung lagen kleine, mit Silberpapier umwickelte Päckchen herum, in denen er den Stoff aufbewahrte. Ich achtete schon gar nicht mehr darauf, wie oft am Tag er selbst zum Joint griff.

Auch seine merkwürdigen Freunde gingen weiter bei uns ein und aus. Seitdem Klaus nicht mehr arbeitete und meist zu Hause herumhing, war unsere Wohnung den ganzen Tag über Treffpunkt für alle möglichen Haschisch-Konsumenten aus der Umgebung. Ständig hing ein schwerer, süßlicher Duft in der Luft.

»Lass uns doch einmal irgendetwas unternehmen, wie andere Familien auch«, bettelte ich oft. »Ständig hockst du zu Hause herum mit all diesen Typen, die unsere Luft verpesten.«

Doch es gelang mir nur ganz selten, Klaus aus der Wohnung zu locken. Die Male, die wir ins Kino gegangen sind oder zusammen mit Melanie in den Zoo, kann ich an zwei

Händen abzählen. Meistens packte ich bei schönem Wetter meine Tochter in den Kinderwagen und machte mich allein mit ihr auf den Weg. Zum Beispiel zu meiner Großmutter, die genauso wie meine Mutter Klaus aus dem Weg ging und deshalb unsere Wohnung mied. Während Großmutter akzeptierte, dass ich über meine Beziehung nicht mehr diskutieren wollte, nörgelte Mutter ständig an Klaus und unserer Lebensweise herum: »Ausgerechnet diesen großmäuligen Faulenzer hast du dir ausgesucht.«

Seitdem Klaus nicht mehr arbeitete, ließ sie überhaupt kein gutes Haar mehr an ihm. Und ich reagierte auf ihre Vorhaltungen wieder einmal mit Trotz. Ich verteidigte Klaus, auch wenn ich längst ahnte, dass Mutter gar nicht so falsch lag mit ihrer Einschätzung. Davon, dass er Drogen nahm, habe ich nichts erzählt. Nach außen hin versuchte ich, das Bild von der heilen Welt im trauten Heim aufrechtzuerhalten. Und manchmal glaubte ich selbst noch daran.

»Silvia, lass uns heiraten!«

Als Klaus mir zum ersten Mal einen Antrag machte, dachte ich noch an einen dummen Witz. Warum sollten wir heiraten? Wir lebten doch zusammen wie Mann und Frau. Außerdem war es Klaus, der immer abfällig über die Ehe gesprochen hatte, dass sie einen nur einenge und der Tod für jede Beziehung sei. Aber Klaus hatte sich in den Kopf gesetzt, mich zu heiraten. Und wie immer, wenn er etwas wollte, gab er nicht eher Ruhe, bis er es bekam.

»Also gut, dann heiraten wir eben!«

Nach und nach gefiel mir die Vorstellung, seinen Namen zu tragen. Dann würde Melanie in einer richtigen Familie aufwachsen. Dass meine Familie mit der Heirat nicht einverstanden war, überraschte mich nicht. Sogar Großvater, der sich sonst fast immer aus allem heraushielt, war dagegen.

»Es gibt so viele Männer«, versuchte er mich umzustimmen. »Muss es unbedingt dieser Klaus sein?« Großvater wirkte regelrecht bedrückt. Er hätte nichts Gutes über meinen zukünftigen Mann gehört, fügte er bedeutungsvoll hinzu, wollte sich aber nicht über Einzelheiten auslassen.

»Wenn das alles stimmt, was man sich hier in der Gegend über deinen Klaus erzählt«, sagte er, »dann bist du gut beraten, die Finger von ihm zu lassen, geschweige denn ihn zu heiraten.«

Ich wollte nichts mehr hören. Dass Klaus in der Umgebung im Ruf stand, streitsüchtig und gewalttätig zu sein, war mir nicht entgangen. Ich wusste von Schlägereien in Kneipen. Doch die gehörten längst der Vergangenheit an, meinte ich, ebenso wie seine Ausbrüche mir gegenüber. Solche Zwischenfälle würde es nicht mehr geben. Daran glaubte ich fest.

Erste ernsthafte Zweifel an meinem Eheglück sollten mir ausgerechnet in unserer Hochzeitsnacht kommen. Wir beide waren kaum zu Hause, im Anschluss an die kleine Feier im engsten Freundeskreis, als Klaus aus heiterem Himmel anfing zu streiten. Ich weiß nicht, was ihn letztlich verärgert hatte. Jedenfalls behauptete er, der ganze Tag wäre beschissen gewesen, und ich hätte mich unmöglich benommen.

Weil ich mir fest vorgenommen hatte, an diesem Festtag keinen Streit aufkommen zu lassen, reagierte ich zuerst amüsiert. Doch das machte ihn nur noch aggressiver.

»Du hast wohl Angst vor der Hochzeitsnacht«, versuchte ich es noch einmal und legte ihm versöhnlich die Arme um den Hals.

»Fass mich nicht an, du Schlampe!« Brutal hatte Klaus meine Arme von seinen Schultern gerissen. »Du wagst es, mich auszulachen? Das soll dir eine Lehre sein.«

Mein Kopf flog regelrecht zur Seite, so heftig hatte er zugeschlagen. Doch da landete auch schon seine andere Hand in meinem Gesicht. Ich schrie auf vor Schmerz und hielt mir schützend die Hände vors Gesicht.

»Mich lacht keiner ungestraft aus. Damit du das ein für allemal weißt.«

Er ließ nicht von mir ab. Rasend wie eine Furie schlug er mit seinen Fäusten auf mich ein. Ich versuchte wegzulaufen, doch er zerrte mich an den Haaren zu Boden, bis ich wimmernd vor ihm lag.

»Jetzt ist dir wohl nicht mehr zum Lachen zumute.« Er war völlig außer Atem, aber die Häme in seiner Stimme war unüberhörbar.

Ich hatte noch gar nicht ganz begriffen, was mit mir geschehen war, als Klaus sich abrupt von mir abwandte und aus dem Zimmer stürzte. War der Schrecken wirklich zu Ende? Würde der Wahnsinnige mich jetzt in Ruhe lassen? Oder gleich wieder über mich herfallen?

Eine ganze Weile wagte ich nicht, mich von der Stelle zu rühren. Doch Klaus tauchte nicht mehr auf. Schließlich hörte ich ihn nebenan laut und gleichmäßig schnarchen. Ganz leise und langsam erhob ich mich vom Boden und ging auf Zehenspitzen hinüber ins Badezimmer. Solange Klaus schlief, war ich vor ihm sicher. Im Badezimmerspiegel untersuchte ich mein Gesicht. Doch meine vom Heulen verquollenen Augen konnten keine Verletzungen entdecken. Wahrscheinlich hatte ich mit den Armen mein Gesicht geschützt und so die härtesten Schläge abgefangen.

Diese Nacht, unsere Hochzeitsnacht, verbrachte ich schlaflos auf der Couch im Wohnzimmer.

Während aus dem Schlafzimmer monotone Schnarchgeräusche meines Mannes drangen, bemühte ich mich nachzuvollziehen, was in Klaus gefahren war. So brutal hatte ich ihn noch nie erlebt.

Mir wollte einfach nicht in den Kopf, dass diese rasende, gewalttätige Furie der Mensch war, der mich noch vor Stunden, nach dem Ja-Wort auf dem Standesamt, liebvoll in den Arm genommen und mir »Meine kleine Frau« ins Ohr geflüstert hatte. Der Vorwurf, ich hätte ihn ausgelacht, war an den Haaren herbeigezogen. Klaus hatte den Streit provoziert und nur einen Anlass gesucht, auf mich loszugehen. Aber warum?

Ich war heilfroh, dass Melanie die Nacht bei meinen Großeltern verbrachte und die Furcht erregende Szene nicht miterleben musste.

Als Klaus am nächsten Mittag aufwachte, konnte er sich angeblich an nichts mehr erinnern. »Was, ich soll dich geschlagen haben?« Er spielte den Ahnungslosen, der bei der Hochzeitsfeier nur ein paar Gläser Sekt zu viel getrunken hätte.

Doch die Komödie nahm ich ihm nicht ab. Klaus hatte sonst ein Gedächtnis wie ein Elefant, und betrunken war er in der Hochzeitsnacht ganz bestimmt nicht gewesen.

Als ich drohte, mit Melanie bei meinen Großeltern unterzuschlüpfen und die Ehe sofort annullieren zu lassen, änderte Klaus seine Strategie und gab vor, sich allmählich wieder erinnern zu können.

»Ich weiß wirklich nicht, was in mich gefahren ist«, gab er schließlich zerknirscht zu. »Ich muss einen totalen Aussetzer gehabt haben.«

Klaus gab weiterhin dem Alkohol die Schuld an seinem brutalen Verhalten.

»Ich liebe dich doch, Silvia. Bitte verzeih mir. Die Vorstellung, dich geschlagen zu haben, ist fürchterlich.«

Klaus kroch zu Kreuze wie ein reumütiger Hund. Er schien ehrlich betroffen und schwor hoch und heilig, nie mehr wieder die Hand gegen mich zu erheben.

Er bedrängte mich, ihm noch eine Chance zu geben. Unsere Ehe sei doch gerade erst einen Tag alt, da könnte ich doch nicht einfach alles hinschmeißen. Wie jedes Mal, wenn er etwas durchsetzten wollte, kapitulierte ich schließlich vor seinen Überredungskünsten und versöhnte mich mit ihm, obwohl ich ihm die Schläge nicht wirklich verzeihen konnte. Aber das behielt ich für mich.

In den nächsten Wochen zeigte sich Klaus von seiner besten Seite. Auch ich verhielt mich versöhnlich und erwähnte unsere schreckliche Hochzeitsnacht mit keinem Wort mehr. Klaus konnte also den Eindruck haben, ich hätte ihm voll und ganz vergeben.

Die Heirat hatte an unserer Lebensweise nichts geändert. Ich kümmerte mich weiterhin um Melanie und den Haushalt, während Klaus die meiste Zeit mit seinen Freunden das Wohnzimmer belagerte.

Wenn ich über die vollen Aschenbecher schimpfte oder über unseren enormen Kaffeeverbrauch, reagierte er jedes Mal gereizt oder lachte mich einfach aus. Oft genug hatte er sich mit seinen Joints derart zugedröhnt, dass ich ebenso gut auf die Wand hätte einreden können. In dem Gefühl, sowieso nichts ändern zu können, ließ ich ihm immer mehr freie Hand, ohne zu wissen, dass ich mich ihm damit voll und ganz auslieferte.

Als ich merkte, dass ich wieder schwanger war, hatte ich die Hoffnung, dass doch vielleicht alles gut werden würde. Als Klaus davon erfuhr, war er außer sich vor Freude und griff gleich zum Telefon, um allen möglichen Leuten die frohe Botschaft zu übermitteln, dass er bald Vater werden würde.

Für ihn war sofort klar, dass wir einen Sohn bekommen würden. Ich dagegen betonte, dass es mir egal wäre, obwohl ich mir heimlich ein zweites Mädchen wünschte. Doch der bevorstehende Familienzuwachs schaffte nur vorübergehend etwas mehr Harmonie. Schon bald nahm Klaus keine Rücksicht mehr auf meine Schwangerschaft. Er ließ sich von mir bedienen und schnauzte mich unbeherrscht an, wenn ich zum Beispiel gewagt hatte, ihn mittags zu wecken.

Nachdem wir in eine großzügigere Zweizimmerwohnung in der Innenstadt umgezogen waren, ließ Klaus seine Freunde auch bei uns übernachten. Mehr als einmal stolperte ich morgens nach dem Aufstehen über irgendwelche schlafenden Gestalten am Boden. Wenn ich heute über diese Zeit nachdenke, scheint es mir unvorstellbar, wie wir damals gehaust haben. Durch ständiges Putzen und Abwaschen versuchte ich, das Chaos in unserer Wohnung unter Kontrolle zu halten. Doch mit fortschreitender Schwangerschaft fehlte mir dazu die körperliche und psychische Energie.

Zumindest Melanies Leben sollte nicht allzu sehr leiden. Das nahm ich mir immer wieder vor. Wenn ich fürchten musste, dass sie vor lauter Menschen in unserer Wohnung nachts keinen ungestörten Schlaf finden würde, brachte ich sie zu meinen Großeltern oder manchmal auch zu meiner Schwiegermutter, die mich freundlicher behandelte, seitdem sie auf einen Enkel hoffen konnte.

Als ich mitbekam, dass in unserer Wohnung nicht mehr nur Marihuana- und Haschisch-Zigaretten geraucht, sondern auch LSD und Aufputschtabletten geschluckt wurden, hatte ich auf Klaus längst keinerlei Einfluss mehr. Ich bin sicher, dass auch seine Freunde mich nicht ernst nahmen, geschweige denn auf das hörten, was ich sagte. Manchmal hatte ich den Eindruck, in meiner eigenen Wohnung nur noch Gast zu sein.

Trotzdem redete ich mir ein, dass meine Beziehung nicht schlechter sei als die anderer Eheleute, die ich kannte. An Trennung dachte ich erst wieder, als Robin, unser Sohn, gerade ein paar Tage auf der Welt war. Da erfuhr ich von einer Freundin, dass Klaus mich während meines Krankenhausaufenthaltes nach der Entbindung mit einer gewissen Sandra betrogen hatte. Aus heutiger Sicht war das wirklich Traurige an der ganzen Geschichte, dass ich keinerlei Eifersucht empfand. Dass Klaus mit einer anderen Frau geschlafen hatte, machte mich nicht unglücklich, weil ich mit ihm schon lange nicht mehr glücklich war. Was mich bestürzte, war das Maß an Lieblosigkeit und Missachtung, mit dem er mich ausgerechnet in einer Zeit bedachte, in der ich seinem Sohn gerade das Leben geschenkt hatte.

Klaus deutete meinen Wutausbruch als pure Eifersucht, die außerdem noch völlig unbegründet sei, wie er selbstgefällig erklärte. Sandra habe lediglich sein Sexleben wieder normalisiert, was ich in den letzten Monaten ziemlich habe verkümmern lassen. Tatsächlich hatte ich die Schwangerschaft nur allzu gerne als Ausrede benutzt, um nicht mit ihm schlafen zu müssen. Seine Zärtlichkeiten, die ich früher einmal als angenehm empfunden hatte, waren mir jetzt zuwider. Und ich mied inzwischen die körperliche Nähe, um seine Hände nicht auf meiner Haut spüren zu müssen. Wenn Klaus mich beschimpft oder gar geschlagen hatte, was nun immer häufiger vorkam, konnte ich anschließend nicht zärtlich zu ihm sein. Aber genau das verlangte er von mir, so als verschaffte es ihm eine besondere Lust, mich zu prügeln und gleich darauf zu lieben.

Trotz der Affäre mit Sandra trennte ich mich auch diesmal nicht von ihm. Ich hatte Wichtigeres im Kopf. Robin, den ich ebenso stillte wie zuvor Melanie, hielt mich ganz schön auf

Trab, insbesondere nachts. Ich wusste schon gar nicht mehr, wie es einmal gewesen war, als ich die ganze Nacht durchschlafen konnte. Zumindest hatte ich jetzt eine glaubwürdige Entschuldigung für meine Müdigkeit, wenn Klaus sich einmal wieder über unser mangelhaftes Sexleben beklagte.

Melanie war inzwischen fast zwei Jahre alt, und ihr Brüderchen hatte der Lieblingspuppe den Rang streitig gemacht. Sie wollte Robin füttern, wickeln, baden und ständig lieb haben. Ich glaube nicht, dass Melanie mitbekommen hat, wie Klaus seinen Sohn der Stieftochter vorzog. Weniger im Materiellen. Wenn es Geschenke oder Süßigkeiten gab, bekamen immer beide etwas. Aber Robin war eben Papas Sohn, und der bekam spürbar mehr Zuneigung als die Schwester. In meiner Naivität versuchte ich das auszugleichen, indem ich Melanie mit mütterlicher Liebe überhäufte, wobei sicher Robin wiederum zu kurz kam.

Kontakt zu meiner Mutter hatte ich schon lange nicht mehr. Auch deshalb, weil Klaus mir unter Androhung von Schlägen untersagt hatte, sie zu besuchen. Bei einer Auseinandersetzung hat sie Klaus als »Penner« beschimpft, was er ihr vermutlich heute noch übel nimmt. Auch Mutter hatte ihren eigenen Stolz und strafte mich mit der gleichen Verachtung, die sie für meinen Mann empfand. Sie kann heute noch nicht verstehen, warum ich Klaus nicht schon damals verlassen habe.

»Bist du ihm hörig?«, hat sie mich einmal gefragt.

»Nein, natürlich nicht«, habe ich geantwortet, ohne genau zu wissen, was sie mit Hörigsein meinte. Ich war ihm weder sexuell verfallen noch brauchte ich ihn als Beschützer und Ernährer. Und Liebe empfand ich schon lange nicht mehr für ihn. Vielmehr war es Angst, die mich an Klaus fesselte, furchtbare Angst vor seinem Jähzorn, dem wutverzerrten Gesicht und seinen brutalen Schlägen. Aber damals schämte ich mich, das meiner Mutter gegenüber einzugestehen. Ich wollte die Erbärmlichkeit meiner Bindung an Klaus einfach nicht wahrhaben.

»Wenn du mich verlässt, schlage ich dich so windelweich, dass du dein eigenes Gesicht nicht mehr im Spiegel erkennst«, drohte Klaus eines Tages, als ich unsere Ehe als gescheitert bezeichnete und mit ihm über unsere Trennung reden wollte. »Und die Kinder bekommst du nicht, dafür werde ich sorgen.«

Das machte mir am meisten Angst, dass er versuchte, mir die Kinder zu nehmen. Klaus dachte überhaupt nicht daran, mich aus seinen Fängen zu lassen. Nicht weil er mich liebte und ohne mich nicht leben konnte, wie mir leider erst Jahre später klar wurde, sondern weil er in mir ein Opfer für seine Machtgelüste gefunden hatte.

Er glaubte, mich fest in der Gewalt zu haben. Indem er mich klein machte, versuchte er, sein eigentlich schwaches Selbstbewusstsein aufzuwerten.

Obwohl ich oft genug erlebt hatte, wie unberechenbar Klaus in seinem Jähzorn reagierte, hätte ich nie gedacht, dass er auch draußen in der Öffentlichkeit auf mich losgehen würde. Eines Abends, wir waren auf dem Weg nach Hause, kam es ihm plötzlich in den Sinn, umzukehren und noch eine Discothek in der Nähe aufzusuchen.

»Ich habe keine Lust«, maulte ich, »außerdem habe ich nicht die richtigen Klamotten an. In dem Jeansanzug lassen die mich in den feinen Laden doch gar nicht rein.«

Aber Klaus gab keine Ruhe: »Nur auf ein Bier. Was soll schon mit deinen Klamotten sein? Stell dich nicht so an!«

»Geh doch allein, ich will jetzt nach Hause«, erwiderte ich und machte mich schnellen Schrittes auf den Weg.

»Komm sofort zurück!«

Ohne mich umzudrehen, eilte ich weiter über den Bürgersteig. »Verdammt noch mal, kannst du nicht hören?«

Der atemlosen Stimme nach zu urteilen, rannte Klaus mir nach. Schade, dachte ich noch, es wäre so schön gewesen, allein ins Bett gehen zu können. Da hörte ich, wie er hinter mir ins Stolpern kam. Als ich mich umdrehte, sah ich ihn auch schon laut fluchend auf dem Asphalt liegen.

»So verdreckt bist du auch nicht mehr disco-fein«, höhnte ich, und die Portion Schadenfreude in meiner Stimme war unüberhörbar.

Klaus tat so, als hätte er mich nicht verstanden. Er stand wortlos auf und klopfte sich betont langsam den Schmutz von der Hose.

»Nun mach schon, die Hose können wir auch später sauber machen.«

Weil ich glaubte, dass wir nun zusammen nach Hause gehen würden, rührte ich mich nicht von der Stelle. Wäre es nicht dunkel gewesen, wäre mir wahrscheinlich aufgefallen, dass Klaus außer sich war vor Wut.

Plötzlich stürmte er auf mich los und riss mich zu Boden, noch ehe ich versuchen konnte davonzulaufen. Seine Fäuste trafen mich mitten ins Gesicht. Ich schmeckte Blut auf der Zunge und spürte gleichzeitig einen furchtbaren Schmerz in der Magengegend, wohin Klaus mit der Spitze seines Cowboystiefels getreten hatte. Er drückte mir die harte Sohle ins Gesicht, trat und schlug wie ein Wahnsinniger auf mich ein. Zum ersten Mal fürchtete ich, dass er mich umbringen könnte. Ich schrie, ich flehte, rief lauthals um Hilfe. Doch er kannte kein Erbarmen.

Als er endlich von mir abließ, wollte ich schnell aufspringen und weglaufen. Aber meine Glieder waren wie gelähmt vor Schmerz und Furcht. Mir war übel, und noch immer schmeckte ich das Blut am Mund. Mein Gesicht brannte, und als ich die Augen etwas öffnete, nahm ich auf der anderen Straßenseite verschwommen einige Gestalten wahr. Nicht nur Passanten hatten die Szene aus sicherem Abstand beobachtet. Auch der Wirt aus der nahe gelegenen Kneipe war mit ein paar Gästen von meinem Geschrei vor die Tür gelockt worden. Aber keiner der Gaffer hatte mir geholfen oder zumindest die Polizei alarmiert.

Noch immer ganz benommen, ließ ich mich von Klaus auf den Rücksitz eines Taxis schubsen, das er am Straßenrand angehalten hatte.

»Mein Gott, wie sieht denn die Frau aus. Die muss sofort ins Krankenhaus«, hörte ich den Taxifahrer sagen. Aber ich achtete nicht darauf, was Klaus dem Fahrer über meinen Zustand sagte. Ganz langsam kam wieder Leben in meine Glieder. Vorsichtig befühlte ich mein Gesicht, dessen linke Hälfte von einem schmerzhaften Klopfen erfüllt war. Mit dem Bewusstsein kehrte auch die panische Angst zurück. Ich begriff, dass der Mann, der mich fast zu Tode geprügelt hatte, sich immer noch in meiner Nähe befand. An der nächsten roten Ampel sprang ich aus dem Taxi und rannte wie vom Teufel gejagt auf die gegenüberliegende Straßenseite, wo ein anderes Taxi auf Fahrgäste wartete.

»Zur Polizei!«, rief ich dem Fahrer zu, nachdem ich mit letzter Kraft die Seitentür des Wagens geöffnet hatte. »Fahren Sie los, ganz schnell, bitte!«

Ich hatte mich, völlig außer Atem, auf den Beifahrersitz fallen lassen und wartete nervös auf das Anspringen des Motors. Doch Klaus war mir nicht nachgelaufen. Durch die Seitenscheibe konnte ich sein Taxi gerade noch um die Ecke davonfahren sehen.

Die Polizisten auf der Wache zeigten sich entsetzt über meinen Zustand.

»Sie müssen den Täter anzeigen, auch wenn es Ihr Ehemann ist«, beschwor mich der Beamte, dem ich erzählt hatte, was passiert war. Ich zögerte keinen Moment, die Anzeige gegen Klaus zu unterschreiben. Für das, was er mir angetan hatte, musste er bestraft werden.

In gewisser Weise war ich sogar erleichtert, dass er mich in der Öffentlichkeit, vor Zeugen also, geschlagen hatte. Über kurz oder lang würden alle Verwandten und Bekannten Bescheid wissen, mit was für einem brutalen Menschen ich zusammenlebte. Und das war gut so. Denn ich hatte es längst satt, über unsere schreckliche Ehe zu schweigen.

So schnell wie möglich fuhren mich zwei Polizisten zur Notaufnahme ins nächstgelegene Krankenhaus.

»Mein Gott, wenn Ihr Mann Sie so zugerichtet hat, dann ist der auch fähig, Sie umzubringen«, entfuhr es dem Dienst tuenden Arzt, als er meine Verletzungen untersucht hatte. Die Platzwunden am Haaransatz und über der Augenbraue mussten genäht werden, und mein Nasenbein war gleich doppelt gebrochen. Besonders schlimm sah meine rechte Hand aus, die Klaus mit dem Absatz seiner Cowboystiefel traktiert hatte.

Als ich mich endlich im Spiegel betrachten durfte, wäre ich vor Schreck beinahe rückwärts umgefallen. Diese verquollene, blutunterlaufene Masse konnte unmöglich mein Gesicht sein.

»Machen Sie sich keine Sorgen, das wird schon wieder. Sie müssen nur etwas Geduld haben«, versuchte mich der Arzt zu beruhigen.

Doch angesichts der Fratze da im Spiegel konnte ich mir nicht vorstellen, jemals wieder mein ursprüngliches Aussehen zu bekommen.

Trotzdem wollte ich mich nicht stationär behandeln lassen und unterschrieb einen Vordruck, dass ich auf eigene Verantwortung das Krankenhaus verließ. Wer sollte sich denn sonst so plötzlich um die Kinder kümmern? Meine Schwiegermutter, bei der Robin übernachtet hatte, musste in aller Frühe ihre Trinkhalle aufmachen. Und von meiner Mutter konnte ich nach unseren Differenzen und Streitereien kaum erwarten, dass sie sie versorgte.

Klaus war noch in derselben Nacht, die ich im Krankenhaus verbracht hatte, von der Polizei festgenommen worden, allerdings nur bis zum nächsten Morgen. Das bedeutete: Ich musste bald wieder die Anwesenheit dieses Mistkerls ertragen.

Dass Klaus bei meinem Anblick in Tränen ausbrach und reumütig versprach, mich nie wieder anzugreifen, prallte total an mir ab. Ohne ein Wort zu sagen und innerlich völlig unberührt, nahm ich seine Zerknirschtheit zur Kenntnis. Ich verspürte keinerlei Gefühl mehr für ihn, das wusste ich in diesem Moment. Noch nicht einmal eine Regung, die sich in Wut oder Hass ausdrückte. Wie hatte ich diesen Mann nur jemals lieben können?

Wir waren zu diesem Zeitpunkt noch nicht einmal ein Jahr verheiratet und standen schon vor den Trümmern unserer Ehe. Klaus weigerte sich stur, das einzugestehen. Aber ich hatte selbstverständlich keine Hoffnung mehr, dass unsere Beziehung noch zu retten war. Mit seinen unbarmherzigen Schlägen hatte Klaus in mir alle noch verbliebenen Gefühle für ihn zerstört.

Meine Mutter unterließ in dieser Phase natürlich nichts, mich zur Scheidung zu überreden. Doch ich zögerte, zum Anwalt zu gehen, und redete mich damit heraus, dass ein solch folgenschwerer Schritt wohl überlegt sein müsse.

In Wahrheit hatte ich Angst, mit den beiden kleinen Kindern plötzlich auf der Straße zu stehen oder bei meinen Großeltern um Unterschlupf bitten zu müssen. Denn Klaus hätte im Fall der Trennung unsere gemeinsame Wohnung nie freiwillig verlassen. Da war ich mir absolut sicher.

Mein Körper erholte sich nur langsam von den Verletzungen. Monatelang wagte ich mich nur mit Sonnenbrille auf die Straße. Und sogar nach einem halben Jahr waren meine Augenlider noch sichtbar angeschwollen und stellenweise bläulich-dunkel verfärbt.

Und ich schämte mich, dass ich mich nicht zur endgültigen Trennung von Klaus entschließen konnte. Stärker noch als sonst zweifelte ich an mir. Vor allen Dingen an meiner Durchsetzungskraft. Ich traute mir einfach nicht zu, das Leben und die Aufgaben, die sich mit zwei Kindern ergeben, allein zu meistern. Von meinem schon immer wenig ausgeprägten Selbstbewusstsein war mittlerweile so gut wie nichts mehr übrig.

Ich fing an, vor der Realität völlig die Augen zu verschließen. Ich dachte immer seltener über die Perspektivlosigkeit meines Lebens in dieser zerrütteten Ehe mit Klaus nach. Mit ihm zu schlafen, war zu einer noch schlimmeren Qual geworden. Abends, wenn er ins Bett wollte, gab ich vor, waschen, bügeln oder Robin in den Schlaf wiegen zu müssen. Ich hoffte, dass Klaus die Augen zufallen würden und ich meine Ruhe hätte. Meist schaffte ich es, mich seinen drängenden Händen zu entziehen.

Zunächst fiel es mir relativ leicht, alles zu verdrängen. Über meine Zukunft dachte ich so gut wie gar nicht mehr nach, vor lauter Angst, gänzlich den Boden unter den Füßen zu verlieren. Ich konzentrierte mich nur noch auf die Gegenwart, auf das, was mich im Alltag unmittelbar forderte. Das waren meine Kinder, der Haushalt und die immer größeren finanziellen Probleme.

Klaus war weiterhin ohne Arbeit und machte auch keine Anstalten, sich nach einer dauerhaften Beschäftigung umzuschauen. Das, was wir vom Sozialamt bekamen, reichte gerade, seinen recht anspruchsvollen Lebensstil zu finanzieren. Nicht jedoch für die laufenden Ausgaben für einen Vier-Personen-Haushalt. Eine Rechnung nach der anderen flatterte ins Haus. Was Klaus nicht davon abhielt, unser schmales Budget mit weiteren Ratenzahlungen für eine Stereoanlage und ein neues Fernsehgerät zu belasten. Der Schuldenberg wuchs.

»Wenn du dich nicht so anstellen würdest, wären wir mit einem Schlag alle Geldprobleme los«, bekam ich von Klaus zu hören, als ich ihn nach einem Besuch des Gerichtsvollziehers für unsere Situation verantwortlich machte. Damit spielte er zum wiederholten Mal auf das Angebot eines gewissen Hasso Staub an, der eines Tages unangemeldet bei uns vor der Haustür gestanden und sich als Filmproduzent ausgegeben hatte. Wie mich das sexhungrige Ehepaar gefangen und gequält habe, das wäre eine super Story, die nur darauf warten würde, verfilmt zu werden, meinte er. Die Hauptrolle, die der Silvia, sollte ich selbst übernehmen. Dass ich keinerlei Schauspielerfahrung habe, sei absolut unwichtig, fegte Hasso Staub meine Bedenken vom Tisch. Es käme allein auf die Authentizität an. Schnell war klar, dass Hasso Staub mich zu einem Pornofilm überreden wollte.

»Ohne mich!« Das Angebot, in einem ekligen Sexfilm mitzuspielen, schien mir so absurd, dass ich eher belustigt als empört ablehnte. Hasso Staub zeigte sich trotzdem optimistisch, dass wir doch noch ins Geschäft kommen würden, zumal die Gage, wie er meinte, sich sehen lassen könnte.

»Nur als kleiner Ansporn, sich die Sache einmal durch den Kopf gehen zu lassen.« Er zog fünf Hundert-Mark-Scheine aus seiner Brieftasche und drapierte sie fächerförmig auf unseren Wohnzimmertisch. Das Geld würde mich zu nichts verpflichten, betonte er, in den nächsten Tagen würde er sich telefonisch noch einmal erkundigen, ob ich meine Meinung geändert hätte.

Der plötzliche Geldsegen erschien selbst mir wie ein Geschenk des Himmels, obwohl er gerade einmal dazu reichte, die kleinsten Löcher zu stopfen. Doch während ich nicht im Entferntesten daran dachte, als Pornodarstellerin für Nachschub zu sorgen, wollte Klaus die viel versprechende Geldquelle nicht mehr aus dem Kopf gehen.

Anfänglich versuchte er mich nur zu überreden, das Angebot des Pornofilm-Produzenten anzunehmen. »Was ist denn schon dabei, wenn du dich vor der Kamera ausziehst?«

Tag für Tag kam er darauf zu sprechen.

»Richtige Sexszenen werden die nicht von dir verlangen. Der Staub hat doch gesagt, dass er nur Softpornos dreht. Du musst eben nur so tun als ob.«

Ich weigerte mich weiterhin standhaft. Auch konnte ich nicht begreifen, wie ein Mann seine eigene Frau dazu drängen kann, in einem Pornofilm mitzuspielen. Aber wie immer, wenn Klaus seinen Willen nicht durchsetzen konnte, brach er auch diesmal einen Streit vom Zaun, der darin gipfelte, dass ich erneut grün und blau geprügelt wurde.

Noch ehe er mich in seiner Raserei so zurichten konnte wie damals auf der Straße, versprach ich ihm, das Angebot von Hasso Staub anzunehmen.

20 000 Mark sollte ich laut Vertrag dafür erhalten, dass ich zwei Pornodarstellern, die ein Pärchen mimten, vor laufender Kamera erzählte, was die Seyferts mit mir getrieben hatten.

Je intimer die Details, desto besser, lautete die eindeutige Regieanweisung. Das dünne Drehbuch sah außerdem vor, dass ich mich abschließend zu den beiden ins Bett gesellte.

Gedreht wurde an einem Ort nahe der holländischen Grenze, in der ersten Etage eines Privathauses. Auch wenn die Sex-Szenen, aus heutiger Sicht beurteilt, eher harmlos waren, hätte ich die Dreharbeiten ohne Alkohol nie durchgestanden. Hasso Staub sorgte von Anfang an dafür, dass mein Sektglas nie leer wurde. Die ganze Zeit über ließ er mich kaum aus den Augen und behandelte mich wie ein rohes Ei. Wahrscheinlich ahnte er, dass ich eher unfreiwillig mitmachte und labil genug war, den ganzen Dreh jederzeit zu schmeißen.

In nur einem Tag waren alle Aufnahmen im Kasten. Anschließend wurde das Material auf neunzig Minuten zusammengeschnitten. Gottlob wurde der Film synchronisiert, sodass es nicht meine Stimme war, die allzu freimütig die erlittenen sadistischen Folterungen schilderte. Die Vorführung des fertigen Streifens war mir peinlicher als die gesamten Dreharbeiten. Und noch bevor der Film zu Ende war, hatte ich unauffällig den verdunkelten Raum verlassen.

So schnell wie die 20 000 Mark verdient waren, so rasch brachte Klaus das Geld wieder unter die Leute. Armani, Hugo Boss und wie die teuren Marken-Designer alle heißen, mein Mann kleidete sich jetzt nur noch vom Feinsten und lachte mich aus, weil ich mir einen einfachen Jogginganzug mit einer aufgedruckten Mickymaus wünschte.

Klaus schien überhaupt jegliche Achtung vor mir verloren zu haben. Er ließ seine Launen an mir aus, beschimpfte mich vor seinen Freunden und in aller Öffentlichkeit mit unflätigen Ausdrücken und verlangte von mir hündischen Gehorsam. Wenn ich mich seinen Anweisungen widersetzte, wurde er handgreiflich.

Schläge gehörten inzwischen zur Tagesordnung. Er nahm weder Rücksicht auf das Gerede der Nachbarn, die sich über unsere lautstarken Auseinandersetzungen beschwerten, noch auf Melanie und Robin, die inzwischen oft genug mit ansehen mussten, wie ihre Mutter verprügelt wurde. Er passte nur auf, wohin er schlug, um mir keine schweren oder deutlich sichtbaren Verletzungen zuzufügen, die einen Besuch beim Arzt erforderlich gemacht hätten.

Einmal, als Klaus vor sich hin dösend in der Badewanne lag, ertappte ich mich bei dem Gedanken, jetzt einen Föhn ins Wasser zu werfen. Ich könnte das Ganze als tragischen Unfall darstellen, kam es mir in den Sinn, zum Beispiel behaupten, die Kinder hätten mit dem Föhn gespielt. Doch bevor derartige Hirngespinste zur fixen Idee werden konnten, schaffte mir die Justiz meinen Mann vom Hals, zumindest eine Zeitlang.

Die brutalen Schläge, mit denen Klaus mich vor Monaten auf der Straße krankenhausreif geprügelt hatte, brachten ihn schließlich vor Gericht. Zwar hatte er mich mit den üblichen Drohungen genötigt, meine Anzeige bei der Polizei zurückzuziehen, doch die Mühlen der Justiz ließen sich nicht mehr aufhalten. Es sei im Interesse der Öffentlichkeit, die mir zugefügten Verletzungen zu ahnden, so wurde ihm erklärt.

Ich trat nicht mehr als Klägerin auf, erhielt aber vom Duisburger Landgericht eine Vorladung als Zeugin. Vor dem Richter zeigte sich Klaus überraschenderweise voll geständig, sodass meine Aussage gar nicht mehr erforderlich war. Er wurde zu immerhin dreizehn Monaten Haftstrafe verurteilt, ohne Bewährung. Und zwar wegen seiner zahlreichen Vorstrafen wegen Körperverletzung, von denen ich lange Zeit nichts gewusst hatte.

Weil die Gefängnisse überfüllt waren, dauerte es etwa noch vier Monate, bis Klaus seine Haftstrafe in Münster antreten musste. Als es endlich so weit war und sich die Gefängnistore hinter ihm schlossen, hätte ich beinahe einen Freudentanz aufgeführt. Ich eilte nach Hause, zog mich und die Kinder hübsch an, setzte Robin in den Wagen, nahm Melanie an die Hand und nutzte den strahlenden Sommertag für einen Ausflug in den Zoo. Für so einen Ausflug hatte mir in den vergangenen Monaten jegliche Energie und Lebensfreude gefehlt.

Ohne Klaus fühlte ich mich wie von einer Zentnerlast befreit. Die Aussicht, die nächsten Tage, Wochen und Monate keine Angst mehr vor Drohungen, Beschimpfungen und Schlägen haben zu müssen, ließ meine Lebenslust wieder erwachen. Nicht, dass ich jetzt wie in vergangenen Tagen die Krefelder Kneipen- und Discothekenszene aufgemischt hätte. Jetzt, mit den Kindern, gehörten diese wilden Zeiten ein für allemal der Vergangenheit an. Dass mein neues, unbeschwertes Leben jedoch zeitlich begrenzt war und mit Klaus' Entlassung aus dem Gefängnis vorbei sein würde, daran wollte ich nicht denken.

Wie vor meiner Heirat besuchte ich wieder regelmäßig meine Mutter und die Großeltern. Ich bemühte mich, eingeschlafene Kontakte zu alten Freunden aufzufrischen und suchte mir sogar eine neue Wohnung in einem anderen Stadtteil.

Doch selbst Gitterstäbe und die verriegelte Zellentür hinderten Klaus nicht daran, seinen Einfluss auf mich geltend zu machen. Täglich musste ich einen Brief ins Gefängnis schreiben, um ihn auf dem Laufenden zu halten. Obwohl mir schon nach kurzer Zeit nichts mehr einfiel, was ich schreiben konnte.

Mit Sicherheit waren es nicht Sehnsucht und Liebe, die ihn täglich auf Post von mir warten ließen. So wie ich Klaus kenne, hat er meine Briefe selbstgefällig den anderen Häftlingen unter die Nase gehalten, nur um zu demonstrieren, welche Macht er über seine Frau ausüben könne.

Das Allerschlimmste in dieser ansonsten für mich herrlichen Zeit waren die Besuchstermine, zu denen mich Klaus zweimal im Monat und pünktlich auf die Minute erwartete. Nicht nur, dass er mich dann mit seiner Eifersucht und seinem Misstrauen quälte. Immer wieder bombardierte er mich mit neuen kostspieligen Forderungen. Mal war es die Rolex-Uhr seines Zellennachbarn, die er bereits am Arm trug und die bezahlt werden musste. Mal sollte ich mehr Pakete, vor allem Zigaretten, ins Gefängnis schicken, damit Klaus über Tauschgeschäfte an Haschisch kommen konnte. Das änderte sich auch nicht, als er im Verlauf der Haftstrafe verlegt wurde; wie es der Zufall wollte, in die Vollzugsanstalt, in der auch Werner Seyfert eine Zeitlang in Untersuchungshaft eingesessen hatte.

In all den Jahren hatte ich nie gelernt, mit Geld umzugehen. Dabei wäre richtig hauszuhalten unheimlich wichtig gewesen, bei den paar Mark vom Sozialamt. Und natürlich vor allem wegen der Kosten, die Klaus mit seinen unnötigen Wünschen verursachte. Irgendwann stand ich ohne einen Pfennig da. Ich konnte noch nicht einmal das Paar Schuhe, das ich einmal einem Schuster zum Besohlen gebracht hatte, bezahlen.

Noch hinderte mich mein Stolz, meine Großeltern oder sonst jemanden anzupumpen. Da rief Hasso Staub an mit dem Angebot, in einem weiteren Pornofilm mitzuspielen. Sofort, ohne Zögern, sagte ich zu. Diesmal fragte ich noch nicht einmal, was von mir verlangt wurde.

KAPITEL 16

Resignation

Klaus musste fast seine ganze Haftstrafe absitzen. Für den einen Monat, den er früher entlassen wurde, brummten sie ihm noch drei Jahre zur Bewährung auf. Er durfte sich also für lange Zeit nicht das Geringste zuschulden kommen lassen. Das schien er begriffen zu haben, denn er war wie ausgewechselt. Ein paar Tage lang glaubte ich wirklich, das eine Jahr Gefängnis hätte ihn geläutert, und wir könnten vielleicht noch einmal von vorn anfangen.

Doch kaum hatte Klaus sich wieder einigermaßen mit dem Leben in Freiheit vertraut gemacht, war er wieder voll und ganz der alte Pascha, der mich herumkommandierte, bald wieder handgreiflich wurde, wenn ich nicht spurte, und das Geld mit vollen Händen ausgab. Natürlich passte ihm auch die Wohnung nicht, die ich mir ausgesucht hatte. Wieder mussten wir umziehen, zwar nur ein paar Straßen weiter, aber dafür in eine wahre Luxuswohnung, die ganz nach seinem Geschmack war: mit hölzernen Deckenbalken und einem Wohnzimmer von fast fünfzig Quadratmetern.

Zum Glück ging es uns jetzt finanziell besser. Ich hatte eine Putzstelle beim Caritasverband angenommen, fünf Tage in der Woche, vormittags von acht bis zwölf Uhr. Später übernahm Klaus einen sehr gut bezahlten Job bei einer Firma, die Asbest entsorgte. Ich schaffte es sogar, den Führerschein zu machen, und saß ziemlich stolz hinter dem Lenkrad unseres ersten Autos.

Nach außen hin schien sich vieles zum Guten gewendet zu haben. Doch der biedere Anstrich war reine Fassade, unsere Familienwelt war alles andere als heil. Auch wenn die Kinder nicht von Klaus geschlagen wurden, litten sie doch zusehends unter dem ständigen Streit und der Gewalttätigkeit in ihrem Elternhaus. Melanie war längst alt genug, um zu begreifen, dass es ihr Stiefvater war, der Unfrieden ins Haus brachte; der so laut brüllte, dass die Nachbarn die Polizei holten, und der mich verprügelte, wenn ich mich nicht schnell genug in Sicherheit bringen konnte. Manchmal blieb mir nichts anderes übrig, als hinter der verschlossenen Kinderzimmertür Zuflucht zu suchen. Dann war es die inzwischen fünfjährige Melanie, die mich tröstete und in ihrem Bett schlafen ließ.

Wenn Klaus im Auftrag seiner Firma für längere Zeit auf Montage war, litt ich unter seinen ständigen Kontrollanrufen.

»Du willst mir doch nicht weismachen, dass du heute Stunden im Wartezimmer verbracht hast«, herrschte er mich an, wenn ich ihm erklärte, dass ich nicht erreichbar gewesen war, weil ich einen Arzttermin hatte. Oder er behauptete einfach, ich hätte Melanie genötigt, für mich zu lügen, nachdem die Kleine ihm am Telefon gesagt hatte, ich sei gerade in den Keller gegangen, um Wäsche aufzuhängen.

Es war bestimmt keine Eifersucht aus Liebe, die Klaus dazu trieb, mir auf Schritt und Tritt nachzuspionieren. Vielmehr fürchtete er, dass ich mich seinem Einfluss entziehen könnte. Er hielt weiterhin eisern an unserer Ehe fest, während ich in seiner Abwesenheit immer konkreter über die Scheidung nachdachte.

Entscheidend war schließlich die Begegnung mit einem anderen Mann, der mir mit seiner Zuneigung nach all den lieblosen Jahren wieder ein gewisses Selbstwertgefühl schenkte. Rudi war zwei Jahre älter als ich und Polier auf einer Baustelle in der Nachbarschaft. Kennen gelernt habe ich ihn in der Trinkhalle meiner Schwiegermutter, wo ich nachmittags häufiger für ein paar Stunden aushalf. Ich mochte es, mich mit ihm zu unterhalten. Rudi war ein guter Erzähler und ein noch besserer Zuhörer. Anfangs sprachen wir nur über Belanglosigkeiten. Doch seine geduldige, verständnisvolle Art brachte mich recht schnell dazu, über mich und meine Eheprobleme zu reden.

»Du musst dich von deinem Mann trennen, sonst gehst du über kurz oder lang vor die Hunde!«

Rudi konnte nicht begreifen, dass ich bei einem Mann blieb, der mich misshandelte. »Du bist jung, du kannst doch noch einmal ganz neu beginnen.«

In dem Bemühen, mich zu rechtfertigen und meine Ängste zu erklären, verstand ich selbst nicht mehr, warum ich noch bei Klaus ausharrte. Wie sollte da ein Außenstehender Verständnis aufbringen können?

Wozu mein Mann in seinem Zorn fähig war, sollte Rudi schon bald mitbekommen. Klaus hatte zwischen zwei Montage-Einsätzen drei freie Tage. Wie üblich gab es nur Unfrieden und lautstarke Auseinandersetzungen zwischen uns beiden. Das Veilchen, dass ich diesmal auf dem linken Auge davontrug, war trotz mehrerer Schichten Schminke deutlich sichtbar.

»War das dein Mann?« Rudi strich mir mit den Fingerspitzen vorsichtig über die angeschwollene Augenpartie. Ich nickte nur. Mir war es peinlich, über den häuslichen Streit zu reden.

»Ein Wort von dir, und ich zeig dem verdammten Kerl, wie es sich anfühlt, eins aufs Auge zu bekommen.« Nur mit Mühe konnte ich Rudi davon abhalten, Klaus einen Denkzettel zu verpassen. »Du wirst alles nur noch schlimmer machen.

An mir wird er sich rächen, sobald er mit mir allein ist.« Rudi hätte mich auf die Dauer nicht vor Klaus schützen können.

Wir hatten nie über eine gemeinsame Zukunft gesprochen. Seit ich wusste, dass auch er verheiratet war und zwei Kinder hatte, war für mich klar, dass unsere Beziehung eine Episode bleiben würde. Ich wollte keine andere Ehe zerstören und den Kindern nicht den Vater nehmen. Und ich glaube, auch Rudi hat nie ernsthaft daran gedacht, seine Familie gegen mich und meine Kinder einzutauschen. Denn ein Mann, der mit mir leben will, muss auch Melanie und Robin akzeptieren und lieben.

Obwohl Rudi und ich uns nur selten treffen konnten, hatte Klaus Wind von unserem Verhältnis bekommen. Vielleicht waren wir auch meiner Schwiegermutter in der Trinkhalle aufgefallen. Jedenfalls drohte Klaus mir eines Abends am Telefon, den nächsten Zug nach Krefeld zu nehmen, um mir mein Fremdgehen mit Prügel auszutreiben.

In Windeseile raffte ich Kleidung, Waschzeug, Bettwäsche, Spielsachen und Geld zusammen und stopfte den ganzen Kram ins Auto zu Melanie und Robin, die sich müde die Augen rieben, weil ich sie mitten aus dem Schlaf gerissen und auf die Straße gezerrt hatte.

Ich war wie ausgewechselt, voller Tatendrang und furchtlos. Zu solch später Stunde ging kein Zug mehr von Hamburg nach Krefeld, das wusste ich. Also konnte Klaus frühestens morgen auftauchen. Doch diesmal würde ich nicht warten, bis er mich grün und blau schlug. Abhauen würde ich und dort Zuflucht suchen, wo er mir garantiert nichts anhaben konnte.

Mit dem bis unters Dach voll gestopften Wagen steuerte ich das nahe gelegene Heim für allein stehende Mütter an, in der Hoffnung, dort vorübergehend unterzukommen. Natürlich war die Einrichtung für jemanden in meiner Situation nicht die richtige Anlaufstelle. Aber die freundliche Dame am Empfang zeigte sich hilfsbreit und fragte bei allen Frauenhäusern in der Umgebung nach, ob für uns drei noch Platz wäre.

Doch alle Frauenhäuser waren überfüllt. Nur in Oberhausen schien noch Platz zu sein.

Alles hatte ich erwartet: beengte Wohnverhältnisse, Gemeinschaftsküche, Etagendusche, unaufgeräumte Zimmer und ständiges Kindergeschrei. Nur auf dieses abstoßende, schmutzige Durcheinander war ich nicht vorbereitet. Die Matratzen des kleinen Raums, der uns zugeteilt worden war, der aber auch als Durchgangszimmer diente, strotzten nur so vor Dreck. In ganz üblem Zustand befanden sich die sanitären Anlagen, sodass sich sogar die Kinder weigerten, die übel riechende Toilette zu benutzten.

Am liebsten wäre ich sofort wieder heimgekehrt in meine sauberen und gemütlichen vier Wände. Doch meine Entschlossenheit, die Misshandlungen meines Mannes nicht mehr länger zu erdulden, hielt mich zurück. Ich ließ mir Scheuerpulver und Desinfektionsmittel geben und versuchte, den gröbsten Dreck zu beseitigen.

In dem von verstörten Kindern und nervösen Frauen total überfüllten Haus herrschte eine entsetzlich aggressive Stimmung. Nie kehrte Ruhe ein. Selbst nachts weinten Kinder und schimpften Mütter.

In unserem winzigen Zimmer hausten wir drei wie auf dem Flur. Ständig ging jemand hindurch, um in den dahinterliegenden Raum zu gelangen.

Nach vier Tagen ließen sich Melanie und Robin nicht mehr vertrösten. Sie wollten zurück nach Hause, in ihren eigenen Betten schlafen und wieder vernünftigen Kakao zum Frühstück trinken. Die Quengelei der Kinder gab mir den Rest, denn auch ich hielt es nicht mehr aus in der deprimierenden Behausung.

Noch unschlüssig, ob ich tatsächlich das Frauenhaus verlassen sollte, wählte ich unsere Telefonnummer, in der Hoffnung, dass Klaus nicht an den Apparat gehen würde, weil er um diese Zeit eigentlich auf Montage war.

»Ja bitte?« Wider Erwarten hatte er am anderen Ende den Hörer abgenommen. Vor lauter Schreck wagte ich weder zu atmen noch den Hörer aufzulegen. Kein Ton kam mir über die Lippen.

»Du bist es doch, Silvia. Nun sag schon ein Wort!«

Wie erstarrt stand ich da, mit dem Hörer in der Hand.

»Wo bist du jetzt? Und wo sind die Kinder? Was macht mein Sohn?« Seine Stimme klang ehrlich besorgt. »Warum bist du überhaupt weggelaufen?«

»Weil ich es satt habe, mich von dir prügeln zu lassen«, stieß ich, den Tränen nahe, hervor. »Ich bin es leid, ständig in Angst zu leben, immer wieder mit blauen Flecken und ausgekugelten Armen herumzulaufen. Ich will nicht mehr mit dir zusammen sein, ich will, dass wir uns scheiden lassen.«

»Wenn es dir ernst ist damit, dann bin ich mit der Scheidung einverstanden. Du brauchst keine Angst mehr vor mir zu haben. Komm mit den Kindern nach Hause. Ich verspreche dir, nicht in der Wohnung zu sein. Ich werde ausziehen. Nur Robin will ich ab und an sehen können.«

Klaus war tatsächlich fort, als ich mit den Kindern in unsere Wohnung zurückkehrte. Zwar lagen noch überall seine Sachen herum, aber die konnte er ja irgendwann demnächst abholen, sagte ich mir. Ich glaubte damals felsenfest, ihm mit meiner überstürzten Flucht ins Frauenhaus einen heilsamen Schock versetzt zu haben. Er würde mich sicher künftig in

Ruhe lassen und die Scheidung nicht unnötig in die Länge ziehen.

Der Anwalt, den ich mit der Scheidung beauftragt hatte, meinte, das Verfahren schnell abschließen zu können. Niemand könne nach solchen Misshandlungen von mir noch verlangen, die Ehe weiter aufrechtzuerhalten. Außerdem sei mein Mann ja mit der Scheidung einverstanden.

Von wegen. Inzwischen hatte Klaus sich nämlich wieder anders besonnen. Nur wenige Tage, nachdem ich aus dem Frauenhaus zurückgekehrt war, stand er plötzlich in der Wohnung und tat so, als sei nichts geschehen. Von Trennung oder gar Scheidung wollte er nichts mehr wissen. Ob ich etwa glaubte, er würde mit all den Schulden, die wir am Hals hätten, noch Unterhalt für mich und die Kinder zahlen können. »In ein bis zwei Jahren, wenn wir finanziell aus dem Gröbsten raus sind, lass ich mit mir reden«, behauptete er. »Vorläufig bleiben wir jedenfalls zusammen«.

Nichts konnte ihn mehr umstimmen. Und wieder gelang es ihm, mich einzuschüchtern. Mit Schlägen und Psychoterror, der in der Drohung gipfelte, mir die Kinder zu nehmen, wenn ich die Scheidung nicht zurückziehen würde.

Irgendwann, Wochen später, fiel mir auf, dass Klaus immer seltener aggressiv und gewalttätig reagierte. Manchmal war er sogar von einer Friedlichkeit, die ich überhaupt nicht an ihm kannte. Dann konnte ihn nichts aus der Ruhe bringen. Wenn ich ihn provozieren wollte, bedachte er mich nur mit einem entrückten Lächeln, ohne mich eigentlich wahrzunehmen.

Doch diese Zustände wechselten sich ab mit Phasen, in denen er wieder ganz der Alte war: ungeduldig, aufbrausend, laut und herrschsüchtig. Es dauerte eine Weile, bis ich begriff, dass er sich Heroin spritzte. Zunächst nur ab und an, dann regelmäßig. Mein Mann war ein Junkie, ein Drogenabhängiger geworden, der nur für den nächsten Schuss lebte.

Ich war weder schockiert noch ängstigte mich seine Sucht. Inzwischen verachtete ich ihn viel zu sehr, als dass ich mir ernsthaft Sorgen um sein Wohlergehen machte. Außerdem stopfte er sich doch schon seit Jahren mit Drogen voll. Auf der Suche nach dem »Kick« hatte Klaus schließlich Heroin ausprobiert und war, wie viele seiner Freunde auch, an der Nadel hängen geblieben.

Soll er an dem Zeug doch krepieren, sagte ich mir, wenn er am Küchentisch das weiße Pulver in einem Löffel auflöste, vorsichtig die Spritze aufzog und sich die Nadel hastig in den Arm jagte.

Nach anfänglicher Zurückhaltung machte er aus seinem Heroinkonsum kein Geheimnis mehr. Schnell gehörte die Droge bei uns zum Alltag. Klaus hatte überall, ob zwischen der Wäsche im Schlafzimmerschrank oder hinter dem Badezimmerspiegel, kleine Plastiktütchen versteckt, die er für den Eigenbedarf hortete, mit denen er aber auch dealte, um seine Sucht zu finanzieren. Wenn er sich einen Schuss setzte, nahm er keine Rücksicht auf die Kinder, die jederzeit hereinkommen konnten.

Seine Bekannten gehörten irgendwann allesamt zur Krefelder Drogenszene. Immer öfter standen ausgezehrte, zitternde Gestalten vor unserer Wohnungstür, die dringend nach Stoff verlangten und von Klaus rüde abgewiesen wurden, wenn sie nicht zahlen konnten.

Das alles nahm ich eigentlich eher wahr wie einen Film, den ich mir anschaute, ohne mitzuspielen. Emotionslos betrachtete ich die Akteure. Zum Beispiel meinen Schwager Chris, der lange vor Klaus angefangen hatte, Heroin zu nehmen und inzwischen unter fürchterlichen Entzugserscheinungen litt, wenn die nächste Spritze nicht rechtzeitig zur Hand war. Oder das blasse, hohlwangige Mädchen mit den ungepflegten, langen Haaren und den Ekzemen an den Einstichstellen, die anschaffen ging, um ihr Heroin bezahlen zu können.

Vielleicht hatte auch die Gefühlslosigkeit der Drogenszene, in der sich alles nur um den nächsten Schuss dreht, auf mich abgefärbt. Mit ziemlicher Kaltblütigkeit registrierte ich jedenfalls, dass die Sucht meines Mannes auch ihr Gutes hatte: Er schlug mich nicht mehr, sein sexuelles Interesse an mir war erlahmt, und mit der »Dealerei« kam mehr Geld ins Haus als je zuvor. Was kümmerte es mich, wenn er sich über kurz oder lang mit dem Gift zugrunde richtete?

»Ein Schuss, und alles ist ganz easy. Du wirst sehen.«

Immer wieder versuchte er, mir die Droge schmackhaft zu machen.

Doch ich lehnte ab: »Lass mich in Ruhe mit dem Zeug. Ich brauch das nicht!«

»Ich wusste gar nicht, dass du so feige bist«, höhnte Klaus. »Hast wohl Angst, gleich nach dem ersten Schuss voll drauf zu sein und es nicht mehr lassen zu können?«

Im Sommer 1990 ließ ich mir auf dem Sofa in unserem Wohnzimmer von Klaus die erste Spritze Heroin in meinen ausgestreckten Arm setzen. Ganz freiwillig und ohne mit der Wimper zu zucken.

KAPITEL 17

Der Kampf gegen die Droge

Natürlich war ich felsenfest davon überzeugt, dass ich jederzeit mit dem Heroin aufhören könnte. Ich brauchte doch nur zu wollen.

»Ich nehm das Zeug nur so zum Spaß, ganz selten, wenn mir danach ist«, erzählte ich den anderen Junkies, die bei uns zu Hause verkehrten und überrascht feststellten, dass ich mich doch hatte anfixen lassen.

»Wenn ich merke, dass ich den nächsten Schuss brauche, hör ich sofort auf. Ich schwör's!«

Es dauerte nicht lange, und ich wartete sehnsüchtig auf den nächsten Schuss. Den musste mir immer Klaus setzen. Allein schaffte ich es nicht, mir die Nadel ins Fleisch zu stechen.

»Den Stoff kannst du dir schließlich allein besorgen«, maulte er, als ihm klar wurde, dass zwei Fixer in der Familie eine kostspielige Angelegenheit waren.

Eine Heroinspritze täglich war mir schließlich innerhalb von zwei Monaten zur Gewohnheit geworden, als sich regelmäßig, immer morgens nach dem Aufstehen, Schüttelfrost und Rückenschmerzen einstellten.

Jetzt bist du voll drauf, wurde mir klar. Das sind Entzugserscheinungen. Denn sobald der Kolben der Spritze die Droge in meine Blutbahn gedrückt hatte, waren alle Beschwerden verschwunden.

»Ich gehe zum Arzt«, überraschte ich Klaus noch am selben Tag, »ich muss mich entgiften lassen.«

»Wenn du meinst. Aber wehe, du erzählst dem Arzt auch nur etwas über mich.«

Er interessierte sich nicht mehr für das, was um ihn herum passierte. Sein Denken kreiste längst nur noch um die Droge und ihre Beschaffung.

Ich war tatsächlich fest entschlossen, mit ärztlicher Hilfe vom Heroin loszukommen. Denn allein, so viel war mir bereits damals klar, würde es weitaus schwerer werden. Doch anstatt mich gleich an einen Spezialisten oder eine Drogenberatung zu wenden, suchte ich einen praktischen Arzt auf, der sich zwar sehr verständig zeigte, mir aber nur Tabletten gegen die Entzugserscheinungen verschrieb.

»Versuchen Sie es damit«, sagte er, als er das Rezept ausfüllte. »Mit dem Heroin aufhören müssen Sie schon selbst. Das Medikament kann Ihnen nur die Schmerzen beim Entzug nehmen.«

Doch selbst das schafften die Tabletten nicht. Wahrscheinlich waren sie in ihrer Wirkung zu schwach. Drei Tage hielt ich ohne Heroin durch. Dafür aber mit fürchterlichen Schmerzen und Schweißausbrüchen und einem drogenabhängigen Mann, der vor meinen Augen seine Sucht stillte. Als ich wieder rückfällig geworden war, war mir endgültig klar, dass die Droge mich in ihrer Gewalt hatte. Ich war genauso ein Junkie wie die erbärmlichen Geschöpfe, die Klaus um Stoff anbettelten.

In meiner verzweifelten Suche nach Hilfe wandte ich mich an meine Mutter. Sie würde schimpfen und mir gehörig die Leviten lesen, mich aber nicht im Stich lassen.

»Wetten, dass wir dich von dem verdammten Heroin losbekommen?« Nach dem ersten Schrecken zeigte sich meine Mutter zuversichtlich.

»Du und die Kinder, ihr müsst erst einmal weg von deinem Mann.«

Dass der für meine Sucht verantwortlich war, stand für Mutter außer Zweifel.

»Ich habe ja immer gewusst, dass der Kerl nichts taugt und dich eines Tages ins Unglück treibt.«

Mutter sah ihre schlimmen Prophezeiungen erfüllt und beschäftigte sich in Gedanken wohl mehr mit einem Rachefeldzug gegen Klaus als mit dem Drogenproblem ihrer Tochter. Wahrscheinlich war sie auch nur damit überfordert, meine Heroinabhängigkeit richtig einzuschätzen. Sonst hätte sie gewusst, dass ich dringend fachmännischer Hilfe bedurfte.

Sie meinte, es wäre damit getan, die Finger von dem Teufelszeug zu lassen und mich außer Reichweite meines Mannes zu bringen. Gemeinsam mit den Kindern wurde ich bei den Großeltern einquartiert, die nachts hilflos mit ansehen mussten, wie sich ihre Enkelin unter den Schmerzen des Entzugs im Bett krümmte.

Am nächsten Morgen hatten die Beschwerden etwas nachgelassen. Doch die Gier nach der Droge war größer als je zuvor. Nur noch eine einzige Spritze, die allerletzte, redete ich mir in meinem Wahn ein, dann würden die Schmerzen des Entzugs auch besser zu ertragen sein. Ich lauerte nur auf den Augenblick, in dem ich unbemerkt die Wohnung verlassen konnte.

Klaus spürte ich bei meiner Schwiegermutter in der Trinkhalle auf, wo er mir noch an Ort und Stelle, vor den Augen seiner Mutter, den erlösenden Schuss setzte.

Als ich gar nicht mehr richtig zu mir kommen wollte, müssen die beiden um mein Leben gefürchtet haben. Jedenfalls brachte Klaus mich schnellstens in das nächstgelegene Krankenhaus; nicht ohne mir einzuschärfen, nur ja kein Wort über seinen eigenen Drogenkonsum zu verlieren. Dazu hatte ich in der Klinik auch kaum Gelegenheit. Gleich nachdem man wusste, was mit mir los war, gaben sie mir eine Spritze, die mich erst einmal drei Tage lang in Tiefschlaf versetzte.

Anschließend sollte ich stationär mit Tabletten behandelt werden.

»Kann ich es nicht ohne Pillen versuchen«, fragte ich selbstbewusst den behandelnden Arzt, da ich kaum noch Schmerzen verspürte.

»Würde mich freuen, wenn Sie es so schaffen würden«, ermutigte mich der Arzt. Nur wenn meine innerliche Unruhe unerträglich werden würde, sollte ich mir von der Schwester eine Tablette geben lassen.

Nicht ein einziges Mal habe ich Tabletten gebraucht. Zwar hatte ich Schwierigkeiten, durchzuschlafen und meine zittrigen Hände ruhig zu halten, aber ich fühlte mich von Tag zu Tag besser. Dazu trug nicht zuletzt Dietmar bei, den ich kennen lernte, als er seine Schwester besuchte, die wegen einer Kreislauferkrankung auf meiner Station lag.

So eine treue Seele wie ihn hatte ich gebraucht. Er bestärkte mich in meinem Versuch, den Entzug ohne Medikamente durchzustehen. Und er versicherte mir, sich auch nach meiner Entlassung aus dem Krankenhaus um mich zu kümmern.

»Das Beste wird sein, du ziehst mit deinen Kindern bei mir ein«, sagte er eines Tages wie selbstverständlich, »dann kann ich besser auf dich aufpassen.«

Dietmar war der gefühlvollste und liebenswürdigste Mann, der mir je begegnet war. Dazu ehrlich und so verlässlich, dass man die Uhr nach ihm stellen konnte. Er war etwa in meinem Alter und musste als Bergmann hart für sein Geld arbeiten.

Ich sehnte mich nach ein bisschen Glück, nach Liebe und Fürsorge. Dietmar schien mir der Mann zu sein, bei dem ich genug Geborgenheit finden würde, um mich gegen die Drogen durchsetzen zu können.

Bald nach der Entlassung zog ich mit Melanie und Robin, um die sich die Großeltern gekümmert hatten, zu ihm. Platz war genug in der Dreieinhalb-Zimmer-Wohnung. Auch für Sven, Dietmars siebenjährigem Sohn aus seiner geschiedenen Ehe, der zwar bei der Mutter lebte, aber das eine oder andere Wochenende bei uns verbrachte.

Mein Leben verlief jetzt in geordneten Bahnen. Ich kümmerte mich wieder mehr um die Kinder, hielt die Wohnung sauber, schmierte Dietmars Brote, die er mit zur Arbeit nahm, und wurde immer seltener von dieser Nervosität gepackt, die ein Verlangen nach Heroin signalisierte.

Alles schien gut zu werden, bis zu dem Zeitpunkt, als Sven mir bei einem seiner Wochenendbesuche von seiner Mutter erzählte und eher beiläufig erwähnte, dass der Papi die Mami einmal krankenhausreif geschlagen hätte.

»Dietmar soll deine Mutter verprügelt haben?« Alles Mögliche konnte ich mir vorstellen, nur nicht, dass Dietmar gegen jemanden die Hand erhebt, schon gar nicht gegen eine Frau. Doch Sven blieb dabei. Der Papi würde öfter ausrasten, deshalb sei die Mami auch weggelaufen.

Obwohl ich mich weigerte, das zu glauben, konnte ich kaum noch an etwas anderes denken. Sollte ich schon wieder an einen gewalttätigen Mann geraten sein? Nein, nicht der sanftmütige Dietmar. So konnte sich keiner verstellen. Ich beschloss, der Wahrheit auf den Grund zu gehen und ihn mit den Äußerungen seines Sohnes zu konfrontieren.

»Das ist doch alles Unsinn«, lachte mich Dietmar aus, »meine Ex-Frau wird mich bei dem Jungen schlecht gemacht haben, und der plappert nach, was sie ihm erzählt hat. Vielleicht ist Sven auch ein bisschen eifersüchtig auf meine neue Familie und erfindet deshalb Horrorgeschichten über mich.«

Er schien Svens Anschuldigungen nicht ernst zu nehmen. Und ich war zu verliebt, um Dietmar misstrauen zu können.

Etwa zwei Wochen später, wir waren spät in der Nacht von einer Fete bei Bekannten heimgekehrt, ließ er die Maske fallen.

»Glaubst du, ich habe nicht mitgekriegt, wie du dich anderen Typen an den Hals geworfen hast?« Schon auf dem Nachhauseweg hatte er angefangen, mir eine Szene zu machen.

»Lass mich doch in Ruhe«, wehrte ich ihn ab, als er in der Wohnung mit einem Mal versuchte, mich auszuziehen. »Erst schikanierst du mich mit deiner Eifersucht, dann soll ich mit dir schlafen. Da vergeht mir die Lust. Außerdem bin ich hundemüde.«

Was dann passierte, ist mir nur noch bruchstückhaft in Erinnerung geblieben. Ich lag rücklings auf dem Bett, rang nach Luft, wollte schreien, doch kein Laut drang aus meiner Kehle. Immer stärker wurde der Druck auf meinen Hals. Dietmars Hände würgten mich, bis ich glaubte, das Bewusstsein zu verlieren. Als er von mir abließ, japste ich nach Luft, die Haut an meinem Hals brannte wie Feuer. Speichel sammelte sich im Mund an, aber ich konnte ihn vor lauter Schmerzen kaum hinunterschlucken.

Ich war weder traurig noch enttäuscht. Nur unsagbar wütend. Nie wieder würde ein Mann Hand an mich legen. Das schwor ich mir. Ausgerechnet Dietmar, für dessen Gutmütigkeit ich meine Hand ins Feuer gelegt hätte, war wie ein Berserker über mich hergefallen und hätte mich fast erwürgt. Und er würde mir wieder Gewalt antun. Da war ich mir nach den Erfahrungen mit meinem brutalen Ehemann ganz sicher.

Ich musste Dietmar so schnell wie möglich verlassen. Er ließ mir einfach keine andere Wahl.

Hinter seinem Rücken ging ich am nächsten Tag sofort auf Wohnungssuche und hatte überraschenderweise gleich Erfolg. Ich bekam die Zusage für eine hübsche, recht preiswerte Zweieinhalb-Zimmer-Wohnung mit ausreichend Platz für die beiden Kinder und mich.

So schonend wie möglich bereitete ich Dietmar auf unseren Auszug vor.

»Nach allem, was die Kinder mit ihren drogenabhängigen Eltern erlebt haben, müssen sie mich eine Zeit für sich allein haben«, gab ich vor. Dietmar sollte glauben, dass ich mich nur räumlich von ihm trennte und er mich besuchen könne, wann immer er wollte. Ihn bloß nicht in Rage bringen, sagte ich mir die ganze Zeit über, die ich noch in seiner Wohnung verbringen musste. Wer weiß, wozu dieser Wolf im Schafspelz noch fähig ist.

Er attackierte mich noch ein weiteres Mal: Nachdem er erfahren hatte, dass ich bereits den Mietvertrag für die neue Wohnung hatte, brach er mir mit einem einzigen Schlag das Nasenbein. Anschließend wagte ich mich nur noch in Begleitung der Polizei in seine Wohnung, um meine Sachen zu holen.

Ich hatte mich kaum in der neuen Wohnung eingerichtet, als Klaus vor der Tür stand und auf sein Recht pochte, Robin zu sehen. Es wurde ein unerwartet friedlicher Nachmittag. Er sah schlecht aus, abgemagert und ungepflegt, und das bei seiner Eitelkeit. Kein Zweifel, er war dabei, in der Drogenszene zu versumpfen. Aber ich machte ihm keine Vorhaltungen, sondern war froh, dass er mir nicht zu nahe trat und anscheinend nicht die Absicht hatte, wieder mit mir und den Kindern zusammenleben zu wollen.

Von da an kam er häufiger vorbei; nur um seinen Sohn zu besuchen, wie er vorgab. Das war ein Grund, glaube ich. Ich denke, er wollte wohl vor allem der Einsamkeit des Fixer-Alltags ab und an entfliehen.

Als ich Angelo kennen lernte, war ich immer noch clean, aber ich kannte mittlerweile natürlich die Praktiken der Dealer. Angelo, der selbst nie Drogen genommen hatte, war begeistert von meinen Kenntnissen.

Er wollte ganz schnell reich werden, am liebsten ohne viel Arbeit, wie er freimütig zugab. Und dass im Drogenhandel eine Menge Geld zu verdienen war, brauchte mir keiner zu erzählen.

Also begannen wir, aus Papier so genannte »Päckchen« zu falten und diese mit sorgsam abgewogenen Häufchen weißen Heroinpulvers zu füllen. Natürlich wusste ich, dass wir gegen das Gesetz verstießen, aber mit Klaus hatte ich so lange am Rande der Legalität gelebt, dass mir die Schwere des Verbrechens nicht bewusst war.

»Geschäft ist Geschäft«, sagte Angelo, »der eine verkauft, was der andere braucht.«

Und es gab viele, die Stoff brauchten. Bald rannten uns die Junkies die Tür ein, und wir, einige der wenigen Dealer, die das Geld nicht für die eigene Sucht ausgeben mussten, machten richtig Kohle.

Angelo ahnte nicht, dass der Umgang mit dem weißen Pulver für mich die pure Versuchung war. Beim Abwiegen glaubte ich, die Droge auf der Zunge zu schmecken. Heimlich hielt ich mir eine Prise unter die Nase. Ich sehnte mich schon bald wieder nach dem Moment, in dem ich erneut dieses berauschende Gefühl erleben würde. Es dauerte nicht lange, bis ich etwas von dem Heroin beiseite schaffte und Klaus bat, mir einen Schuss zu setzen.

Als Angelo mitbekam, dass ich wieder voll drauf war, gab es einen Riesenstreit, in dessen Verlauf er mir ein Ultimatum stellte: entweder er oder die Droge. Die Entscheidung fiel mir nicht schwer – die Sucht war stärker.

Nachdem Angelo mich verlassen hatte, suchte ich in meinem unbändigen Verlangen nach Stoff wieder den Kontakt zu Klaus, der immer ein »Päckchen« für mich übrig hatte, seitdem er gemeinsam mit seiner Mutter und seinem Bruder einen florierenden Heroinhandel aufgezogen hatte. Als Anlaufstelle für die Junkies fungierte die Trinkhalle meiner Schwiegermutter, die selbst nie Drogen genommen hatte, aber ohne Skrupel am Heroin verdiente. Moralische Bedenken verspürte ich damals auch nicht. Warum auch? Ich war erleichtert, dass sie mich ebenfalls als Dealer einspannte und ich somit meinen Anteil Stoff »verdienen« konnte.

Die wenigen klaren Stunden, die ich in den ersten Monaten des Jahres 1991 durchlebte, führten mir immer wieder mein Elend vor Augen. Dann schämte ich mich für die heruntergekommene Wohnung, in der ich seit Wochen nicht sauber gemacht hatte. Am liebsten hätte ich mich versteckt unter dem Berg schmutziger Wäsche, der das Badezimmer füllte. Ich glaube, Melanie, die mit ihren sieben Jahren viel zu ernst war, hat am meisten unter ihrer verkommenen Mutter gelitten: Kein Mittagessen, wenn sie aus der Schule kam, keiner, der sich um die Hausaufgaben kümmerte. Dafür eine apathische, ungepflegte Mami, die im Drogenrausch mit brennender Zigarette im Sessel einschlief. Was ich den Kindern in dieser Zeit zugemutet habe, kann ich nie wieder gutmachen.

Doch zur Einsicht brachten mich solche Gedanken erst einmal nicht. Selbstmitleid und die schlimmer werdenden Entzugserscheinungen trieben mich an den Rand der Verzweiflung. Ich wollte sterben, wieder einmal. Aber die Hand voll Schlaftabletten, die ich abends vor dem Schlafengehen hinuntergeschluckt hatte, verfehlten ihre Wirkung. Mir wurde speiübel, und ich kotzte mir mit dem Schlafmittel fast die Seele aus dem Hals. Anschließend schlief ich vor lauter Erschöpfung ein und bekam nicht mit, dass Melanie den Abschiedsbrief, den ich auf den Küchentisch gelegt hatte, mit in die Schule nahm.

Plötzlich standen zig fremde Menschen in meiner Wohnung. Eine Frau war vom Jugendamt, ein Mann stellte sich als Richter vor, das Gesundheitsamt war vertreten und die Polizei in Gestalt mehrerer uniformierter Beamter.

»Entweder begeben Sie sich freiwillig in eine Nervenheilanstalt, oder ich muss Sie zwangseinweisen«, sagte der Richter. »Wenn Sie freiwillig gehen, kommen Sie eher wieder heraus.«

Natürlich gab ich unter diesen Umständen mein Einverständnis, mich in der »Klapse« behandeln zu lassen. Dass Melanie meinen Abschiedsbrief ihrer Lehrerin gezeigt hatte, konnte ich ihr nicht übel nehmen. Ich war nur heilfroh, dass beide Kinder wieder bei meinen Großeltern unterkommen konnten und nicht in ein Heim mussten.

Keiner hatte mir gesagt, dass ich in der geschlossenen Abteilung der Klinik untergebracht werden würde, die ausschließlich Patienten mit schwersten psychischen Störungen beherbergte. Mit keinem konnte ich reden, denn die meisten standen unter starken Beruhigungsmitteln oder lebten in ihrer eigenen kranken Welt und nahmen deshalb niemanden wahr.

»Was habe ich unter all den Verrückten verloren. Ich bin nicht irrsinnig!«, schrie ich, nachdem man mir ebenfalls starke Beruhigungstabletten in die Hand gedrückt hatte. Ich schluckte sie trotzdem, als die Wirkung der letzten Heroinspritze nachließ und die furchtbaren Schmerzen des Entzugs kamen. Doch die betäubende Wirkung blieb gleich Null. Mir wurde übel, und mein Magen schien sich umzustülpen. Jeder einzelne Knochen schmerzte. Schon die leichteste Berührung empfand ich als Höllenqual. Ich hatte den »Affen«, Entzugserscheinungen in ihrer schlimmsten Form.

Klaus gelang es, auf mein inständiges Bitten und Betteln hin, bei seinen kurzen Besuchen Heroin und Fixerbesteck in die Klinik zu schmuggeln. Nun musste ich mir den Druck erstmals ohne fremde Hilfe geben. Aber die gierige Sucht hatte mich die Angst vor der spitzen Nadel vergessen lassen. Ungeschickt und ungeduldig hantierte ich hinter der Toilettentür mit der Spritze herum. Nur ein Teil der Droge gelangte in meine Blutbahn. Doch sie wirkte prompt: Ganz leicht wurde mir, als löste sich ein Krampf. Die Schmerzen plätscherten davon, und eine angenehme Wärme stieg in meinem Körper auf. Von einer Minute zur anderen ging es mir glänzend. Und ich schwor mir wieder einmal, dass dies ganz bestimmt der letzte Schuss gewesen war.

Natürlich hing ich weiterhin an der Spritze, sogar schlimmer als je zuvor. Ob die Ärzte und das Pflegepersonal davon Wind bekommen hatten, weiß ich nicht. Es war mir damals auch vollkommen egal.

Als ich hörte, dass die Polizei Klaus beim Handel mit Heroin erwischt und festgenommen hatte, war mein einziger Gedanke: Woher bekomme ich jetzt den Stoff? Was mit Klaus geschah, interessierte mich nicht. Schließlich rief ich meine Schwiegermutter an und brachte sie dazu, mich mit Drogen zu versorgen. Mal versteckte sie die Heroinpäckchen in einer Pralinenschachtel, mal überreichte sie mir vor aller Augen einen weißen Briefumschlag, der natürlich keinen Brief der Familie enthielt.

Möglich, dass die letzte Lieferung ungewohnt rein und deshalb intensiver war oder dass ich ungewollt mehr aufgelöst hatte als sonst. Jedenfalls kam ich erst im Bett wieder zu mir, nachdem man mich vor der Toilette liegend gefunden hatte. Die Nadel steckte noch in meinem Arm. Spätestens jetzt war den Ärzten klar, dass sie nichts ausgerichtet hatten. Ich glaube, insgeheim haben sie mich aufgegeben – ein hoffnungsloser Fall. Einige Tage später wurde ich entlassen.

Meine Sucht kettete mich nun förmlich an meine Schwiegermutter. Sie versorgte mich mit Heroin. Jeden Tag brauchte ich jetzt bis zu drei Gramm. Als Gegenleistung dealte ich für sie. Ich machte das von zu Hause aus und hielt so die Junkies von ihrer Trinkhalle fern.

Ich verkam immer mehr, war schrecklich abgemagert und ungepflegt und hing die meiste Zeit voll gepumpt mit Drogen in meiner schmuddeligen Wohnung herum. Alles war mir egal. Ob sich das schmutzige Geschirr in der Spüle türmte, ob keine saubere Wäsche mehr im Schrank lag. Selbst für meine Kinder rührte ich kaum noch einen Finger. Ich war nicht mehr in der Lage, ein warmes Mittagessen auf den Tisch zu bringen. Ohne meine Großeltern, die sich damals ständig um Melanie und Robin kümmerten, hätte ich sie unweigerlich mit in meinen Sumpf gezogen.

Wie so oft, wenn ich völlig am Ende war oder einfach nicht mehr weiterwusste, wandte ich mich Hilfe suchend an meine Mutter. Fast niemand gab mir zu diesem Zeitpunkt noch eine Chance, aber Mutter enttäuschte mich nicht. An meinem 26. Geburtstag stand sie in der Tür, einen Blumenstrauß und ein Geschenkpäckchen in der Hand.

»Das sieht ja entsetzlich bei dir aus«, stellte sie unverblümt fest, nachdem sie mir zum Geburtstag gratuliert hatte.

»Jetzt wird kein Kaffee getrunken, sondern erst einmal sauber gemacht.«

Doch mit einer blitzblanken Wohnung war mir noch lange nicht geholfen. Während Mutter eifrig mit Staubtuch, Besen und Aufwischlappen hantierte, zwang ich sie, mir endlich zuzuhören. Ich nahm kein Blatt vor den Mund und machte ihr klar, wie weit unten ihre Tochter war. Dass ich allein von der Sucht nicht mehr loskommen könne und irgendwann tot in der Gosse liegen würde, wenn nicht bald Rettung käme. Ich glaube, in diesem Moment ging meiner Mutter auf, dass ich ohne ihre Unterstützung verloren war. Wir vereinbarten, dass sie mit mir so bald wie möglich zum Arzt gehen würde, um einen Therapieplatz für mich zu finden.

Aber ich hatte zu lange gezögert. Am nächsten Morgen, es war der 26. April 1991, stand die Polizei vor meiner Wohnung und hielt mir einen Haftbefehl unter die Nase: Verstoß gegen das Betäubungsmittelgesetz. Vier Polizisten und eine Beamtin durchsuchten die Wohnung. Sie kehrten das Unterste nach oben und stellten die gefundenen Spritzen und Drogen sicher. Nachdem ich abgeführt und in Untersuchungshaft eingeliefert worden war, nahm die Polizei auch meine Schwiegermutter fest.

NACHWORT

Nach vier Wochen Untersuchungshaft wurde mir der Prozess gemacht. Da ich nicht vorbestraft war und glaubhaft versichern konnte, mein Leben in Ordnung bringen zu wollen, kam ich mit einer Bewährungsstrafe von vier Jahren davon.

Ein Gutes hatte die Untersuchungshaft: Hinter der Gefängnistür kam ich von der Droge los, die mich beinahe zerstört hätte. Es war kein leichter Kampf gegen die Sucht, die mich länger als je zuvor mit Entzugserscheinungen peinigte. Zum Glück wurden mir von den Mitgefangenen keinerlei Drogen angeboten. Denn nach all den Rückfällen, die ich erlebt hatte, glaube ich nicht, dass meine Sucht damals ein heimlich beim Freigang zugestecktes Päckchen Heroin abgelehnt hätte. Seit dem Tag, als sich die Zellentür im Untersuchungsgefängnis hinter mir schloss, bin ich clean und werde es auch bleiben. Das bin ich mir und vor allem meinen Kindern schuldig.

An die Zeit der Sucht erinnern heute nur noch die Narben der Einstichstellen in den Armbeugen. Ein Aidstest, den ich machen ließ, fiel Gott sei Dank negativ aus. Als ich den Bescheid erhielt, fiel mir eine Zentnerlast vom Herzen. Denn während der quälenden Wartezeit war in meinem Kopf die Befürchtung, mich beim Spritzen infiziert zu haben, zur tödlichen Gewissheit geworden. Aber warum sollte ich nicht auch einmal Glück im Leben haben?

Als ich nach meiner Verhaftung erfuhr, dass Melanie und Robin vom Jugendamt in einem Kinderheim untergebracht worden waren, glaubte ich, durchdrehen zu müssen. Das, was ich meinen Kindern immer ersparen wollte, war eingetreten: Sie würden ohne ein Zuhause aufwachsen müssen wie einst ihre Mutter. Unter fremden Menschen, vom Heimweh geplagt und in der wachsenden Angst, keiner hätte sie richtig lieb.

Doch mittlerweile weiß ich, dass meine Kinder bei den Erziehern die Geborgenheit gefunden haben, die ich ihnen lange Zeit nicht mehr geben konnte. Melanie und Robin haben sich prächtig entwickelt – zwei aufgeweckte, liebenswerte Kinder, die das Beste sind, was ich in meinem Leben bisher zustande gebracht habe.

Mit ihren zehn Jahren ist Melanie im Vergleich zu Gleichaltrigen ein sehr vernünftiges, manchmal etwas zu ernstes Mädchen, dem zu viele sorglose Kindertage entgangen sind. Vom Äußeren her sieht sie mir sehr ähnlich, ist aber im Wesen ganz das Gegenteil ihrer Mutter: ruhig, besonnen, ordentlich und strebsam in der Schule. Seit dem Sommer 1994 besucht sie die Realschule, und vielleicht, wenn ihr das Lernen weiterhin Spaß bereitet, macht sie noch das Abitur, um zu studieren. Das Zeug dazu hat sie.

Was die schulische Karriere von Robin betrifft, bin ich nicht ganz so optimistisch. Der Junge ist eher nach mir geschlagen und legt keinen großen Ehrgeiz an den Tag. Für die Schule erledigt er nur das Allernotwendigste, vor allem das, was ihm Spaß macht. Dass seine Noten allenfalls ausreichend sind, wundert mich bei so wenig Arbeitsaufwand nicht. Doch bei aller Ausgelassenheit und Nachlässigkeit ist Robin ein sehr sensibles Kind, das seine Streicheleinheiten braucht, kuscheln will und verstört reagiert, wenn es zurechtgewiesen wird.

Ich erinnere mich noch gut an meinen ersten Besuch bei den beiden im Heim. Vor lauter Aufregung zitterte ich am ganzen Körper. War ich ihnen fremd geworden, und würden sie ihre Mutter nach all dem, was geschehen war, überhaupt noch sehen wollen? Doch als ich die zwei in den Armen hatte und ihre warmen Körper spürte, die sich ganz fest an mich schmiegten, da wusste ich, dass uns nichts auseinander bringen könnte.

Die beiden leben momentan noch im Heim, aber sie dürfen die Wochenenden und Ferien bei mir verbringen. Während Melanie einsieht, dass die Trennung von der Mutter zurzeit unvermeidlich ist, fällt Robin der Abschied jedes Mal ganz besonders schwer. Mir sitzt dann immer ein Kloß im Hals, weil ich die Kinder auch nur ungern gehen lasse. Aufsteigende Tränen schlucke ich ganz schnell herunter. Die Kinder sollen mich nicht weinen sehen.

Es kann nicht mehr lange dauern, und ich werde sie wieder ganz bei mir haben. Um das Sorgerecht kämpfe ich wie eine Löwin. Ich darf mir nicht das Geringste zuschulden kommen lassen, nicht nur wegen der Bewährungsstrafe. Denn das Jugendamt kontrolliert, ob die Kinder bei mir gut aufgehoben sind. Und von der Beurteilung der Heimerzieher hängt ab, wann ich sie endgültig mit nach Hause nehmen darf. Bisher sind alle Gutachten positiv ausgefallen. Nach Abschluss einer sechswöchigen Kur zur Stabilisierung meiner psychischen Verfassung, so hat man mir in Aussicht gestellt, werden die Kinder heimkehren. Ein Raum in meiner kleinen Zweieinhalb-Zimmer-Wohnung steht schon lange als Kinderzimmer bereit, vollständig eingerichtet bis hin zu einer Reihe Plüschtiere im Regal.

Erst Anfang 1994 wurde unsere Ehe geschieden. Ich bin heilfroh, dass dieses Kapitel meines Lebens ausgestanden ist.

Von Klaus will ich nichts mehr hören und sehen. Am liebsten hätte ich gleich nach der Scheidung meinen Mädchennamen wieder angenommen. Doch das Jugendamt riet mir davon ab, weil Robin dann als Einziger den Namen seines leiblichen Vaters beibehalten hätte, und man wisse nicht, wie er das verkraften würde. Melanie dagegen trägt nach wie vor meinen Mädchennamen, denn Klaus hatte sie ja nicht adoptiert.

Vermutlich muss mein Ex-Ehemann die gesamte Haftstrafe von viereinhalb Jahren absitzen, das heißt, er bleibt mindestens noch zwei Jahre lang hinter Gittern. So lange er im Gefängnis sitzt, fühle ich mich vor ihm sicher. Aber was wird sein, wenn er freikommt? Ich mag nicht daran denken.

Eine neue Beziehung will ich noch nicht eingehen. Und es wird bestimmt noch eine ganze Zeit dauern, bis ich einem Mann so weit vertraue, dass ich an Liebe und Partnerschaft glauben kann. Freundschaft bedeutet mir mehr denn je. Die Männer, mit denen ich befreundet bin, sind echte Kumpel ohne Hintergedanken, für mich da, wenn ich sie brauche, ob zum Abschleppen meines kaputten Autos, zum Tapezieren der Wohnung oder einfach nur zum Anlehnen, wenn mir mal wieder zum Heulen zumute ist.

Manchmal träume ich davon, wegzuziehen. Nicht weit, vielleicht aufs Land, wo weniger Hektik und Gedränge herrscht als in der Stadt. In der Eifel, dort, wo ich im Kinderheim untergebracht war, hat es mir gefallen. Im Geist sehe ich die Landschaft noch vor mir, die sanften, bewaldeten Hügel, weiten Wiesen und Felder und die gemütlichen kleinen Ortschaften.

Doch das sind Träume. Insgeheim weiß ich, dass ich in Krefeld wohnen bleiben werde, dort, wo meine Verwandten und Freunde leben, wo aber auch viele über meine Vergangenheit Bescheid wissen.

»Warum ziehst du nicht irgendwohin, wo dich keiner kennt«, bekomme ich oft zu hören. Doch ich will mich nicht verstecken, nicht in der Anonymität untergehen. Dass ich Menschen wie meine Mutter, meine Großmutter und ehrliche, liebe Freunde um mich habe, gibt mir Kraft und Mut. Ausgerechnet die drei Kriminalpolizisten, die bei meiner Verhaftung dabei waren, gehören heute zu meinen verlässlichsten Freunden.

Und da ist noch Vera, die eine Trinkhalle unterhält und immer ein offenes Ohr für die Sorgen der anderen hat. Bei Vera könnte so mancher Psychologe noch etwas lernen. Mit Geduld, Mitgefühl, Ehrlichkeit und ihrem gesunden Menschenverstand hat sie mich aus so manchem seelischen Tief geholt. Etwa acht Frauen aus der Nachbarschaft treffen sich in unregelmäßigen Abständen bei Vera, trinken ihre Tasse Kaffee, klagen ihr Leid, teilen ihr Glück mit oder trösten diejenige, die gerade von ihrem Mann verlassen worden ist. Meine Geschichte kennen alle. Warum soll ich ein Geheimnis aus all dem machen, was hinter mir liegt? Besser, ich rede offen darüber. Denn was passiert ist, lässt sich nicht mehr ungeschehen machen.

Und ich bemühe mich, aus dem Erlebten und Erlittenen für die Zukunft zu lernen. Es kann einfach nicht sein, dass man auf die Welt kommt, um von einem Unglück ins andere zu rennen. Irgendwann werde auch ich eine Glückssträhne erwischen, da ich mir ganz sicher. Und eine Portion Vernunft und Verstand kann mir dabei nur helfen.

Zunächst musst du dir einmal selbst helfen, lautete meine erste Lektion. Noch immer habe ich keinen Pfennig gesehen von den 120 000 DM Schmerzensgeld, die mir das Gericht im Prozess gegen die Seyferts zugesprochen hat. Schließlich wandte ich mich an den Petitionsausschuss des Bundestags, um zu meinem Recht zu kommen. Aber der hat mich nur an den »Weißen Ring« verwiesen, der mir daraufhin drei Wochen Urlaub in Spanien bezahlt hat.

Kürzlich teilte mir mein Anwalt mit, dass ich nicht mehr auf eine Auszahlung des Schmerzensgeldes hoffen könne. Er habe alle rechtlichen Möglichkeiten ausgereizt, aber Rita Seyfert gelte weiterhin als zahlungsunfähig. In Absprache mit Ärzten und der Krankenkasse habe ich durch meinen Anwalt inzwischen einen Antrag für eine Rente im Rahmen des Opferentschädigungsgesetzes gestellt. Ich weiß nicht, ob der Antrag genehmigt wird und wenn, wie hoch die Rente ausfallen wird.

Zumindest hätte ich dann die Sicherheit eines regelmäßigen Einkommens.

Da ich körperlich einigermaßen intakt bin, wie man so schön sagt, redet man mir immer zu, arbeiten zu gehen, um nicht mehr von der Sozialhilfe leben zu müssen. Ich habe es versucht und in einem Altenpflegeheim angefangen, weil ich mich gern um andere kümmere und ältere Menschen mag. Doch ich bin dem Arbeitsstress psychisch einfach noch nicht gewachsen. Ich ließ gleich alles fallen, wenn es mal schneller gehen musste, und kam oft müde zur Arbeit, weil ich vor lauter Angst und Albträumen noch immer nicht nachts durchschlafen kann.

Schließlich schrieb mich der Arzt krank und erklärte mich aufgrund meiner labilen psychischen Verfassung für arbeitsunfähig. Diagnose: schwere Persönlichkeitsstörungen, die sich bei Belastungen vor allen Dingen in psychischer und motorischer Unruhe äußern.

Erst achtzehn Jahre war ich, als ich aus dem Keller in der Schreckens-Villa der Seyferts freikam. Nur noch ein psychisches Wrack, das von Albträumen verfolgt wurde und die

Dunkelheit fürchtete wie ein kleines Kind. Bis heute kann ich nicht ohne Licht einschlafen. Was hätte damals eine gezielte Therapie nicht alles beheben und verhindern können! Aber die Chance ist vertan. Jetzt dürfte eine Therapie sehr viel langwieriger und schwieriger sein. Und ob sie jemals zu einem guten Ergebnis führen würde? Ich weiß es nicht. Von dem bevorstehenden Kuraufenthalt versprechen sich die Ärzte mehr als von einer ambulanten Therapie. Warten wir's ab! Ich habe die Hoffnung nicht aufgegeben, dass die Zeit hilft zu vergessen.

Während ich mich mit den peinigenden inneren Narben wohl für den Rest meines Lebens abfinden muss, bin ich die hässlichen äußeren Wundmale mit einem Mal ganz schnell los geworden. Im Frühjahr 1994 wurden mir in einer von der Krankenkasse bezahlten kosmetischen Operation alle Tätowierungen, selbst die auf meinen Brüsten, erfolgreich entfernt. Es ist so gut wie nichts mehr zu sehen!

Trotz all der schrecklichen Erlebnisse habe ich meinen Lebensmut nicht verloren. Viele Leute, die mich kennen lernen und meine Geschichte hören, wundern sich, dass ich immer noch so fröhlich sein kann. Es kommt halt alles, wie es kommt – und mit einem Lachen lässt es sich viel besser leben.

Eine junge Frau in der Gewalt von Menschenhändlern. Der erste authentische Bericht eines Opfers

Oxana Kalemi
SIE HABEN MICH
VERKAUFT
Eine wahre Geschichte
Aus dem Englischen
von Isabell Lorenz
352 Seiten
ISBN 978-3-404-61654-1

Es sollte ein Job für drei Monate sein, als Kellnerin in einem Club in Rumänien. Sie braucht das Geld für die Zukunft ihrer drei kleinen Kinder. Doch was sie dort in Wirklichkeit erwartet, ist ein wahrer Albtraum, kaum vorstellbar im 21. Jahrhundert: Der Club ist ein Bordell, ihre neuen Arbeitgeber entpuppen sich als europaweit agierende Menschenhändler. Eine schreckliche Zeit voller Angst und Gewalt beginnt, Oxana wird immer wieder verkauft, nach Italien, Deutschland, England verschleppt. Doch ihr gelingt das Unglaubliche, sie gibt niemals die Hoffnung auf und schafft es sich zu befreien. Ein erschütternder Bericht über die dunkelste Seite unserer Gegenwart.

Bastei Lübbe

Wenn aus Liebe Angst wird

Katja Schneidt
GEFANGEN IN
DEUTSCHLAND
Wie mich mein türkischer
Freund in eine
islamische Parallelwelt
entführte
288 Seiten
ISBN 978-3-404-60710-5

Katja Schneidt ist eine lebensfrohe, selbstbewusste junge Frau. Bis sie Mahmud kennenlernt. Die beiden verlieben sich und ziehen zusammen. Dann zeigt Mahmud sein wahres Gesicht - das Gesicht eines Tyrannen. Katja Schneidt wird als Deutsche mitten in Deutschland Teil einer islamischen Parallelgesellschaft. Sie darf nicht mehr ohne Erlaubnis das Haus verlassen, muss Kopftuch tragen, wird brutal misshandelt und zur unfreiwilligen Zeugin von Zwangshochzeiten. Erst als die Gewalt überhandnimmt, sammelt sie all ihren Mut und flieht, um Mahmud anzuzeigen. Sie wird damit zur Geächteten, der bis heute die Blutrache von Mahmuds Familie droht.

Bastei Lübbe